Daniel Innerarity y Eduardo Robledo (eds.)
Cristina Monge (coord.)
───────────────
LA HUMANIDAD AMENAZADA

Dr. Enrique Graue Wiechers
Rector de la UNAM

Dr. Leonardo Lomelí Vanegas
Secretario General de la UNAM

Dra. Guadalupe Valencia García
Coordinadora de Humanidades

Dra. Mary Francés Rodríguez
Directora de la Facultad de Filosofía y Letras
Dr. Raúl Contreras Bustamante
Director de la Facultad de Derecho
Dr. Manuel Martínez Justo
Director de la Facultad de Estudios Superiores de Acatlán
Mtro. Eduardo Vega López
Director de la Facultad de Economía
Dra. Carola García Calderón
Directora de las Facultad de Ciencias Políticas y Sociales

Dr. Eduardo Robledo Rincón
Coordinador del Programa Universitario de Gobierno (PUGOB)

LA HUMANIDAD AMENAZADA

¿Quién se hace cargo del futuro?

Daniel Innerarity y Eduardo Robledo (eds.)
Cristina Monge (coord.)

PUGOB

Universidad Nacional
Autónoma de México

© Daniel Innerarity y Eduardo Robledo, 2023

Primera edición, 2023

D. R. © 2023 Universidad Nacional Autónoma de México.
Coordinación de Humanidades.
Instituto de Investigaciones Históricas.

Circuito Mtro. Mario de la Cueva s/n.
Ciudad Universitaria, Alcaldía Coyoacán, Código Postal 04510.
Ciudad de México, México.

Derechos reservados para todas las ediciones en castellano en todo el mundo

© Editorial Gedisa, S.A.
www.gedisa.com

Preimpresión: Moelmo, S.C.P.

ISBN UNAM: 978-607-30-8257-0
ISBN Gedisa: 978-84-19406-52-1
Depósito legal: B 18967-2023

Impreso en Sagrafic

Impreso en España
Printed in Spain

Esta edición y sus características son propiedad de la Universidad Nacional Autónoma de México y de Editorial Gedisa S.A.

Queda prohibida la reproducción total o parcial por cualquier medio de impresión, en forma idéntica, extractada o modificada, en castellano o en cualquier otro idioma.

Índice

Presentación del Rector de la UNAM
La humanidad amenazada: ¿Quién se hace cargo del futuro?
Dr. Enrique Graue Wiechers 13

Introducción
Dr. Eduardo Robledo Rincón 15

Prefacio
Palabras de apertura
Dra. Guadalupe Valencia García 19

Prólogo
El futuro se llama incertidumbre
Edgar Morin 23

Parte I
Pensar el futuro
Facultad de Filosofía y Letras

Pensar el futuro
Ramón Ramos Torre 27

El cortoplacismo insostenible
Daniel Innerarity 49

Democracia de inmunidad o el rechazo al migrante
Donatella Di Cesare 61

Sin democracia no hay futuro posible
Tawakkol Karman 71

Riesgos y escenarios, el futuro incierto
Clarissa Ríos 75

Código QR: Memoria digital de las conversaciones temáticas con Flavia Tudela, Emilio Méndez y Xenia Rueda.

Código QR: Video de la jornada 1

Parte II
¿Hay un derecho humano al futuro?
Facultad de Derecho

Derecho al futuro
Ricardo Rivero Ortega 83

Los caminos de la humanidad por las distintas dimensiones del tiempo. Contemplar en profundidad el pasado para construir el futuro
Rigoberta Menchú 101

Argentina: no habrá futuro sin derechos humanos
Fernanda Gil Lozano 109

México: dos años en el Consejo de Seguridad de la ONU
Juan Ramón de la Fuente 121

Código QR: Memoria digital de las conversaciones temáticas con Sergio García Ramírez, Julieta Morales Sánchez y Diego Valadés.

Código QR: Video de la jornada 2

Parte III
Cambio climático y desarrollo local sustentable
Facultad de Estudios Superiores Acatlán

El cambio climático es el resultado de un estilo de desarrollo
Alicia Bárcena Ibarra 135

Grandes soluciones para grandes retos: una transformación tecnológica, económica... y social
Teresa Ribera 143

La transición ecológica, el gran debate político
Cristina Monge 151

Los inuit: nuestro derecho al frío
Sheila Watt-Cloutier 163

Código QR: Memoria digital de las conversaciones temáticas con Laura Berta Reyes, Enrique Provencio, Antonio del Río Portilla y Jorge Zavala Hidalgo.

Código QR: Video de la jornada 3

Parte IV
Desigualdad, financiamiento y políticas públicas para el desarrollo en América Latina
Facultad de Economía

América Latina: del estructuralismo de la CEPAL al social-desarrollismo brasileño
Ricardo Bielschowsky 175

Hacia la responsabilidad global para una salud planetaria: el caso de México
Arantxa Colchero 193

Preparar el terreno para un futuro de crecimiento en Latinoamérica y el Caribe
Victoria Nuguer 199

Código QR: Memoria digital de las conversaciones temáticas con Rolando Cordera y Carlos Urzúa Macías.

Código QR: Video de la jornada 4

Parte V
Política, gobierno y democracia en el siglo XXI
Facultad de Ciencias Políticas y Sociales

El impacto de la globalización sobre la democracia
Josep M. Colomer............................... 213

Los destructivos amos del mundo
Noam Chomsky................................ 229

La confianza en los Gobiernos, clave para pensar el futuro
Pippa Norris.................................. 239

Código QR: Memoria digital de las conversaciones temáticas con Judit Bokser, José Woldenberg y Raúl Trejo Delarbre.

Código QR: Video de la jornada 5

Resumen del encuentro desde la visión de las y los Directores

La humanidad esperanzada: hacerse cargo del futuro
Mary Frances Rodríguez. 257

Tomarse en serio el futuro: las formas de relacionarnos con la humanidad futura
Raúl Contreras Bustamante. 267

Cambio climático y desarrollo local sustentable
Manuel Martínez Justo. 281

Desigualdad social, financiamiento y políticas públicas para el desarrollo duradero
Eduardo Vega López. 293

Reflexiones. Primer Coloquio Internacional «La humanidad amenazada: ¿Quién se hace cargo del futuro?»
Carola García Calderón 307

Clausura
Dr. Leonardo Lomelí 317

Epílogo
Recuperar el futuro
Daniel Innerarity. 319

Participantes del Primer Coloquio Internacional de Primavera «La Humanidad amenazada: ¿Quién se hace cargo del futuro?» 323

Presentación
La humanidad amenazada:
¿Quién se hace cargo del futuro?

Dr. Enrique Graue Wiechers
Rector de la Universidad Nacional Autónoma de México

«Por mi raza hablará el espíritu».

Responder a una pregunta tan compleja y trascendental, como la que se planteó en el Coloquio Internacional de Primavera 2023, requiere de un enorme esfuerzo creativo y de un compromiso teórico, científico, ético, profesional y humano.

Ciertamente, la posibilidad de concebir y construir un futuro libre, equitativo y sostenible para gran parte de la humanidad se encuentra bajo amenaza debido a diversos intereses. Por lo tanto, asumir la responsabilidad de este futuro incierto implica un firme posicionamiento, tanto individual como colectivo, frente a las injusticias, la desigualdad y la violencia.

Consciente de su papel y en línea con su tradición y misión centenaria, la Universidad Nacional Autónoma de México (UNAM), mediante el Programa Universitario de Gobierno (PUGOB), convocó a un total de 36 especialistas de 11 países, con el objetivo de analizar, discutir y presentar propuestas que influyeran en los factores que generan vulnerabilidad y que afectan la estabilidad sociopolítica, económica y ecológica de las sociedades.

Esta publicación recopila la contribución de eminentes personalidades como Noam Chomsky, Rigoberta Menchú, Tawakkol

Karman, Alicia Bárcena, Daniel Innerarity, Josep Colomer, Juan Ramón de la Fuente y Cristina Monge, entre muchas otras. Con cinco temas principales, participaron en un ejercicio de reflexión y diálogo para comprender y mejorar la evolución de los derechos humanos, las crisis climáticas, la desigualdad, los conflictos geopolíticos y las perspectivas de la democracia en el siglo XXI.

En nombre de toda la comunidad de la UNAM, quisiera expresar mi agradecimiento al Dr. Eduardo Robledo Rincón, titular del PUGOB, a todo su equipo de trabajo y a las facultades de Filosofía y Letras, de Derecho, de Estudios Superiores Acatlán, de Economía, y de Ciencias Políticas y Sociales, por su labor excepcional de coordinación y por esta edición tan valiosa.

De igual forma, me gustaría agradecer y reconocer a los estudiantes y académicos de otras universidades de nuestro país, a la Asociación Nacional de Universidades e Instituciones de Educación Superior, y a los representantes de organizaciones sociales, públicas y privadas por su entusiasta participación.

Sin sus aportaciones, su energía y su espíritu crítico, sería imposible formular una respuesta real a esa pregunta, ya que la resolución de los problemas y los desafíos, actuales y futuros, solo puede lograrse mediante la cooperación, la empatía, la solidaridad y el trabajo en equipo.

Introducción

Eduardo Robledo Rincón
Coordinador del Programa Universitario
de Gobierno de la UNAM

Del 24 al 28 de abril de 2023 se llevó a cabo, bajo los auspicios de la Universidad Nacional Autónoma de México, y bajo la dirección colegiada del profesor Daniel Innerarity y de quien les escribe, el Primer Coloquio Internacional de Primavera dedicado a reflexionar sobre «La Humanidad amenazada: ¿Quién se hace cargo del futuro?» 38 especialistas de once países y distintas áreas de conocimiento analizaron en profundidad a lo largo de cinco días, y ante más de 3700 participantes, el porvenir que ahora llama a nuestra puerta. De estas reflexiones ha surgido este libro, que recoge los contenidos de las ponencias presentadas y del debate mantenido.

El Coloquio ha recogido la estela de un congreso celebrado en 2010 en San Sebastián, España, organizado por el profesor Innerarity y Javier Solana, en la que se preguntaban: «¿Vivimos en una sociedad en la que el futuro es amenazante, está en peligro, y debe ser protegido?» Y si es así, ¿protegido de qué, por quién y de qué modo?

Este Coloquio de Primavera se inscribe en la larga tradición de la Universidad Nacional Autónoma de México de ser un espacio plural, libre e interdisciplinar, para el análisis de los más diversos asuntos que nos afectan como especie. El futuro de la humanidad y sus amenazas exigen un análisis poliédrico desde distintas áreas del conocimiento, por lo que a la cita fueron convocados ambientalistas, economistas, internacionalistas, politólogos, juristas, activistas, y un largo etcétera.

Nada de esto hubiera sido posible sin las aportaciones del Rector de la UNAM, del Secretario General, de la Coordinadora de Humanidades, de las directoras de Ciencias Políticas y Filosofía y Letras, así como los directores de Derecho, Economía y Acatlán, que condujeron el diálogo entre alumnos, académicos y participantes en general.

A través de cinco ejes temáticos, como se refleja en este libro —Pensar el futuro, El derecho humano al futuro, Calentamiento global y desarrollo sustentable, Desigualdad, financiamiento y políticas públicas para el desarrollo y Política, gobierno y democracia en el siglo XXI—, se intentó contestar a la incógnita: «¿Quién se hace cargo del futuro?».

Pensar lo que nos espera como especie es vital, porque el futuro es incierto pero inevitable, como señala Edgar Morin. Sin embargo, los humanos, presos de cortoplacismo, hemos olvidado, o relegado muy a menudo, la tarea de pensar sobre el futuro, lo que ha terminado por dar legitimidad a la destrucción de todo lo que se puede destruir con alguna utilidad para el ahora, olvidando el mañana.

El derecho al futuro señala el derecho que tienen las generaciones que vienen a heredar un mundo en condiciones adecuadas para la vida del hombre. Esto incluye preservar el medio ambiente, proteger el agua, los bosques, atender los cambios climáticos y el efecto invernadero. Sin embargo, también incluye tener ya, con carácter urgente, una respuesta a las crisis económicas, sanitarias, humanitarias y las que se presenten. El futuro necesita evitar hoy la guerra, proteger la democracia, combatir el crimen organizado y toda clase de desigualdades extremas. Y todo ello, sin caer en ese acto de autoritarismo generacional, en expresión de Rigoberta Menchú, que supondría codificar el futuro por parte de las generaciones actuales.

Para que estos derechos se respeten, en el planeta Tierra tiene que seguir siendo posible la vida. Si no se ponen las medidas adecuadas, en 20 años el 75 % de los habitantes tendrá problemas con el aire que respira y el incremento de temperaturas puede modificar la biosfera de una forma definitiva para la seres vivos, en especial y en primer lugar, para quienes menos tienen, porque quienes menos han contaminado son los que tienen más dificultades para afrontar los retos de la adaptación y la mitigación.

El trasfondo de este debate no es otro que el modelo económico, y las transiciones pendientes necesitan incorporar la idea de justicia social. Según recordaba Chomsky, las 20 corporaciones mayores de Estados Unidos concentran la mitad del PIB mundial, en tanto que los humanos en niveles de supervivencia suman ya 3.400 millones en los 5 continentes. La mayor parte de las instituciones relacionadas con la economía mundial indican que el bajo crecimiento va a continuar por lo menos en el próximo lustro, con un efecto inmediato en el incremento de la pobreza.

Para abordar todos estos retos es fundamental la política, y en concreto la política democrática, pese al desprestigio y retroceso que sufre en buena parte del globo. En Suiza la democracia tiene la aprobación del 70 % de la población, en México del 46 % y en Estados Unidos el 32 %, solo para citar tres ejemplos. Muchos gobiernos democráticos, ante las múltiples demandas, imposibles de atender, se han refugiado en la inmovilidad o, en el mejor de los casos, en atender lo urgente, lo simple; mientras que a los asuntos del futuro, como señala Innerarity, la política parece haber llegado tarde.

La pregunta que da pie a este Coloquio de Primavera, «¿Quién se hace cargo del futuro?», intenta dilucidar quién o quiénes y de qué manera se han de hacer cargo de estos asuntos en una sociedad compleja que no está amenazada por una o varias crisis, sino configurada ella misma de una manera crítica.

Las intenciones y las ideas vertidas en este Primer Coloquio Internacional de Primavera tienen una amplia coincidencia con los propósitos de la Organización de las Naciones Unidas y la anunciada Cumbre del Futuro en 2024. En este encuentro de jefes de Estado se abordarán cuatro temas centrales: mejorar la cooperación internacional para enfrentar los desafíos mundiales; subsanar las deficiencias de la gobernanza en los países y entre los países;

reafirmar los compromisos establecidos y cumplirlos, sobre todo en materia del medio ambiente; y avanzar en un sistema multilateral revitalizado para ser eficaz. La organización de las Naciones Unidas se propone la construcción de un Pacto de Futuro, en la que los jefes de Estado definan las acciones y los pasos que deben darse de inmediato para resolver los problemas que se acuerden en el encuentro.

Hay un propósito predominante hacia el futuro y en ese vértice se encontrarán las intenciones del organismo mundial y, de manera modesta, nuestros trabajos de un próximo evento: el Segundo Coloquio Internacional de Primavera del año 2024 en la Universidad Nacional Autónoma de México.

Prefacio

Palabras de apertura
Dra. Guadalupe Valencia García,
Coordinadora de Humanidades

Es un gran gusto compartir este presídium con el Dr. Eduardo Robledo Rincón, coordinador del Programa Universitario de Gobierno, quien atendió el llamado del rector de la UNAM, el Dr. Enrique Graue Wiechers, para convocar a intelectuales de enorme prestigio en los temas que aquí se tratarán.

El Dr. Eduardo Robledo supo sumar esfuerzos y complicidades con el secretario general de la UNAM, el Dr. Leonardo Lomelí, y con cinco facultades de nuestra UNAM para hacer posible que hoy estemos aquí para iniciar el Primer Coloquio Internacional «La humanidad amenazada: ¿Quién se hace cargo del futuro?».

Saludo con mucho afecto a las y los directores de las facultades convocantes: de la Facultad de Filosofía y Letras, a la Dra. Mary Frances Rodríguez; de la Facultad de Derecho, al Dr. Raúl Contreras Bustamante; de la de Contaduría y Administración, al Mtro. Tomás Humberto Rubio; de la Facultad de Ciencias Políticas y Sociales, a la Dra. Carola García, y de la Facultad de Estudios Superiores de Acatlán, al Dr. Manuel Martínez Justo.

Nos honran con su presencia, también, el Dr. Mario Luis Fuentes, presidente de la Junta de Patronos de la Universidad; el Dr. Jorge Cadena, integrante de la Junta de Gobierno y secretario general de COMECSO; la Dra. Mónica González Contró, directora del Instituto de Investigaciones Jurídicas; la Dra. Carla Valverde, coordinadora del Posgrado en Ciencias Políticas y Sociales; la Dra. Judit Bokser, excoordinadora del mismo posgrado y directora de la muy prestigiada *Revista Mexicana de Ciencias Políticas y Sociales*. También nos acompaña el rector de la Universidad Autónoma del Estado de Chiapas, Carlos Natarén.

Le doy la bienvenida a todas y todos los conferencistas y panelistas que nos acompañarán de manera presencial o por teletransportación, como se usa ahora. Nos acompaña de manera presencial el Dr. Ramón Ramos Torre, de la Universidad Complutense de Madrid, un magnífico sociólogo que nos ha regalado obras fundamentales para entender el tiempo, el riesgo, el futuro, el *homo tragicus* y las narrativas sobre el cambio climático, entre otros temas, con análisis ponderados y sin acogerse a las modas en las que el pesimismo apocalíptico nos puede dejar desamparados.

Se trata de un primer coloquio que, al denominarse así, promete no ser el único ni el último y seguramente será apenas el inicio de otras primaveras por venir en las que se analizarán temas tan urgentes como este. El coloquio tiene un antecedente importantísimo: el celebrado en octubre de 2010 en San Sebastián, España, coordinado por Daniel Innerarity y Javier Solana y titulado «La humanidad amenazada, gobernar los riesgos globales».

En la publicación del mismo nombre, los organizadores confiesan que, en materia de amenazas globales y peligros futuros, tener razón no es nada reconfortante... y tienen razón. Por ello, y para movilizar nuestra inteligencia y todos nuestros recursos intelectuales, políticos y estratégicos, este coloquio se suma a las voces y también a las acciones encaminadas a construir caminos y salidas ante las amenazas del presente, respondiendo a la pregunta: ¿quién se hace cargo del futuro?

Pregunta que podría plantearse en plural y desdoblarse en muchas más para inquirir sobre quiénes se hacen responsables del mañana, pero sobre todo para preguntar cómo y en qué sentido actores diversos deberían hacerse cargo de garantizar que el futuro, aunque parezca opaco, incierto, catastrófico, amenazante, sea una responsabilidad, aunque diferencialmente compartida. Está claro, y este es un problema ético de la mayor envergadura, que la llamada responsabilidad climática es diferencial entre regiones, países e incluso en el interior de estos. Y esto es parte de lo que debe discutirse para responder a la gran pregunta de este coloquio: ¿quiénes se hacen cargo del futuro y de qué manera?

No me queda sino desear que cada una de las jornadas de esta semana contribuyan al necesario debate que hemos de dar como seres capaces de imaginar, soñar y construir nuevos contratos sociales, globales, nacionales y locales para hacer del único mundo que tenemos un lugar perdurable. Y, dicho esto, y a nombre del señor rector de nuestra Universidad Nacional Autónoma de México, el Dr. Enrique Graue Wiechers, y siendo las 10 con 42 minutos, declaro inaugurado el Primer Coloquio Internacional «La humanidad amenazada: ¿Quién se hace cargo del futuro?».

Prólogo
El futuro se llama incertidumbre

Edgar Morin
Filósofo y sociólogo francés

El futuro se llama incertidumbre: incertidumbre porque no sabemos qué va a llegar. En la actualidad, hay varias hipótesis, varias tendencias. Una tendencia muy fuerte es aquella que podemos considerar desastrosa o catastrófica. Es la que emergió al inicio de este siglo o a la finalización del anterior, con un tipo de mundialización del poder absoluto del aprovechamiento sin fin del planeta, con la crisis universal de la democracia en el mundo, la regresión política y la posibilidad de la sociedad de sumisión total, como es el caso de China, un ejemplo maravilloso del control numérico de las poblaciones.

En medio de esta tendencia regresiva, llegaron además la crisis de la pandemia y la enorme crisis de la biosfera del planeta, cuya situación no ha dejado de agravarse. Añadamos la guerra de Ucrania con todas las consecuencias económicas actuales y con las consecuencias potenciales de desintegración, de generalización, de mundialización del conflicto. Esta es la situación y, actualmente, los rasgos regresivos me parecen dominantes. Los hechos positivos son muy pequeños y parciales.

Por el contrario, la perspectiva de un buen desarrollo de la técnica de la ciencia supone lo siguiente: si no hay una conciencia planetaria del destino común de la humanidad, no podemos avanzar hacia una sociedad mejor.

En esta situación, ¿qué hacer? En primer lugar, observación; una observación que necesita un modo de conocimiento y de pensamiento complejos para ver la multiplicidad de rasgos de las crisis de hoy. Necesita un nuevo pensamiento, no el pensamiento cuantitativo o economista de hoy, sino un pensamiento que aún no existe. Esto significa una necesidad de educación en un modo de entender la complejidad del universo y de los cambios.

La otra opción es resistir; resistir contra las barbaries que hoy día se hacen cada vez más potentes. La vieja barbarie del odio, del desprecio, de la tortura, que continúa en diversos países, en la guerra de Ucrania; esta vieja barbarie se actualiza de nuevo, es un nuevo peligro. Pero esta barbarie está ligada con la barbarie fría, helada, del modo de pensar; con el cálculo, con la economía, que ve únicamente lo cuantitativo, no la humanidad de las gentes, de los hombres y de las mujeres.

Promovamos, en esta situación, vigilancia, lucidez, resistencia. Podemos llegar a acontecimientos inesperados —como sucedió en el pasado—, a acontecimientos positivos. Si alcanzamos dichos acontecimientos, debemos impulsar el desarrollo de lo mejor que exista en ellos.

Por tanto, no debemos desesperar. No hay un destino inevitable. Hay probabilidades muy fuertes, muy feas, es verdad. Pero no es una fatalidad, algo que vaya a ocurrir se haga lo que se haga. Contamos con la resistencia de la mente, la resistencia de la fraternidad, la resistencia del pensamiento. Todas estas formas de resistencia son necesarias, sobre todo, para los intelectuales, para los enseñantes, para todos los que tienen una responsabilidad educativa en los pueblos del mundo, entre las gentes del planeta Tierra.

Parte I
Pensar el futuro
Facultad de Filosofía y Letras

Pensar el futuro

Ramón Ramos Torre
Catedrático Emérito de Sociología
de la Universidad Complutense de Madrid

Hace casi 5.000 años, Gilgamesh, rey de Uruk, en Sumeria, emprende un peligroso viaje para hacerse con la planta milagrosa de la eterna juventud. Luchaba contra el tiempo que nos devora y quería asegurar un futuro esquivo. El poema que narra sus aventuras nos cuenta que no consiguió plenamente su objetivo y que al final no hizo sino irritar a los dioses.

Dos mil años más tarde, Edipo, *tyrannos* de Tebas, utilizando una fina inteligencia que resolvía enigmas, intenta sortear un futuro que amenaza con convertirlo en incestuoso y parricida. Todo lo que hace para eludirlo se vuelve en su contra y ayuda al cumplimiento de lo inevitable. Al final, el destino se cumple y sus juegos con el futuro resultan una muestra más de la ironía trágica que domina el tiempo de los humanos.

El 12 de julio de 1789, el duque de La Rochefoucauld despacha con Luis XVI, rey de Francia, sobre los acontecimientos ocurridos en París. «¿Es una revuelta?», pregunta el rey. «No, sire, es una revolución», le contesta el duque. El futuro muestra así su radical apertura, su creatividad, la insensatez de pensarlo como una prolongación o repetición del pasado, tal como enseñaba la tradición en la que habían sido educados los poderosos de la época.

No sigo enumerando casos que podrían tenernos entretenidos un largo tiempo. Si me interesan y vienen a cuento, es porque muestran que el cometido que aquí nos fijamos, pensar el futuro, constituye algo universal. Es verdad: los humanos nos hemos visto siempre abocados a pensar el futuro. Pero precisemos y dejémoslo claro desde el principio: el futuro que estaba en la mente de los sumerios de hace 5.000 años, o el futuro del héroe de la tragedia de Sófocles representada en Atenas hace 2.500 años, o el futuro al que se enfrentaban el rey y su aristocrático consejero en julio de 1789..., todos esos futuros difieren en su semántica y su pragmática básicas, es decir: en lo que significan y en lo que se puede o debe hacer en relación con cada uno de ellos; y también difieren del futuro que hemos de pensar en la actualidad. El futuro ha ido variando, tiene una historia propia y, como veremos, hay que pensarlo como plural y, además, sometido a fuertes disputas. Por lo tanto, más que pensar el futuro, hay que proponerse pensar *los futuros* y analizar cómo difieren y se enfrentan entre sí.

La «enfermedad del tiempo»

Pongámonos a la tarea. No creo que podamos dar con resultados de interés si no atendemos desde el principio a la coyuntura en que emprendemos el trabajo. Y esa coyuntura es, por decirlo de forma expresiva, la de *la resaca del síndrome posmoderno* que hemos estado sufriendo en los últimos 30 años. Como resaca, se trata de una situación que une la recuperación, unas molestias persistentes y el asombro ante los excesos vividos. Como síndrome posmoderno, se trata de un conjunto de síntomas, con orígenes y características diferentes que tienen un punto de coincidencia. ¿Cuál? Llevándolo todo a un rasgo común, me atrevo a señalar lo siguiente: apuntan a un peculiar *malestar temporal* o incluso a una *enfermedad del tiempo*, propia de la época. Esa enfermedad se materializa en tres manifestaciones: por un lado, una supuesta *atemporalización* del mundo social; por otro, una disolución del futuro a favor de un *presentismo* radical; y, por último, una tendencia a sustituir el tiempo en ruinas por el *espacio* y la *espacialización*.

Esto diagnosticaron algunos pensadores decisivos de finales del siglo XX, pero sobre todo la tribu que más me interesa, pues formo parte de ella; me refiero al colectivo que integran los científicos sociales y, más específicamente, los sociólogos. Ya sea en términos de celebración, ya en términos de crítica y lamento, una parte importante de ese colectivo ha dedicado su atención a realizar un diagnóstico de época centrado en lo que es sensato denominar síndrome posmoderno, pues la referencia, explícita o implícita, a la posmodernidad constituye su espacio de encuentro y acuerdo.

¿A qué me estoy refiriendo? Seré muy sintético. En toda una corriente de estudios que han centrado su atención en la emergencia de las nuevas tecnologías de la información y la comunicación, pero también en otras aproximaciones que han enfatizado los últimos avatares del capitalismo globalizado y progresivamente financierizado, o han desvelado la dinámica propia de una sociedad en red y dominada por la aceleración (o la velocidad)...; en todas esas corrientes y en otras semejantes, el mantra repetido hasta la saciedad es que el tiempo que ordena y mide se ha hecho migajas, las secuencias ordenadoras han caído en la ruina y todo se desplaza hacia una simultaneidad inasimilable. Habríamos caído en un paradójico tiempo *atemporal*, sin antes ni después, sin ordenación de comienzos y finales, sin asignación de secuencias normativas a lo que ocurre, sin etapas, sin plazos creíbles; un tiempo libre de relojes y calendarios, lo que permite que todo pueda ocurrir, sin preaviso, en cualquier momento.

Otra corriente, muy cercana a esta, amplía y dramatiza el diagnóstico. Propone que vivimos en sociedades tendentes a la *amnesia*, que no pueden recordar ni alcanzar sentido a partir de lo vivido, pero en las que tampoco es posible recurrir a un futuro creíble que asegure una estación de llegada a la experiencia del mundo. Falto de sus horizontes de pasado y de futuro, el presente se encierra en sí mismo, ya sea como presente extendido entre cuyos límites quedamos encerrados sin poder contemplar nada que quede fuera de ese recinto, ya como presente puntual en el que nada puede estar ni arraigarse y que nos condena a un perenne deslizamiento entre instantes atomizados. Se afirma así un *presentismo* radical que, al parecer de algún historiador de prestigio, es el núcleo de un nuevo régimen de historicidad, que sucede a otros que lo precedieron, nucleados en el recuerdo del pasado o en la espera optimista del futuro.

Si todo el entramado temporal se viene abajo, el consecuente vacío pasa a ocupar el espacio. Según esta propuesta, viviríamos en sociedades radicalmente *espacializadas*, libres de grandes relatos, deshistorizadas y desfuturizadas, en las que solo lo propiamente espacial (lo contiguo, lo conectado, lo superpuesto, lo mediado, lo lejano, lo cercano, la red, etcétera) nos permitiría asegurar la reproducción del sistema social.

Un síndrome posmoderno

Es este conjunto de diagnósticos de época lo que da pie para hablar del síndrome posmoderno. El argumento dominante —y de ahí el énfasis en el *pos*— es que ese mundo ha emergido como sustituto del mundo moderno o de la primera modernidad, mundo que estaría entramado temporalmente de una forma inversa a la posmoderna. En efecto, la novedad del mundo de la modernidad habría consistido en haber procedido a la temporalización de todo el espacio de la experiencia, lo que se habría traducido en la estricta cronificación de los medios institucionales y las prácticas correspondientes (marcadas por la disciplina de los ubicuos calendarios y relojes), y en una futurización expansiva que habría conseguido, por medio de la gran narración ficcional del progreso, sosegar las ansiedades provocadas por la experiencia de un cambio permanente. *Cronificación expansiva* y *futurización radical* serían sus rasgos identificativos: lo propio y distintivo de la extinta modernidad.

Lo que llamo síndrome posmoderno comportaría el acta de defunción de ese mundo. Como se puede apreciar, es una criatura tópica que surge de propuestas sobre el cambio sociocultural que propone que el tiempo se ha resquebrajado, el pasado y el futuro están huidos y solo nos queda un presente, a veces puntual, otras alargado, del que no podemos salir. Huérfanos del tiempo de la memoria y la espera, solo nos queda la celebración del *carpe diem* o el lamento por la orfandad de realidad que sufrimos.

Volvamos ahora al punto de partida. Conocemos ya la coyuntura en la que hemos de pensar el futuro y podemos convenir en que estamos situados en una época de *resaca del síndrome posmoderno*. Esto significa que el síndrome se ha ido desvaneciendo, aunque todavía estemos afectados por sus consecuencias.

¿Qué podemos decir, entonces, de la propuesta posmoderna? ¿Nos proporciona un retrato convincente y empíricamente contrastado del mundo social en que vivimos? ¿Nos permite pensar seriamente el tiempo y, en especial, el futuro del mundo en el que estamos? No lo creo, aunque, ciertamente, haya que tomar en consideración algunas de las cuestiones sobre las que, con toda razón, ha tenido a bien llamar la atención.

Refundar el tiempo

Hay dos defectos de orden muy general que lastran la propuesta y no se pueden dejar de apuntar. Por un lado, un discurso que identifica el cambio con la desaparición, siguiendo en esto las jeremiadas típicas del conservadurismo decimonónico, que amaba lamentarse de la caída en los infiernos e identificaba la ruina del mundo tradicional con el acabamiento de todas las cosas y la destrucción de todo orden humano. En contra de esto, podemos adelantar que los cambios que sufre el tiempo y, más específicamente, los cambios a que se ha sometido la semántica y la pragmática del futuro no suponen lisa y llanamente la desaparición de ese futuro, su supresión. Veremos, por el contrario, que el futuro cambiado es un futuro *transformado*, *reconformado*, razón por la cual hay que atender tanto a lo que desaparece como a lo que emerge.

La otra carencia que me parece crucial es la que resulta de una tendencia muy arraigada en lo que algunos han llamado la Gran

Teoría, tendencia dada a presentar la realidad que analiza como si estuviera vertebrada a partir de un principio unitario que todo lo informa. Según esta aproximación, habría que fijar una semántica y una pragmática del futuro que serían únicas, universales y, por lo tanto, omnipresentes. En consecuencia, no se contemplaría la posibilidad de futuros múltiples y heterogéneos, no solo sucesivos, sino coexistentes, copresentes, que estarían entrañados en nichos institucionales distintos o en las prácticas de diferentes grupos sociales.

Bastará con que proyectemos estas reflexiones críticas sobre los debates acerca de la modernidad para comprobar sus consecuencias. Por seguir con Luis XVI y sus conversaciones con el duque de La Rochefoucauld, convengamos en que ninguno de los dos concebía la posibilidad de una revolución que procediera a una fundación radical de la comunidad política, cortara toda continuidad con lo precedente y afirmara con orgullo su ilegitimidad. Desde su punto de vista, lo que se puso en marcha a partir del 14 de julio era la caída en los infiernos, la destrucción de la sociedad y el sacrificio de un tiempo ritualizado y sacralizado que había sido creado por Dios y legado a los hombres y a sus reyes.

Y es verdad que para ellos era la negación del tiempo, pero los acontecimientos mostraron que se trataba en realidad de la recreación o refundación del tiempo, cosa que los revolucionarios hicieron patente al aprobar un nuevo calendario republicano basado en la razón, la naturaleza y la nación. Y de la mano del nuevo calendario, rechazaron el futuro tradicional, que se había concebido a lo largo de los siglos como destino o como providencia divina, sustituyéndolo por un futuro de progreso, abierto a la acción humana, que anuncia novedades sorprendentes y está enfocado a la emancipación de los seres humanos, no a la gloria de Dios y de sus reyes.

Convengamos también en que la emergencia de esa novedad, y la consecuente transformación del tiempo en general y del futuro en particular, no supusieron la universal estructuración de toda la experiencia a partir de una matriz unitaria. Por centrarnos en lo que nos interesa: el futuro del progreso —que se teorizó acogiéndose a argumentos muy diversos— se situaba al lado de otras experiencias que presuponían marcos temporales muy diversos. Me limito a llamar la atención sobre dos experiencias cruciales, que poco tienen que ver con la idea de un futuro de progreso. Piénsese, en efecto, en la nación y el Romanticismo. Son experiencias socioculturales típicas y expresivamente modernas, pero cada una de ellas hace referencia a algo que no está inscrito necesaria y plenamente en la ficción de un futuro de progreso. En efecto, la nación se presenta como un ente que surge de las brumas del pasado, siempre al acecho para conseguir estatalizarse y que requiere un discurso histórico que justifique la continuidad sin hiatos entre pasado y presente. Como vino a decir Renan, formar parte de la nación es recordar juntos la misma historia de los orígenes. Y el Romanticismo, como la otra cara de la modernidad, no se empeña en explorar un futuro de progreso y gratificaciones crecientes, sino justamente lo contrario: reivindica una naturaleza eterna y maltratada; no la luz del sol, sino la incierta del claro de luna; y allí donde reina no hay progreso, sino demonios, locura y sufrimiento.

El futuro como progreso

Resulta, pues, que, en contra de lo que se ha tendido a suponer una y otra vez, la modernidad no es temporalmente homogénea, ni se vertebra a partir de la idea de un futuro abierto y conformado por la acción humana, abocado indefectiblemente al progreso. ¿Y qué está ocurriendo ahora, en el presente en el que nos encontramos y nos comunicamos? ¿Estamos libres de los fantasmas típicos de la modernidad? Y si es así, ¿hemos de pensarnos en el marco de lo que hemos dado en llamar el síndrome posmoderno? Mi propuesta es que hemos de evitar los prejuicios que suceden a ambas alternativas. Considero, en efecto, que no se ha probado y es harto improbable que el mundo en el que vivimos esté hoy en día totalmente libre de los presupuestos típicos de la modernidad; y, desde luego, no se trata de un mundo que haya prescindido del futuro o que se haya decidido a encontrar refugio en el presente del miedo o del gozo.

No me detendré demasiado en la primera propuesta. Sostener que la modernidad no ha muerto es tanto como asegurar que sus grandes tópicos (la Ilustración, el Romanticismo, la nación, la revolución, el progreso) siguen vivos y dotados de gran eficacia. Limitándonos a la idea de progreso y su matrimonio sólido con las expectativas de futuro, me parece claro que sus tópicos siguen operando en lo que dice o da por supuesto la gente y nos muestran las encuestas cualitativas o cuantitativas que solemos hacer los sociólogos. El futuro como progreso sigue vivo en la mente de la gente, por mucho que algunos intelectuales con pretensiones afirmen haberle dado sepultura. Se podría advertir incluso que, cuando se procede a acumular lamentos sobre el engaño del progreso y de cómo lo que vivimos poco o nada tiene que ver con él, no es que se desdeñe y rechace, sino que se echa en falta, se solicita; en última instancia, se pide y se espera que se cumpla el contrato social fundacional que prometía que en el futuro todos, incluyendo en el todos a los miserables de la tierra, seríamos saciados.

Por otro lado, basta con que atendamos a la lógica temporal encarnada en instituciones claves del presente para comprobar que el tópico del progreso sigue informándolas. Recordemos que los mercados, tal como proponían en el siglo XVIII Mandeville y Adam Smith, se reproducen siguiendo el principio consecuencial que asegura que, de las acciones de los individuos atomizados, movidas por intereses puramente egoístas, surge el bienestar de todos, que nadie busca, pero siempre se encuentra. El mercado resulta ser así la garantía de progreso material para todos. Y es evidente que la reivindicación de este tópico es moneda generalizada en el mundo en que vivimos. Decimos que no creemos en el progreso, pero justificamos las operaciones del mercado en los términos que fija esa añeja ficción narrativa.

¿Y qué ocurre, por su parte, con los tópicos sobre el tiempo y su futuro que propusieron los posmodernos? Propongo que son insuficientes y que no nos permiten realizar adecuadamente la tarea de pensar el futuro. Pero, dicho esto, es también evidente que en esos tópicos se encuentran algunas claves para comprender el entresijo temporal de nuestro mundo. Nos lo desvela la gente de a pie, o por lo menos la gente de a pie tal como la retratan investigaciones empíricas rigurosas y atendibles; gente que nos da a entender que su mundo de experiencia ha sido radicalmente desordenado en razón de transformaciones que han ocurrido en el mercado de trabajo, en sus actividades de consumo, en las prácticas culturales o en el medio técnico de la información y la comunicación que utilizamos o nos utiliza.

En efecto, las investigaciones sobre los trabajadores y sus experiencias en el puesto de trabajo, en la empresa que los contrata o en el mercado laboral en general, muestran que el orden temporal de la que llamábamos la empresa fordista se ha visto trastocado, poniendo en cuestión la idea de una biografía laboral-personal que empieza, da sus primeros pasos y concluye de una forma ordenada y previsible. Las investigaciones sobre los jóvenes precarios o sobre los parados de edad media muestran también que se sienten condenados al exilio de un presente de dimensiones muy limitadas del que no pueden salir.

Es lógico que lo que declaran proclame la relevancia del presentismo. Pero esa relevancia también es reconocible en el mundo del consumo del comprar y tirar, o en el mundo de la moda, que solo atiende a la actualidad, al presente, y se dedica a cambiar de continuo, generando siempre presentes sin memoria, desgajados. Y ocurre también lo mismo en el mundo de la política, tan atento a los estados de opinión momentáneos y que cifra la realidad en plazos muy cortos (entre elección y elección) que sacrifican y empujan a la nada horizontes de futuro de mayor duración.

Hay, pues, muchos aspectos del mundo en que vivimos dominados por un tiempo corto, inestable, amnésico, de espaldas al futuro. No son rarezas, sino rasgos recurrentes de nuestra experiencia. Debemos, pues, reconocer al tan criticado síndrome posmoderno que nos haya llamado la atención sobre ellos y nos haya impulsado a pensar en sus características y sus eventuales consecuencias.

Nuevos tiempos, nuevos futuros

Pero la propuesta que hago tras este reconocimiento es que estos rasgos y esta manera de llevarnos a pensar el tiempo, el futuro y su desaparición ni son el todo, ni son lo crucial. Al lado de ellos o, más bien, confrontados con ellos, hay otros tiempos que constituyen los rasgos inequívocos de la época que nos ha tocado vivir, tiempos cuyas demandas nos llevan a pensar en toda su radicalidad y de manera nueva el problema del futuro.

Algunos de esos tiempos nada posmodernos vienen de la mano de nuevas tecnologías que, lejos de recrearse en la instantaneidad y en el presente puntual, nos plantean sin más el problema del largo o muy largo plazo y del futuro esperable. Piénsese, por un momento, en ciertas novedades de los últimos decenios, como son las biotecnologías, las nanotecnologías o la inteligencia artificial. Todas ellas son fenómenos que podemos llamar totales, pues no solo afectan a la tecnociencia en la que han surgido, o a la economía en la que quieren adquirir rentabilidad, sino a los aspectos más variados de la sociedad, la cultura y la vida humana. Plantean, en razón de ello, problemas éticos y políticos de largo alcance, y para abordarlos seriamente no nos queda más remedio que desembarazarnos tanto de la idea del progreso como de la tentación presentista, y ponernos a pensar el horizonte de los futuros posibles que con ellos se pueden desatar. ¿Qué sería de una humanidad diseñada biológicamente a la carta? ¿Qué podemos alcanzar incidiendo sobre las estructuras básicas de la materia? ¿Qué sociedad de seres libres e iguales podemos construir y mantener si se cumplen los vaticinios de la inteligencia artificial? Todos estos interrogantes llaman al futuro, a imaginarlo, a romper los estrechos límites en los que lo hemos encerrado, a crear nuevas narraciones sobre mundos posibles, a atender a lo que pueda ir ocurriendo y a dotarnos de estructuras sociales que permitan un aprendizaje continuo para no convertirnos, como Edipo, en juguetes de la fortuna o en aprendices de brujo.

Futuros climáticos

Quiero centrar la atención en uno de esos retos que pone en entredicho tanto el futuro abierto y prometeico característico de la primera modernidad, ya citado, como el futuro caído o desaparecido de la última posmodernidad. Me refiero al que considero —y me imagino que consideran también ustedes— el tema de nuestro tiempo: el problema del cambio climático.

Se trata, de forma inequívoca, de un hecho total en el sentido que se dio a esta expresión anteriormente, pues es, a la vez y de forma indistinta, tanto un hecho natural físico como un hecho civilizatorio, cultural, social y, yendo más allá, un hecho que afecta a la ética e incluso a la estética humanas. Cumple ahora resaltar, además, que se trata de un tema de espesor temporal y, más concretamente, de un hecho que afecta a nuestra manera de concebir y tratar el futuro, pues es patente que nos plantea ahora, en un presente urgido, atender a un conjunto de consecuencias que se proyectan sobre el futuro y en relación con las cuales hemos de ir adoptando medidas para adaptarnos, para ser, como se dice ahora, resilientes, y, desde luego, tratar de mitigar o incluso frenar el cambio. Es, además, el problema que nos pone inevitablemente en contacto con las generaciones futuras y los derechos que debemos reconocerles. En definitiva, este hecho total que llamamos cambio climático se sitúa en el núcleo duro de nuestras futurizaciones, entendidas estas en su doble vertiente de lo que podemos saber y lo que podemos hacer sobre lo que no es todavía, pero podría serlo.

Pues bien, del cambio climático todos sabemos que es un hecho sometido a interpretaciones muy dispares y en fuerte lucha o disputa entre sí. Encontramos aquí ya una expresión de lo que se planteaba al inicio de esta intervención: la emergencia clara de futuros plurales y en disputa. En efecto, los numerosos estudios volcados en el problema climático muestran que hay múltiples maneras de concebirlo, que van de la mano de ideas sobre la semántica y la pragmática del futuro en fuerte disputa e incompatibles. Esa multiplicidad la podemos reducir a cinco variantes principales: cada una concibe el futuro climático de una manera, establece un diagnóstico sobre sus causas y consecuencias, fija un modelo normativo de actuación y rechaza las restantes maneras de enfrentar el problema.

La primera niega que haya propiamente un cambio climático o asegura que, en el caso de que lo haya, no se puede afirmar que sea antropogénico. Su expresión es el *negacionismo*, que, aunque ha ido perdiendo apoyo en la opinión pública, tiene adalides muy poderosos que lo mantienen con vida. El negacionismo reconoce que se apoya en la incertidumbre, asegurando que los conocimientos que están a nuestra disposición no avalan que el cambio climático esté ocurriendo o que sea resultado de las prácticas civilizatorias de los humanos. En razón de esto, opta por la vieja política del dejar hacer y dejar pasar, supone que los poderes públicos no están legitimados para actuar y apuesta por el mercado y, en consecuencia, por la vieja idea de un futuro pensado en los términos propios del progreso, según el cual, de las acciones atomizadas de los hombres, guiadas por su egoísmo y su miopía, se irá produciendo el mejor de los mundos posibles.

La segunda manera de plantear el tema reconoce tanto el cambio climático como su carácter antropogénico, así como la eventual gravedad del problema, pero propone que hemos de ir tomando medidas según vayan sucediendo las cosas, sin precipitarnos, y que, para enfrentar los graves problemas que puedan surgir, recurramos a las tecnologías de las que ya disponemos o que seamos capaces de construir en el futuro. Es el planteamiento de lo que cabe denominar discurso climático de la *geoingeniería*, pues se caracteriza por depositar todas sus esperanzas en efectivas respuestas tecnológicas a la acumulación de gases de efecto invernadero y sus lesivas consecuencias climáticas. Hunde sus raíces en el mito característicamente moderno de Prometeo, que da por seguro que la tecnociencia, que en parte ha sido la causa de la difícil situación en que nos encontramos, será también el remedio que conseguirá enderezarla. El futuro aparece así como el objeto de una colonización tecnológica segura y eficaz, que permitirá que se actualice el más propicio.

La tercera manera de abordar el problema puede llamarse *institucional* o, en términos más políticos, *reformista*. Digo institucional porque ha sido —y lo podremos ver más adelante— la que han hecho propia instituciones medioambientales internacionales surgidas justamente para hacerse cargo del problema. En este caso se reconoce que el proceso de cambio climático está en marcha y que, dada su gravedad, debemos actuar sin más dilación. Pero, a diferencia del anterior enfoque, no se confía de forma unilateral en la capacidad de nuestros saberes tecnológicos para enfrentarlo, y se propone que, al mismo tiempo, se proceda a sustanciales reformas que son a la vez económicas, políticas, culturales y sociales. El mensaje último es que son muchos los futuros posibles, algunos de los cuales se anuncian más bien como catastróficos, razón por la cual no podemos seguir insistiendo en los pobres remedios de bajo impacto adoptados hasta ahora. Su afán fundamental se encamina a una exploración del futuro que pone en cuestión ideas recibidas y muy extendidas. Lo comprobaremos más adelante.

La cuarta manera de enfrentar el problema climático la protagonizan quienes reconocen el carácter antropogénico de la situación, anuncian catástrofes inminentes y llaman a una transformación radical de la civilización, la sociedad y la cultura que están provocando ese desastre. Esta manera de diagnosticar el problema puede denominarse la opción *radical*. Afirma que el problema no se puede solucionar introduciendo pequeñas reformas o insistiendo, con variaciones, en lo mismo, sino que, ante la inminencia de un futuro de desastres y la incapacidad del sistema sociocultural, tal como está conformado en la actualidad, para enfrentarlo, hay que apostar decididamente por un cambio radical, animado por la imagen utópica de una reconciliación final entre unos humanos hermanados y una naturaleza tan maltratada como benévola.

Hay, por último, una quinta manera de entender el caso, que se podría denominar *catastrofista*. Viene a decir que la situación es tan grave como irreversible; subraya además que los humanos, tal como están conformados en el mundo actual, son incapaces de enfrentar el problema, cambiarse a sí mismos y dar con una solución con soporte social suficiente. En consecuencia, se viene a concluir en modo distópico: estamos abocados a que la civilización agresiva que hemos construido a lo largo de milenios colapse; solo entonces la naturaleza respirará aliviada ante nuestra desaparición o la supervivencia de unas pocas comunidades de ascetas virtuosos en nichos improbables. La imagen de un futuro apocalíptico, que ya ha empezado, o está a punto de hacerlo, y la distopía hacia la que parecemos condenados son propuestas tópicas de esta aproximación al problema del cambio climático.

Es obvio que las cinco aproximaciones que he diferenciado constituyen tipos ideales. En consecuencia, es más que posible que las posturas reales combinen aspectos de unas y otras. Pero, en cualquier caso, creo que estas cinco variantes nos pueden valer para retratar en su verdadera complejidad el intrincado problema que enfrentamos cuando nos ponemos a pensar el futuro en la coyuntura actual. Si aceptamos —e, insisto, creo que lo deberíamos hacer— que el cambio climático es el tema de nuestro tiempo, o por lo menos un tema mayor, fundamental, y comprobamos que, a la hora de enfrentarlo, difieren tajantemente las ideas de futuro que dominan las disputas socioculturales y que, entre ellas, las diferencias no son menores, sino esenciales, entonces deberíamos concluir que el asunto que nos preocupa es de una enorme complejidad y que no parece que dispongamos de recetas fáciles para solucionarlo.

En efecto, a poco que atendamos a las cinco propuestas que están en pugna en la arena climática, es fácil que concluyamos que encarnan, al menos, tres de las maneras más relevantes de entender el futuro, que se han disputado la mente y la acción de los hombres a lo largo de los últimos 5.000 años. Por un lado, está la sólida idea del futuro que se asienta con la modernidad, y que viene a decir que el futuro comporta novedades, que esas novedades son producto de la acción del ser humano y que el resultado final es la mejora constante de la suerte de la humanidad. El negacionismo, pero también el prometeísmo propio de lo que he denominado opción de la geoingeniería, coinciden en situar a la luz de esta forma de concebir el futuro. Por su parte, el catastrofismo climático recoge ecos de alguna de las variantes más pesimistas del presentismo posmoderno; comparten con él la idea de un futuro desaparecido e irremediable y la consiguiente condena a un presente sin asideros. Es más, si hilamos más fino, es posible que esta manera de concebir un futuro de destrucción tenga mucho que ver con las ideas tradicionales, llamémoslas premodernas, que ligan el porvenir que se nos echa encima al castigo por las faltas rituales o los pecados cometidos. En este caso, unos humanos que han ultrajado a la diosa Tierra reciben su justo castigo.

Por otro lado, las otras dos variantes, las que denominaba variante reformista o institucional y variante radical, están muy centradas en la conformación práctico-semántica del futuro, pero el futuro que conciben no es el ancestral de Edipo o del cristianismo, ni tampoco propiamente el de la modernidad, ni desde luego el futuro desaparecido y reducido a puro presente de los posmodernos. Es un futuro distinto que, como veremos, amplía en gran medida el horizonte a contemplar, no confía en exclusiva en mecanismos de mercado que aseguren el mejor de los mundos posibles, pone objeciones a la capacidad prometeica de labrar autónomamente el porvenir de los humanos, atiende a la incertidumbre pero quiere incorporarla al mundo de las decisiones, y se atiene a la posibilidad de que las cosas, que podrían salir bien, salgan mal, y que sea la catástrofe lo que tengamos por delante.

...Y los informes del IPCC

Para comprobarlo, lo mejor es proceder a una especie de estudio de caso. Quisiera centrar la atención en los informes del IPCC, es decir, por sus siglas en inglés, los informes del Panel Intergubernamental sobre el Cambio Climático, la agencia creada por Naciones Unidas en 1988. Se trata, como es sabido, de una agencia pública que, desde su creación, trabaja de forma continuada en hacer un acopio de lo que podemos saber sobre el cambio climático: su deriva, sus causas, sus tendencias dinámicas, sus consecuencias y las prácticas de adaptación, resiliencia y mitigación que podemos oponerle. Es el exponente más claro de lo que he denominado anteriormente el enfoque institucional o reformista. Como saben, ha producido un conjunto impresionante de informes, entre los que destacan los informes generales de evaluación; en marzo de este año, se ha hecho público el Sexto Informe de Síntesis, que es un documento de lectura obligada para todos los interesados y comprometidos en este problema.

El tema que me interesa es la idea de futuro que está inscrita en sus informes; es decir: el futuro que se presupone en sus análisis y recomendaciones. Como veremos, nada tiene que ver con el presentismo de los posmodernos y su desatención al futuro, pero tampoco con la idea moderna de un futuro abierto y encaminado hacia lo mejor, ni desde luego con la idea tradicional de un futuro ya constituido, resistente a los deseos de comprensión y conformación de los humanos.

Si atendemos a lo que se propone sobre todo en los últimos tres informes generales de evaluación (fechados en 2007, 2014 y 2021-2023), encontraremos una serie de rasgos diferenciales, aunque algunas veces se aproximen a viejas ideas operativas en las futurizaciones de los últimos dos siglos.

La primera idea es la que desecha los tópicos posmodernos sobre la desaparición del futuro. La propuesta clara y constante de los informes del IPCC es que vivimos en una realidad futurizada en la que lo relevante, lo que ha de ocuparnos, es que atendamos no a lo que pasa actualmente, sino a lo que puede pasar en el futuro.

La segunda idea que me parece característica retoma, pero amplía, algo que estaba en el futuro de los modernos, y es que el futuro ha de ser concebido como un escenario que se despliega en el tiempo frente a nosotros, suponiendo que ese escenario tiene una enorme profundidad que debemos recorrer y explorar. En concreto, los informes exploran de manera sistemática un escenario de futuro de una profundidad que suele situarse alrededor de los cien años, aunque con frecuencia va más allá. Y no se pretende que lo que allí se pueda contemplar sean ensoñaciones o cosas vagas, sino, más bien, entes, actantes, acontecimientos y procesos muy concretos, a los que se ponen fechas y que se pintan muy a las claras, para que nos entren por los ojos, los reconozcamos y eventualmente logren preocuparnos.

La tercera idea que domina todas las indagaciones es que no se plantea el futuro como una variedad atomizada de cosas por venir, sino como un conjunto de escenarios concretos, interrelacionados y, en ocasiones, alternativos. Estos escenarios no fijan tanto lo que va a ocurrir como lo que podría ocurrir, es decir, permiten contemplar un conjunto de futuros posibles. Resulta así que para el IPCC el futuro es un futuro de futuros posibles que se exploran en forma de escenarios. Algunos presentan una proyección hacia adelante de lo actual en el caso de que nada se hiciera y la acumulación de gases de efecto invernadero siguiera el curso mantenido hasta el presente; otros son escenarios imaginativos, resultantes de la toma en consideración de eventuales transformaciones sociales y naturales; otros resultan escenarios retroproyectivos que fijan algo que podría ocurrir, a fin de explorar lo que podríamos hacer para esquivarlo o conseguirlo; e incluso hay escenarios catastróficos en los que se escenifican las desgracias que pretendemos infructuosamente evitar.

A estas tres ideas se suman al menos otras dos muy relevantes. La primera destaca la incertidumbre propia de todo lo que sabemos sobre lo que ocurre o pueda ocurrir. Este incesante mentar la incertidumbre de lo que se observa hace que la exposición de los informes esté de continuo puntuada por el reconocimiento del carácter más o menos fiable de las evidencias de que disponemos o, cuando es posible, de la variada probabilidad de que algo que consideramos se dé ahora o en el futuro. Este énfasis en la incertidumbre es ciertamente peculiar, pues atiende preferentemente a su variante epistémica, que nos invita a pensar que lo que ahora es incierto dejará de serlo, si seguimos indagando. Pero, aunque se atienda con preferencia a esta variante y se tienda a presentar los desastres que nos acechan en el marco categorial del riesgo —es decir, fijando probabilidades que invitan a cálculos decisionales—, también es cierto que, en algunos contextos de análisis, se apuesta por resaltar la ignorancia de fondo en la que estamos instalados y una acorde incertidumbre ontológica que nos dice que no solo no podemos alcanzar la certeza ahora, sino que es posible que no podamos alcanzarla nunca. En ambos casos, la incertidumbre aparece como protagonista, desbordando así lo que era característico del optimismo cognitivo del futuro moderno, que encontraba en las series que desembocaban en el presente las regularidades que permitían pronosticar, prever y prevenir con alta seguridad el futuro. Por el contrario, el futuro de los informes sobre el cambio climático no aparece como de fácil colonización, aunque eso no comporte que esté cerrado a la acción racional de los humanos.

Es esta última idea la que quiero recalcar. El futuro contemplado es ciertamente un cúmulo de riesgos en el sentido amplio de que está abierto a daños que nos importa evitar, aunque hayamos de conseguirlo en una situación llena de incertidumbres. ¿Qué podemos hacer entonces? Desde luego no podemos quedarnos cruzados de brazos; hemos de actuar. La llamada a la acción es una constante en los informes sobre el futuro climático, aunque se opte por la ambigüedad a la hora de especificar las medidas concretas que hay que tomar cuando tienen espesor económico, social o político de calibre. Esa llamada a una acción en principio salvadora se matiza destacando que las actuaciones que podemos realizar para sortear los riesgos climáticos pueden llevar a agudizarlos. Hay algo así como un recuerdo de la ironía trágica que, en realidad, está muy arraigada en nuestra manera de ver las cosas, aunque haya potentes maquinarias culturales que la quieran sepultar. Esa ironía nos obliga a estar vigilantes, a atender a los resultados no intencionales de lo que hacemos y a concebirnos, más que como Prometeos liberadores, como actores modestos que deben estar muy atentos a las consecuencias perversas de sus acciones mejor intencionadas.

El análisis del futuro implícito en los informes del IPCC se podría profundizar más y completar, pero ya con lo apuntado tenemos base suficiente para alcanzar el objetivo que pretendía, y es destacar que pensar el futuro en la actualidad no solo es urgente e insoslayable, pues está entrañado en el tema de nuestro tiempo, sino que, además, ese futuro tiene características que contrastan vivamente con las que se presuponían en los debates de la modernidad y la posmodernidad. Estamos ante un problema nuevo que requiere soluciones también nuevas; un problema que activa formas novedosas de concebir el futuro y las futurizaciones. Los temas emergentes son la centralidad del problema del futuro, la profundidad, la precisión cronométrica, la vivacidad de los escenarios de futuro que debemos considerar, las llamadas de atención ante la proliferación de incertidumbres mayores no despejables, el énfasis en la urgencia de la acción, pero insistiendo en un genérico principio de prudencia, muy alejado del optimismo prometeico de la idea del progreso.

Futuro incierto y arriesgado

Reconozcamos, pues, la complejidad del tema que estamos tratando. Pero esta complejidad no debería llevarnos al desánimo, pues nada ganamos optando por el malditismo y la lamentación. Hemos de contemplar las cosas que enfrentamos con realismo, asumiendo simplemente las tareas que demandan los tiempos que vivimos. Quisiera, en este sentido, y para acabar de forma constructiva, dar algunas indicaciones sobre cómo dirigirnos, aunque sean en tono menor, muy menor.

La primera indicación apunta hacia uno de los problemas que enfrentamos. Nos encontramos ante futuros plurales y en disputa. Y no solo me refiero a lo que hemos visto en las luchas medioambientales, sino a lo que es patente en el mundo social en el que vivimos: el futuro en el caso de la política o en el de la economía o en el de la cultura difiere del que hemos visto emerger en el caso de la ciencia del cambio climático. Todo esto plantea problemas de coordinación o de integración. Caeríamos en el mayor de los errores si optáramos por una simplificación que prime uno de esos tiempos, y su correspondiente futuro, sobre los demás. Vivimos en sociedades diferenciadas que no están (ni pueden estar) prearmonizadas; en consecuencia, estamos abocados a una negociación perenne de sus tiempos decisivos que, en este caso, es una negociación entre sus futuros propios. Cómo podemos hacer concordante lo discordante, cómo podemos temperar lo tensionado, ha sido siempre —al decir de dos de sus mejores pensadores, Paul Ricoeur y Giacomo Marramao— la tarea que el tiempo ha enfrentado. Eso sigue siendo verdad en la actualidad: también debemos temperar, concordar futuros disímiles y en disputa, generando un entramado siempre precario que se ha de replantear.

La segunda indicación que quiero hacer se refiere a las tecnologías de la incertidumbre. El futuro es constitutivamente incierto. Lo ha sido siempre a pesar de que se hayan ido construyendo asideros de sentido que prometían limitar lo incierto, recurriendo a ideas tan brillantes como el destino, la providencia o el progreso. En la actualidad solemos asirnos a otra idea igualmente brillante: el riesgo. Nos permite reconocer la incertidumbre, atender a la posibilidad de daños y males, pero limitando lo uno y lo otro utilizando técnicas de cálculo y modelos decisionales. El problema radica en que ese asidero de sentido y sus tecnologías correspondientes muestran sus limitaciones cuando se abordan problemas tan complejos como el del cambio climático. Ante él está limitada nuestra capacidad de previsión o de prevención, que permite, por medio de seguros, compensar y paliar los males que se nos puedan venir encima. La incertidumbre que enfrentamos con el cambio climático no siempre se puede reducir a probabilidades; está abierta a sorpresas destructivas y contempla la posibilidad de puntos de no retorno con destrucciones irreversibles.

¿Qué hacer entonces? Tal vez tres cosas: primera, explorar expectativas ficcionales más matizadas que aseguren la prudencia y la modestia en nuestras actuaciones; segunda, invertir —como ha resultado obvio tras la experiencia traumática de la reciente pandemia del coronavirus— en el principio de preparación que, ante lo incalculable y lesivo, opta por asegurar las infraestructuras que nos permitan responder a las pruebas inimaginables que se nos pongan; y tercera y última: explorar las potencialidades de otros principios prudenciales que van más allá de las tecnologías del riesgo, como es el caso, por ejemplo, del principio de precaución, que, aunque polémico e interpretado de forma muy variada, plantea la hipótesis de saber y actuar cuando no se sabe a ciencia cierta y no se tiene claro qué hacer.

Y con esto llego a la tercera y última indicación: hace ya bastantes años, Silvio Funtowicz y Jerome Ravetz propusieron la idea de la ciencia posnormal. La definían de una manera que nos ha de resultar cercana por lo analizado. Proponían que era la ciencia que surge cuando «los hechos son inciertos, los valores están en disputa, mucho es lo que está en juego y las decisiones son urgentes». Es un retrato cabal de la situación en la que nos hallamos ahora y nos hallaremos en el futuro. En tal situación, se plantea el problema de la ciencia, e incluso la ciencia como problema. No podemos, ni debemos renunciar a ella ni a los especialistas que la producen, pero los problemas que enfrentamos son los propios de una ciencia posnormal en la que los especialistas no pueden tener el monopolio del saber y son incapaces de dictar las recetas curativas. La alternativa sería la democratización de la ciencia, pero lo que esto significa no es fácil de fijar. Lo importante es que nos lo planteemos de manera seria y constante. Y esto es crucial, pues los problemas que plantea la acción sobre el cambio climático y sus escenarios de futuro cargados de incertidumbres llaman sobre todo a una actitud colectiva que rompa con el desánimo, la despreocupación y la tendencia a inhibirse ante algo que ni se entiende ni se sabe cómo lidiar. Este es el gran problema del futuro que debemos enfrentar. ¿Seremos capaces de hacerlo, estaremos a la altura de lo que los tiempos demandan? Seré optimista: espero que sí. ¿Cómo lo haremos? No está claro, lo confieso, pero lo fundamental es que las soluciones que demos estén abiertas siempre al escrutinio ulterior y sean atendidos y tomados en consideración los variados actores que configuran esta humanidad, entre distraída y atemorizada, de la que formamos parte. Como ha señalado Urry, nuestra tarea es paradójica: debemos saber lo que no podemos saber. Por lo tanto, solo nos queda ir aprendiendo juntos de nuestros errores.

El cortoplacismo insostenible

Daniel Innerarity
Catedrático de Filosofía Política y Social
de la Universidad del País Vasco

Para comenzar, una afirmación un tanto lapidaria, que más adelante trataré de justificar: nuestras sociedades están consumiendo el futuro de una manera insostenible. Desde el punto de vista ecológico, demográfico y financiero, somos sociedades distraídas en el tiempo presente, incapaces de tomar en suficiente consideración el futuro, tal y como lo están exigiendo las actuales circunstancias. Esta dificultad de relacionarse con el propio futuro es una de las causas que explicarían el triunfo de la insignificancia en las actuales democracias mediáticas, nuestra insistente distracción sobre el corto plazo.

Las malas actuaciones imponen costes de largo recorrido y reducen la capacidad de aquellos que vivan en el futuro a la hora de tomar sus propias decisiones. Hay decisiones irreversibles, daños irreparables, por cuyo impacto negativo nadie podrá rendir cuentas. Los gobiernos tienen que tomar decisiones que no solo distribuyen costes y beneficios entre diferentes sectores y grupos activos en el presente, sino que implican también largos períodos de tiempo e incluso afectan a varias generaciones. Los gobiernos de mañana se enfrentarán a mayores problemas fiscales, medioambientales y sociales y verán reducida su capacidad para ocuparse del futuro al respecto.

Las deudas del pasado

El asunto también puede divisarse desde el presente hacia las deudas contraídas en el pasado. Muchos políticos se encuentran con cantidad de problemas que tienen que ver con la cortedad de miras de sus predecesores: infraestructuras deficientes, fallos en el sistema educativo, degradación medioambiental, problemas de deuda pública, etcétera. No puede haber una verdadera democracia —lo hemos dicho muchas veces, lo hemos oído muchas veces— donde no se establezca una cierta concordancia entre los que deciden y los afectados por las decisiones; es decir, en este caso, entre el presente y el futuro, pues la política actual, a mi juicio, padece al mismo tiempo un gran déficit de capacidad estratégica.

Nuestros políticos son administradores aplicados que trabajan con un horizonte temporal muy corto y ceden con frecuencia a la tentación de desplazar las dificultades al futuro a costa de las siguientes generaciones. La causa fundamental de este olvido del futuro es la misma estructura electoral de nuestros sistemas políticos y, por tanto, la falta de incentivos de un sistema en el que las elecciones sucesivas fuerzan a los elegidos a responder a los rápidos movimientos de la opinión pública. El presente ejerce sobre los electos una presión incomparablemente mayor que el futuro.

El modo como el calendario electoral segmenta el proceso político no favorece la adopción de políticas cuyos posibles impactos se extenderán en el tiempo. Hay, por así decirlo, una discrepancia entre el tiempo necesario para abordar problemas complejos y los imperativos electorales. Existe un desajuste entre el tiempo requerido para afrontar los principales problemas sociales y la frecuencia de las elecciones, lo que, por tanto, incentiva políticamente a diferir.

El ciclo electoral es demasiado corto comparado con el tiempo que sería necesario para abordar muchos de nuestros principales desafíos, problemas a largo plazo que no se pueden adaptar a las estrecheces de un periodo de gobierno de cuatro años. Por tanto, debemos relacionarnos con el futuro de otra manera, más estratégica, menos oportunista, convirtiendo la política en una reflexión colectiva en torno al futuro y su configuración democrática.

Hay bienes comunes que solo se pueden asegurar articulando medidas inmediatas con el largo plazo, el medio ambiente, la paz, la estabilidad institucional, la sostenibilidad en general, etcétera. Su gestión requiere cambios a nivel individual, colectivo e institucional para incluir en nuestras consideraciones y prácticas una perspectiva temporal más amplia. Hay que volver a situar el futuro —esta sería la principal tesis de mi intervención— en un lugar privilegiado en la agenda de las sociedades democráticas. El futuro debe ganar peso político.

Ahora bien, ¿cómo hacemos esto? El problema es que el futuro es políticamente débil, ya que no cuenta con abogados poderosos en el presente. Y, por tanto, son las instituciones las que deben hacerlo valer.

Una primera exigencia de la responsabilidad respecto del futuro consiste en ir más allá de la ocupación de la lógica del corto plazo, levantar la vista por encima del detalle o de lo urgente. Tomarse el futuro en serio exige de entrada introducir el largo plazo en las consideraciones estratégicas y en las decisiones políticas. La complejidad de nuestras sociedades nos obliga, de hecho, a extender los escenarios futuros que hemos de tener en cuenta para nuestras actuales decisiones y planificaciones.

El futuro como problema

El futuro, en suma, se ha convertido en un problema de las sociedades contemporáneas, quizá nuestro mayor problema, pero tal vez también la vía de solución para proceder a una reforma de la política. Nuestro mayor desafío consiste en volver a pensar y articular en la práctica la relación entre conocimiento, acción y responsabilidad. Tenemos que proceder a una relegitimación de nuestras intervenciones en el mundo, de nuestras condiciones de producción de futuro en los nuevos escenarios sociales de una mayor complejidad, incertidumbre e interdependencia.

Con los debates acerca del cambio climático, la energía ampliada, la ingeniería genéticay la salud pública, el futuro ha irrumpido en la política del presente. Esto quiere decir que las decisiones políticas han salido ya del clásico marco de referencia espacial y material. Para la conducción de este debate ya no valen las clásicas instituciones que diseñaron el futuro en las democracias liberales, ni la ciencia determinista, ni la economía que tiende a considerar el futuro como un recurso más, ni el derecho que entiende la justicia como el resultado del contrato entre los contemporáneos y carece de instrumentos para anticipar los derechos de quienes vienen después. Ninguno de estos sistemas está hoy por hoy equipado con los procedimientos para entender y regular un ámbito temporal en el que el futuro juega un papel decisivo.

La gobernanza intertemporal consistiría en una cultura política y un diseño institucional que estimulen la decisión motivada en el largo plazo, protejan los intereses futuros, mejoren los instrumentos de previsión y promuevan la solidaridad intergeneracional. Podríamos llamar gobernanza anticipatoria a la capacidad de los políticos electos y del sistema político en general de mirar hacia adelante, de imaginar y pensar estratégicamente y de transformar. La gobernanza sostenible debería poder modificar las presiones sobre el sistema político, de manera que los intereses más inmediatos no sean tan priorizados a expensas del bienestar futuro de la sociedad.

La dificultad del asunto procede de que hay que distribuir los costes y beneficios no ya entre sujetos contemporáneos con distintos intereses, cosa que hacemos relativamente bien, sino entre quienes conviven en distintos tiempos. Para el sistema político es especialmente complejo gestionar aquellas relaciones entre el presente y el futuro que implican una ventaja a largo plazo, pero un coste aquí y ahora. Las asimetrías electorales surgen en cuanto hay que realizar algo que no disfrutarán quienes lo costean, quienes lo pagan: reformas, subidas de impuestos, regulaciones, etcétera. Desde este punto de vista, la sostenibilidad implica fortalecer la voz de quienes están pobremente representados y, al mismo tiempo, restringir el poder de los sobrerrepresentados.

La advertencia de hasta qué punto nuestros sistemas políticos están atrapados en dinámicas insostenibles ha puesto en marcha desde hace tiempo debates y propuestas para fortalecer las instituciones, los procesos y los sistemas de decisión de manera que puedan hacer frente a las cuestiones intertemporales. Hay iniciativas que pretenden crear instituciones explícitamente centradas en el futuro; otras cuya intención es animar a las instituciones actualmente existentes a que adopten una perspectiva más de futuro. Para corregir este presentismo generalizado hay iniciativas como lo que se ha llamado «dispositivos de compromiso», instrumentos políticos para conseguir que los individuos, las organizaciones y los gobiernos, contra su posible miopía y oportunismo, mantengan su determinación de actuar según el curso de acción y los fines acordados.

Con estos instrumentos se trata de influir o limitar el comportamiento futuro con el propósito de realizar los objetivos deseados frente a las posibles presiones para abandonarlos, y al mismo tiempo incrementar los costes de oportunidad y el comportamiento oportunista; es decir: que el oportunismo no compense. Se precisan mecanismos como el establecimiento de los objetivos políticos, instituciones para representar o proteger los intereses futuros que se consideren importantes, negociar amplios acuerdos sobre políticas con implicaciones en el largo plazo, diseñar políticas y programas de modo que sean más difícilmente alterados en el futuro, limitar el margen de discreción gubernamental, etcétera. Estos procedimientos pueden en ocasiones tomar forma institucional, como consejos de planificación, *think tanks*, comisiones de futuro, equipos de diseño estratégico, agencias de planificación, unidades de prospectiva, etcétera. Las personas interesadas en estas cuestiones pueden consultar mi libro *La teoría de la democracia compleja*, en el que las analizo con mayor detalle y profundidad.

En otras ocasiones, se ha mostrado especialmente útil que los gobiernos establezcan objetivos a largo plazo, como fue el caso de los objetivos de desarrollo milenio o los actuales objetivos de desarrollo sostenible.

Democracia transformadora

Se habla mucho de transformar la democracia y muy poco acerca de si la democracia transforma; es decir, si produce los resultados que tenemos derecho a esperar de ella.

Para poder hablar de una democracia de transformación, tienen que poder realizarse tres tipos de operaciones. En primer lugar, la generación del cambio social: tenemos que cambiar en cierta medida y bajo determinadas condiciones la sociedad. En segundo lugar, no se trata solamente de hacer cosas, sino de evitar situaciones indeseables; por ejemplo, la llegada de crisis sucesivas, como nos ha ocurrido en los últimos años. Por último, la tercera gran pregunta que nos deberíamos hacer es cómo podemos simultanear uno y otro objetivo, cómo hacer ciertas cosas mientras se impide que pasen otras, qué tipo de subjetividad política es capaz de construir e implementar ese tipo de decisiones. Por lo cual, en una sociedad plural, con diversidad de sujetos políticos, niveles de gobierno e interlocutorios, eso pasa necesariamente por la negociación democrática, el pacto, el acuerdo y la cooperación.

Planteémonos, pues, cómo podemos posibilitar los cambios, cómo podemos impedir o gestionar las crisis y, en tercer lugar, cómo podemos negociar los pactos.

Promover un cambio social

En primer lugar, ¿cómo hacer que ciertas cosas pasen? Estamos rodeados de fracasos de la política a la hora de llevar a cabo lo que la sociedad le había encargado. Políticas que son incapaces de hacer real lo que una sociedad creía que estaba alumbrando. Buena parte de los fracasos de la política y de su particular impotencia se deben a que el impulso cívico, el deseo de cambio, la indignación, las aspiraciones o las esperanzas colectivas no tienen quienes los articulen políticamente. No se trata solo de que haya problemas técnicos de implementación, que los hay, sino de la dificultad que tenemos para articular dos lógicas distintas que deben combinarse, pero ninguna de las cuales está en condiciones de sustituir a la otra. Por un lado, la espontaneidad social que protesta, que exige, que desea, que espera; por otro lado, la lógica política que racionaliza y pone en práctica.

La experiencia cotidiana que todos tenemos, en el sentido de que resulta más fácil identificar lo que no queremos que saber lo que queremos, corresponde, en el terreno colectivo, a un comportamiento político en el que hay más rechazo que elección, más descarte que preferencia. Esto lo saben muy bien los líderes políticos que prefieren acomodarse a la situación y meter miedo en vez de generar esperanza. Desde el punto de vista institucional, esto se traduce en lo que se ha acostumbrado a llamar vetocracia; es decir, cuando la posibilidad de bloqueo es infinitamente mayor que la capacidad de construcción, para regocijo, por cierto, de aquellos a quienes beneficia el *statu quo*.

El gran problema de nuestros sistemas políticos no es la inestabilidad en general, sino la inestabilidad debida a que no se realizan los cambios necesarios. Más que palancas, iniciativas o puntos de Arquímedes, la física social está llena de vetos, bloqueos, influenciabilidad, impedimentos y rigideces. La crisis de nuestra democracia es también una crisis de eficacia y capacidad a la hora de tomar las decisiones. No sabemos qué hacer con lo que podríamos llamar la agregación de los rechazos. Teniendo en cuenta todo esto, podríamos concluir que nos está fallando la construcción política e institucional de la democracia más allá de la emoción del momento, de la presión inmediata y la atención mediática.

Uno de los principales enigmas de nuestro tiempo es cómo se produce el cambio social, entender su lógica y contribuir a que se realice en la dirección deseada. El problema es que hoy, más que estrategias de cambio, lo que tenemos son gestos improductivos, una agitación que es compatible con el estancamiento, escenificaciones sin consecuencias, impulsos estériles, falsos movimientos. El radicalismo es a la revolución como la agitación al movimiento o la indignación a la democratización, es decir, simulacros de cambio, no solamente compatibles con la falta de cambio, sino, en muchas ocasiones, estimuladores para no cambiar nada porque ya hemos conseguido algo que se le parece.

Anticipar y gobernar las crisis

En segundo lugar, ¿cómo conseguimos impedir que ciertas cosas pasen? ¿Cómo lo frenamos, cómo nos anticipamos y gobernamos las crisis? La política tiene como objetivo hacer ciertas cosas, pero también imposibilitar decididamente otras o, si no se puede, conseguir que pasen de una manera distinta, menos dañina y más provechosa de lo que hubiera sido sin su intervención anticipada. Aquí entrarían en juego todas aquellas capacidades que los sistemas políticos tienen que desarrollar para prever, anticipar, proteger y gobernar las situaciones críticas.

Gobernar bien es imposible si los políticos no exploran el horizonte y continúan cerrando los ojos a los problemas latentes o incipientes. Un déficit manifiesto de la política es la cortedad de miras en sus programas; el tratamiento de los síntomas en vez de la lucha contra las causas; su dependencia de los electores actuales a costa de las generaciones futuras; la incapacidad tanto de los representantes como de los representados para enfrentarse a problemas latentes. Como sociedad, no estamos especialmente bien dotados para una gobernanza anticipatoria. La continua procesión de urgencias diarias nos distrae de los desafíos a largo plazo. Las crisis son muy pocas veces anticipadas y, cuando han pasado, tampoco estamos especialmente de acuerdo en cómo interpretarlas o cómo debemos aprender de ellas, sea una crisis financiera, una pandemia o la crisis climática.

La democracia necesita una gestión estratégica de las crisis futuras. Sabemos que habrá crisis en relación con el cambio climático, la salud pública, el capitalismo financiero, las migraciones, el abastecimiento de energía, el envejecimiento de la población, las guerras, los conflictos, etcétera. Lo único que nos falta por adivinar es cuándo y cómo se presentarán, y con qué instrumentos es más adecuado hacerles frente. Una acción más estratégica nos permitiría identificar las tendencias y anticipar las soluciones; es decir, actuar cuando ya no sea demasiado tarde.

Mejorar la coherencia estratégica en un sistema que está al vaivén de las crisis urgentes del corto plazo requiere, de entrada, una mayor y mejor información acerca de los impactos a largo plazo de las actuales decisiones políticas y sus alternativas; instrumentos adecuados para medir los riesgos a los que estamos confrontados o que generamos nosotros mismos, y un enfoque holístico o sistémico. Solo así la política conseguirá pasar del mundo de las reparaciones al de las configuraciones.

En sistemas dinámicos hay que introducir el futuro en nuestras planificaciones si no queremos vernos sorprendidos por problemas que irrumpen sin que hayamos realizado ninguna previsión. Ya se trate de crisis financieras globales, desastres ecológicos o problemas de sostenibilidad, la política llega siempre demasiado tarde, cuando los trabajos de reparación son más costosos de lo que hubieran sido las medidas profilácticas. Los gobiernos se encuentran frecuentemente poco preparados cuando la dinámica de los acontecimientos indeseados ha comenzado ya a acelerarse. Su capacidad para detectar y responder a los acontecimientos emergentes es muy reducida y los marcos regulatorios se han vuelto obsoletos o menos efectivos. Entonces, los gobiernos se limitan a gestionar las crisis tras su estallido, en vez de centrarse en los acontecimientos que las propiciaron. Esto de lo que estoy hablando son desafíos que no se resuelven con la creación de un gabinete de crisis —que se constituye cuando la crisis ya ha tenido lugar y que solo sirve para remediar parte de sus consecuencias—, sino mejorando la capacidad de los gobiernos de pensar y actuar de un modo estratégico en un mundo que está cambiando radicalmente.

Tenemos que prepararnos para gobernar un mundo en el que no habrá crisis ocasionales, sino que viviremos en una inestabilidad mayor de la que éramos capaces de gestionar. Necesitamos una política que sea capaz de entender las interacciones y los fenómenos de crisis, que se haga cargo de la novedad y del cambio; una política capaz de reinventarse a sí misma continuamente, que no sea estática, intemporal y reactiva, sino viva y en transformación. En definitiva, una nueva manera de hacer política más receptiva para las formas inéditas que tendrá que adoptar en una sociedad cada vez más imprevisible y, por tanto, que entienda estos requerimientos como oportunidades para ser más democrática.

Los acuerdos son necesarios

Finalmente, un requisito de esta democracia de negociación es generar una subjetividad política capaz de poner en marcha ambas acciones: la capacidad de hacer que ciertas cosas pasen y la capacidad de impedir que ocurran otras, como las crisis. Desde el punto de vista de una democracia transformadora, no hay otro procedimiento para afrontar estos grandes asuntos de la humanidad y estos grandes asuntos colectivos que generar un sujeto a través del pacto o a través del acuerdo, porque solo con esto se puede producir un cambio social profundo y duradero. La democracia no puede producir cambios en la realidad social sin algún tipo de escisión mutua.

Si los acuerdos en sí son importantes, los acuerdos que deberíamos producir también habrían de ser importantes, porque los costes del fracaso de los nuevos acuerdos serían muy elevados: fundamentalmente, asentar el *statu quo*, la desigualdad, el desastre climático, la injusticia, la insostenibilidad en general. Los desacuerdos son más conservadores que los acuerdos. Cuanto más polarizada está una sociedad, menos capaz es de transformarse. Hoy nos podemos permitir menos que nunca la paralización porque los costes de retrasar las decisiones oportunas son muy elevados.

Si la democracia quiere ser transformativa, transformadora, tiene que ser también una democracia de negociación. Buena parte de los principales problemas políticos a los que se enfrentan hoy nuestras sociedades requieren instituciones y hábitos de negociación. Hay problemas que se solucionan votando y por tanto generando una mayoría suficiente, y otros que exigen algo más o algo diferente de lo que se consigue cuando una votación configura una mayoría. En estos casos no se trata tanto de votar como de construir ese tipo de voluntad popular que se fracturaría si hubiera que votar para producir una victoria de unos contra otros.

Hay cuestiones que pueden resolverse simplemente contando los votos, pero hay otras, las más decisivas, las que afectan a las condiciones de la convivencia, para las que hace falta un acuerdo más amplio, una voluntad política más integradora. Si nos pasáramos el día contando votos, pero sin hablar unos con otros, no tendríamos una verdadera democracia. Lo mismo que si estuviéramos continuamente discutiendo y fuéramos incapaces de poner un punto final a la discusión y tomar decisiones. Me gusta decir que la democracia no es ni el reino de los votos ni el reino de los vetos. La democracia es un sistema político que equilibra discusión y decisión, negociación y resolución, acuerdo y disenso.

Hay una dimensión competitiva de la democracia en la que rigen criterios mayoritarios y donde unos ganan y otros pierden, pero también hay una democracia de negociación que es necesaria para algunos asuntos y que permite una mejor construcción de la voluntad popular de la democracia mayoritaria.

Creo que en nuestras democracias actuales el momento competitivo está eclipsando la dimensión colaborativa. La democracia mayoritaria es incapaz de conseguir lo que en el mejor de los casos se alcanzaría por medio de una democracia de negociación. En definitiva, y esta sería mi última conclusión: si queremos hacernos cargo del futuro, si queremos afrontar los riesgos colectivos, no tenemos más solución que darle al futuro un mayor peso en nuestras instituciones, en nuestras prácticas políticas, en nuestras configuraciones de gobierno, para lo cual tenemos que mejorar tanto la capacidad transformadora de la democracia para hacer que pasen ciertas cosas, como la capacidad para impedir que ocurran otras, como las crisis, o que cuando ocurran nos encuentren mejor preparados. Para conseguirlo, me parece que el mejor instrumento es generar una subjetividad política más transversal de la que existe en una democracia meramente competitiva.

Democracia de inmunidad o el rechazo al migrante

Donatella Di Cesare
Filósofa de la Università La Sapienza Roma

En los debates sobre la democracia se analizan maneras de defenderla, reformarla y mejorarla, sin cuestionar sus fronteras y el vínculo que la mantiene unida: la fobia al contagio, el miedo al otro, el terror a lo que está fuera. Así se pasa por alto que la discriminación ya está latente.

La arquitectura política contemporánea capta y expulsa, incluye y excluye. Es en este contexto en el que puede funcionar la democracia inmunitaria. Cabe señalar que el adjetivo no es en absoluto inofensivo; de hecho, promete perjudicar y dañar la democracia. ¿Se puede hablar verdaderamente de «democracia» allá donde la inmunización vale para unos y no para otros?

A menudo se olvida que existen varios modelos, opuestos incluso, de democracia. El nuestro está cada vez más lejos del de la *polis* griega, al que, sin embargo, nos encanta referirnos. No se puede sostener, como hacen algunos, una visión entusiasta de aquella democracia, ignorando la exclusión de las mujeres y de los esclavos. Pero, a pesar de todo, para los ciudadanos griegos era importante participar en la organización de la vida en común.

En el mundo moderno es válido, en cambio, un modelo que, después de haberse desarrollado en la democracia estadounidense, se ha ido difundiendo en el mundo occidental y occidentalizado. Se puede resumir en esta fórmula: *noli me tangere*. Esto es todo lo que los ciudadanos exigen de la democracia: «no me toques». Personas, cuerpos e ideas deben poder existir, moverse, expresarse, sin ser tocados; es decir, sin ser inhibidos, forzados, prohibidos por una autoridad externa, al menos en la medida en que sea realmente inevitable. Toda la tradición del pensamiento político liberal ha insistido en esta idea negativa de libertad. No se pide participación; en cambio, se busca protección. Si al ciudadano griego le interesaba compartir el poder público, al ciudadano de la democracia inmunitaria le preocupa sobre todo su propia seguridad. Se puede decir que esta es precisamente la limitación más grave del liberalismo, que con ello confunde garantía y libertad. Esta visión negativa afecta a la democracia inmunitaria que debe salvaguardar la vida humana en sus múltiples aspectos.

A medida que se ha ido imponiendo este modelo, han aumentado las exigencias de protección. Para los ciudadanos, muchas veces, disfrutar de la democracia no significa más que beneficiarse de manera cada vez más exclusiva de derechos, garantías y defensas. El *noli me tangere* es la contraseña tácita que inspira y guía esa «batalla de los derechos», en la que a menudo se cree ver sobresalir el frente más avanzado de la civilización y del progreso. Por supuesto que estas luchas han sido y siguen siendo relevantes, pero el punto en cuestión es otro.

«Protegidos» frente a «expuestos»

La condición de inmunidad reservada para los unos, los protegidos, los preservados, los amparados, es negada a los otros, los expuestos, los rechazados, los abandonados. Se esperan atención, asistencia, derechos para todos. Pero el «todos» es una esfera cada vez más cerrada: tiene fronteras, excluye, deja tras de sí residuos, restos. La inclusión es un espejismo ostentoso, la igualdad es una palabra vacía que ahora suena como una afrenta. La brecha se abre cada vez más, la fisura se vuelve más profunda. Ya no es solo el *apartheid* de los pobres. El factor discriminante es precisamente la inmunidad, que cava el surco de la separación, ya dentro de las sociedades occidentales y más aún fuera de ellas, en el *hinterland* de la miseria, en las periferias planetarias de la desesperación y la desolación. Allí donde sobreviven los perdedores de la globalización no llega el sistema de garantías y seguros. Internados en los campos, aparcados en los vacíos urbanos, desechados y acumulados como desechos, esperan un posible reciclaje. Pero el mundo del usar y tirar no sabe qué hacer con todo el excedente.

Esta otra humanidad está entregada y expuesta a violencia de todo tipo: guerras, genocidios, hambre, explotación sexual, nueva esclavitud, enfermedades. Los dispositivos de control y protección en nuestro mundo coinciden con el desorden y el desencadenamiento de fuerzas naturales en el otro mundo. En el fondo, el ciudadano inscrito en la democracia liberal cree que el abandono de los marginados depende de la incivilidad de estos.

El paradigma inmunitario está en la base de la frialdad imperturbable que ostentan las personas inmunes ante el dolor de «otros». Allá el dolor es un destino esperado, una inevitabilidad; aquí se debe mitigar la más mínima enfermedad, se debe eliminar la más mínima molestia. Esto también es una frontera. La anestesia forma parte de la historia democrática. Por eso inmunizarse significa también anestesiarse. Así, uno puede ser un espectador impasible de terribles injusticias, de crímenes feroces, sin sentir angustia, sin rebelarse de indignación. El desastre resbala por la pantalla sin dejar rastro. A pesar de estar conectado, el ciudadano inmune está ya siempre desconectado, libre, exento, ileso. La anestesia democrática anula la sensibilidad, paraliza el nervio expuesto. Hablar de «indiferencia», como hacen muchos, significa reducir una cuestión eminentemente política a una elección moral del individuo. Al final, también el tema del racismo puede ser un ejemplo. Se trata más bien de un tétanos afectivo, de una contracción espasmódica que causa entumecimiento irreversible.

Cuanto más exigente y exclusiva se hace la inmunización para los que están dentro, más implacable se vuelve la exposición de los superfluos allá fuera. Así es como funciona la democracia inmunitaria.

La doble vía ya había sido bien probada por la experiencia totalitaria. En su célebre análisis, Hannah Arendt lanzaba más de una advertencia. Las no personas —esa «espuma de la tierra» que flota entre las fronteras nacionales— iban a acabar por ser devueltas a una condición de la naturaleza, a una vida nuda e indefensa, en la que iba a ser imposible preservar incluso la humanidad. Se apuntaba con el índice al naufragio de los derechos humanos. En el mundo actual —que, borrando la memoria en una especie de borrón y cuenta nueva, ha creído separarse del pasado totalitario—, la doble vía se ha convertido en una dualidad establecida, una división dibujada por el propio movimiento de la civilización, un reparto que se ha hecho pasar por lucha contra la barbarie, contrabandeada como progreso democrático.

Por supuesto que la condición de inmunidad no es un derecho garantizado, sino una regla general que varía según la dinámica del poder incluso en las democracias liberales. Basta pensar en el cuerpo de las mujeres que están en riesgo de sufrir abusos y discriminación, tanto en el hogar como en el centro de trabajo. Y también dista de ser intangible el cuerpo de un vagabundo detenido en una comisaría de policía, o el de un anciano arrinconado en una residencia.

Lo importante es que la inmunización aspira a proteger el cuerpo (y la mente) de cada ciudadano. Las formas de aversión se multiplican, la fobia al contacto se extiende, el movimiento de retirada y aislamiento se vuelve espontáneo. Precisamente en ese retirarse y aislarse se vislumbra la tendencia del ciudadano a alejarse de la *polis* y de todo lo que hace en común. Siente desafección. Pero es justo la anestesia del ciudadano inmunizado, la baja intensidad de sus pasiones políticas —que lo convierten en espectador impasible del desastre del mundo—, lo que constituye su condena. Donde prevalece la inmunidad, falla la comunidad. Hoy es un miedo muy impreciso, amplio e incierto, que coagula de vez en cuando en la comunidad de un «nosotros» fantasmal.

Frontera, el cordón sanitario

En la palabra latina *immunitas* está presente la raíz *munus*, un término difícil de traducir, que significa tributo, regalo, carga, pero en el sentido de una deuda no pagable nunca, de una obligación mutua, que vincula inexorablemente. Estar exento, dispensado, significa ser inmune. Lo contrario de lo inmune es lo común. «Individual» y «colectivo» son, en cambio, las dos caras simétricas del régimen inmunitario. «Común» indica que se comparte una obligación recíproca. No se trata, de ninguna manera, de una fusión. Formar parte de una comunidad implica estar atado, vinculado el uno al otro, constantemente expuesto, siempre vulnerable.

He aquí la razón por la que la comunidad es constitutivamente abierta; no puede presentarse como una fortaleza idéntica a sí misma, cerrada, bien defendida, protegida. En ese caso sería más bien un régimen inmunitario. De hecho, lo que ha sucedido, especialmente en los últimos años, es un malentendido paradójico por el cual se intercambia la comunidad con su opuesto, la inmunidad. Esta deriva está ahí, ante los ojos de todos. La democracia debate así entre dos tendencias opuestas e irreconciliables. Aquí se jugará su futuro. La democracia inmunitaria tiene poca comunidad —ahora está casi desprovista de ella—. Cuando se habla de «comunidad», solo se hace referencia a un conjunto de instituciones que dependen de un principio de autoridad. El ciudadano está sujeto a quienes le garantizan protección. Y se protege del riesgo del otro.

La política inmunitaria rechaza siempre y de cualquier forma la alteridad. La frontera se convierte en el cordón sanitario. Todo lo que viene de fuera reaviva el miedo, despierta otra vez el trauma contra el cual cree haberse inmunizado el cuerpo de los ciudadanos. El extranjero es el intruso por excelencia. La inmigración surge entonces como la amenaza más inquietante.

La actual política migratoria es una política inmunitaria. Para reafirmar su poder soberano, el Estado retiene al migrante en la frontera. Puede admitirlo en el espacio que gobierna, tras los controles necesarios, o rechazarlo. Para lograr este fin, el Estado está dispuesto a violar flagrantemente los derechos humanos. La frontera se convierte así no solo en la roca contra la que naufragan tantas vidas, sino también en el obstáculo erigido contra cualquier derecho a emigrar.

Esta contradicción es tanto más estridente en el caso de las democracias occidentales que surgieron proclamando los derechos del hombre y del ciudadano. Así sale a la luz este dilema: ¿cuentan los derechos del hombre o los derechos del ciudadano?

Hoy en día, la migración está estrechamente vinculada al Estado moderno. En sus esfuerzos por proteger sus fronteras, son los Estados los que discriminan, los que marcan la barrera entre ciudadanos y extranjeros. Sin esta discriminación, el Estado no existiría. Las fronteras asumen un valor casi sagrado, pues es así como el Estado puede constituirse, puede de hecho «estar», ser un Estado. Exactamente lo contrario de la movilidad. Cuanto más imperativa sea esta tarea, como en el Estadonación, más tenaz resultará la aspiración a la inmunidad y a la identidad.

Es obvio que los ciudadanos contemplan la migración desde dentro, atrincherados tras las fronteras estatales. La perspectiva inmunitaria y estadocéntrica domina en el debate público. No es casualidad que las cuestiones giren únicamente en torno a cómo gobernar y regular los «flujos». Las diferencias son, en el mejor de los casos, entre quienes ven en los inmigrantes una posibilidad útil, una oportunidad, y quienes denuncian su peligrosidad. La visión estadocéntrica es siempre normativa. A los ciudadanos, miembros del Estado, se les concede la libertad de decidir, la prerrogativa de acoger o excluir al extranjero que llama a su puerta. El poder soberano de decir «no» parece incuestionable e indiscutible.

La primacía de los ciudadanos consiste en controlar la frontera y gobernar la residencia. Esta primacía articula una gramática del «nosotros» y del «nuestro», del propio y de la propiedad. Lo que importa es *nuestro* país», del que los ciudadanos se consideran legítimos propietarios y, por tanto, están autorizados a denegar o restringir su acceso a los extranjeros.

Aquí se esconden graves confusiones. Se imagina que la ciudadanía equivale a la propiedad de la tierra. Y se imagina, sobre todo, que se puede decidir con quién se cohabita. Se trata de la ideología que se basa en la supuesta homogeneidad, es decir, en la integridad de una nación y en la propiedad de la tierra.

En cuanto a la integridad nacional, a nadie se le escapa que el Estado no es una comunidad etnonacional homogénea. La cultura tampoco puede entenderse como una propiedad identitaria. Cuando se pretende defender una homogeneidad étnica, resurgen los viejos fantasmas del *ius sanguinis* y del *ius soli*. Aún más nocivo es el derecho a la tierra. Aquí existe la idea errónea de que ser ciudadano significa ser propietario del lugar donde se vive. En pocas palabras: el territorio del Estado sería propiedad privada de los ciudadanos que lo habitan, como si todos tuvieran derecho a una parte de esa propiedad colectiva. La estrecha relación, que no debe perderse de vista, es la que existe entre la soberanía del Estado y la propiedad privada de la tierra. Este derecho no está escrito en ninguna parte. De hecho, es un mito, el mito de la autoctonía: nacer en un lugar significa poseerlo y poder excluir a los otros.

En este contexto, el inmigrante que se presenta en la frontera es percibido ante todo como un extranjero peligroso, un enemigo oculto, un invasor salvaje. ¿Acogerlo? ¿No acogerlo? ¿Cómo determinar los criterios de selección y exclusión? No es casualidad que las cuestiones solo giren en torno a cómo gobernar los «flujos». Así, los ciudadanos están llamados a ser los árbitros indiscutibles, cuya tarea consiste en excluir o admitir a los recién llegados en función de las pruebas presentadas: la persecución y las vejaciones para los solicitantes de asilo, la utilidad para los emigrantes económicos, la voluntad de integración para todos los demás. Los derechos humanos de los extranjeros quedan suspendidos por la contabilidad administrativa, mientras que todos los privilegios, ventajas e inmunidades de los ciudadanos se mantienen por la fuerza.

En el discurso político-mediático, en el que a menudo las palabras se vacían de contenido o se doblan para designar lo contrario, «política de acogida» es la fórmula que designa una gestión policial de los flujos migratorios, un control de las fronteras que llega hasta el rechazo o el internamiento.

¿Alcanza simplemente invocar la apertura de las fronteras? No. La perspectiva del cosmopolitismo está vacía. No se trata de ser ciudadanos del mundo. Se trata más bien de acogida. Quien ha sufrido los abusos de la guerra, quien ha soportado el hambre, la miseria, no pide circular libremente. Tampoco pretende unirse a los ciudadanos del mundo, pero espera encontrar una comunidad, cohabitar. Otra forma de entender la comunidad es posible, si no oponemos el habitar y el migrar: el nativo y el forastero, el residente y el extranjero.

Derecho a migrar

Aunque hoy el *ius migrandi* parece aceptado, hay que interrogarse sobre el significado de este derecho en el siglo XXI, que no puede considerarse solo un derecho de visita, como en la época de Kant. El migrante también debe poder residir, debe poder ser extranjero residente. Por otra parte, el ciudadano de una comunidad democrática no puede ser considerado autóctono, perspectiva que está ligada a los conceptos de tierra y nación, de suelo y ascendencia. Es un residente que se distancia de estos mitos y, por tanto, está vinculado en su convivencia a las otras personas. No es posible seguir concibiendo una comunidad democrática en la que la frontera sea una barrera de inmunidad para proteger el interior y excluir cualquier alteridad.

Lo que cuenta es la inmunidad: soberano es quien protege del conflicto generalizado ahí fuera, quien biocontiene y salvaguarda, en el choque entre los ámbitos progresistas de la democratización, donde tienen derecho a vivir los inmunes, y las periferias de la barbarie, donde pueden estar expuestos todos los demás. En esta fabulosa historia no se menciona la violencia policial que la soberanía postotalitaria está legitimada a ejercer sobre los «otros», y se descuidan también los peligros que se ciernen sobre los inmunes y los presuntamente inmunizados.

El sistema inmunitario, que interviene con sus patrullas de policía, corre el riesgo de ir demasiado lejos. En un intento por eliminar al otro, el yo termina matándose a sí mismo o exponiéndose a enfermedades autoinmunes. El yo identitario y soberanista no se las está arreglando bien. Entre otras cosas, porque asume una integridad que no existe: en su interior tienen lugar continuamente microcolisiones, pequeñas guerrillas. La «dosis infectiva» es indispensable. Para funcionar, los anticuerpos tienen que ponerse en el papel de los extraños, sin presumir de orgullosos autóctonos, y en ese papel reconocerse como extranjeros residentes. Esto será salvación y salud. La defensa policial tampoco sirve aquí.

Sin democracia
no hay futuro posible

Tawakkol Karman
Periodista, política y activista yemení.
Premio Nobel de la Paz

Con el aumento tan pronunciado de las temperaturas, el cambio climático y los peligros derivados del calentamiento global, tales problemáticas se han convertido en el tema central de conferencias, investigaciones, actividades académicas y estudios científicos. Pero a dichos riesgos y sus correspondientes desafíos hay que sumar otros asuntos: la pobreza, el desarrollo sostenible, los autoritarismos, la pérdida de calidad democrática, la situación de la mujer, la creciente desigualdad y otros fenómenos que se están produciendo a escala mundial.

Súbitos y dramáticos cambios

Por otra parte, en los últimos tres años, la agenda global ha sufrido súbitos y dramáticos cambios, sobre todo con la llegada de la pandemia de COVID-19. A la rápida propagación del virus y su impacto mortal sobre las vidas humanas se sumó la guerra en Ucrania, tras la invasión de dicho país por Rusia. Todo ello ha exacerbado los retos que afronta la humanidad y ha condicionado el futuro en términos imprevisibles.

Los riesgos asociados a una posible guerra nuclear global han aumentado conforme se expanden los conflictos. Tenemos la tensión entre Rusia y la OTAN, entre China y Taiwán, entre Corea del Norte y Japón-Estados Unidos; se han configurado asimismo una serie de choques de intereses en distintos ámbitos regionales... Y todo ello se refleja en un incremento de la complejidad y los peligros en distintos escenarios geoestratégicos. La combinación de estas crisis abiertas o latentes genera una volatilidad que amenaza con desembocar en auténticos estallidos al entrar en contacto con la guerra en Ucrania, que puede actuar como detonante.

Es cierto que ya antes de este conflicto armado existía una crisis económica global, derivada a su vez de las dificultades que venían surgiendo en los ámbitos de la energía, los alimentos y las personas refugiadas. Dicha crisis ha tenido un impacto en la mayor parte del mundo, en particular en Europa y otras áreas muy sensibles.

La situación mundial actual ha conducido a un cambio en el orden de las prioridades y los desafíos identificados por diferentes entidades, incluidos los propios estados, las organizaciones de derechos humanos, las OSC, los investigadores y las universidades. La escalada de conflictos violentos y de guerras ha planteado una grave amenaza para el futuro de la humanidad. Los valores democráticos están cuestionados. La libertad, los derechos humanos y la soberanía popular afrontan terribles desafíos. El futuro se desdibuja en medio de una niebla distópica.

Defender la democracia

Las discusiones acerca del futuro de la humanidad nos obligan a contemplar las perspectivas reales de la democracia, los derechos y todos los avances logrados por lo que conocemos como estados modernos. Esos logros no se conquistaron fácilmente; fueron el resultado de una serie de luchas que duraron decenas o incluso cientos de años, durante los cuales las sociedades padecieron injusticia, opresión y tiranías. Muchas personas hubieron de sacrificarse para completar la transición a lo que conocemos como democracias avanzadas, estados que protegen a sus ciudadanos y sus instituciones, que honran a esa ciudadanía y respetan su voluntad.

Contra los estados de derecho que respetan la justicia, la equidad y la voluntad del pueblo se alzan alternativas contrarias al progreso social. El giro al autoritarismo ha alcanzado una velocidad impensable hace tan solo unos pocos decenios. Estamos viendo cómo se produce ante nuestros ojos un insólito retorno al pasado.

¿Qué podemos esperar? ¿Qué podemos decir acerca del futuro de la democracia y los derechos humanos en un mundo en el que tenemos armas nucleares, desastres naturales, tiranías, fascismo y autoritarismos al alza en la mayoría de los países? ¿Cómo imaginar el porvenir cuando incluso aquellos países que se hacen llamar o se identifican como estados modernos occidentales sufren en su interior arrebatos antidemocráticos?

Se podría argumentar que la democracia ya no es una prioridad, que la mayoría de las guerras y los periodos de violencia han vuelto o nunca se fueron del todo, y que ello determina una nueva realidad que tal vez haya de imponerse durante el resto del siglo XXI. Una visión fatalista podría llevarnos a admitir los desequilibrios de poder, las matanzas y las tiranías, dando por hecho que son inevitables, el signo de los nuevos tiempos.

Sin embargo, lo anterior no puede ser una razón o un pretexto para ignorar la democracia y los alcances obtenidos por la humanidad o para dejar de promover los valores de los derechos humanos. La realidad negativa e incluso catastrófica, producida por los conflictos y las crisis, únicamente pondrá de relieve la importancia de la democracia y sus valores resultantes. La amenaza de un regreso a la Edad Media ha de reforzar nuestra determinación de seguir luchando por la igualdad, defendiendo leyes que respeten y consoliden los derechos humanos y promuevan la participación y el control popular.

Occidente también es culpable

En la actualidad, uno de los instrumentos más importantes que pueden servir para neutralizar la violencia globalizada es la propia herencia cultural y jurídica que ha amasado la humanidad. El objetivo de esta herencia es que las naciones se basen en principios que salvaguarden los derechos y las libertades individuales, reconociendo y respetando las contribuciones de la ciudadanía. Esta es la única manera de mejorar el bienestar y la seguridad de las personas, con el derecho a la justicia, la igualdad, la participación y una vida digna.

Quiero dar particular relevancia a una serie de creencias que he venido expresando incluso antes de la invasión rusa a Ucrania, que actualmente está provocando ondas expansivas en todo el mundo. En ocasiones se cree que el declive de la democracia tiene que ver en gran medida con la polarización y confrontación entre Occidente y grandes países como China, Rusia, Irán y Corea del Norte, que comprometen los valores democráticos y los derechos humanos; sin embargo, es probable que la raíz del problema no resida ahí.

Hemos de escrutar no solo las dictaduras que nadie apoya, sino también, y de manera especial, las políticas del propio Occidente democrático. En mi opinión, la traición por parte de Occidente a las primaveras árabes, por ejemplo, así como la falta de apoyo a otros procesos democráticos que parecían estar surgiendo en diversas regiones del mundo estuvieron en el inicio de esas tendencias globales que nos conducen al declive de los derechos humanos y abonan el camino a todo tipo de conflictos. Ahora, cuando se hace patente la amenaza de un regreso a la Edad Media, pero con armas nucleares capaces de destruir la civilización humana, echamos de menos una mayor implicación de los estados occidentales en la transición democrática que sugerían aquellas protestas populares a favor de la libertad.

La comunidad internacional debe adoptar estrategias eficaces y serias que garanticen a las personas democracia y derechos humanos, sin favorecer a una nación por encima de otra. Si queremos elegir el tipo de futuro que deseamos para nosotros mismos y para la humanidad, es importante asumir una posición al respecto. El futuro de la humanidad debe comenzar con la democracia y esta debe empezar, a su vez, con la protección de las personas, dándoles la oportunidad de ejercer su soberanía y hacer realidad sus derechos y sus libertades.

Riesgos y escenarios, el futuro incierto

Clarissa Ríos

Bióloga molecular. Centro de Riesgos Existenciales
de la Universidad de Cambridge

¿Cuáles son hoy los riesgos catastróficos y existenciales? ¿Cómo podrían ser afrontados mediante políticas públicas? ¿Qué clase de acontecimiento venidero podría acabar con la humanidad?

Para intentar dar respuesta a semejantes preguntas, dibujaré algunos escenarios próximos. Para ello me inspiraré en conversaciones y debates sobre el porvenir inminente que he venido manteniendo con diversos colegas.

Supongamos que estamos en 2056 y la tecnología digital se ha expandido por todo el mundo a partir del *boom* de 2023. La inteligencia artificial general (AGI, por sus siglas en inglés) es capaz ya de llevar a cabo todas las acciones que un humano podría ejecutar. Pero esa AGI tiene unas cajas negras que se han descontrolado, no se sabe muy bien por qué. A partir de tales dispositivos, se han llevado a cabo acciones que primero agotaron los recursos hídricos en un país y luego en una región. No hay agua, y los ingenieros y científicos todavía están tratando de averiguar cómo y dónde se ha producido el error. Pero el problema persiste.

Imaginémonos que estamos en 2039. Es la era del bioterrorismo: se ha creado un virus en un laboratorio con el solo propósito de iniciar una guerra biológica.

Acerquémonos más al presente. Situémonos en 2027, el año en el que una erupción volcánica de tremenda magnitud lanzó a la atmósfera enormes cantidades de sulfatos que bloquearon la luz solar. Las cosechas se perdieron en grandes áreas del planeta, los animales domésticos se quedaron sin alimento, los humanos comenzaron a migrar y la catástrofe prolongó estos efectos no durante meses, sino durante largos años.

No es ciencia ficción

Este tipo de futuros escenarios, que pueden sonar un poco locos o a algo propio de las películas de ciencia ficción, son la consecuencia de algunos de los sucesos que los científicos categorizan como riesgos catastróficos globales. Son eventos de poca probabilidad, pero que tendrían un alto impacto si sucedieran. Ninguno de ellos ha ocurrido nunca en la historia de la humanidad, pero alguno sí que se produjo antes de que los seres humanos poblaran el planeta. Apuntan a la posibilidad de que se produzcan en algún momento como desenlace de lo que podríamos denominar alta incertidumbre.

No sabemos, obviamente, cuándo ni cómo se produciría la supuesta catástrofe ni cuál sería la manera de contenerla. Se ha calculado que estos riesgos catastróficos globales quedarían definidos por la pérdida de más del 10 % de la humanidad. Tomemos como ejemplo el COVID-19. Si esa experiencia dolorosa y trágica provocó la muerte de un 0,1 % de la población, imaginemos qué huella dejaría la desaparición de un 10 %.

Hay otro tipo de posibles eventos que se categorizan como riesgos existenciales. Algunos académicos piensan que hay una clara diferencia entre qué podría ser un riesgo catastrófico global y otros riesgos existenciales. Los riesgos existenciales vendrían a ser un acontecimiento que acaba con la humanidad, hasta el punto de que el número de humanos que quedan no pueden volver a reconstruir la sociedad como la conocemos y terminan muriendo pasados unos años. Cabe deducir que un riesgo existencial vendría a ser un riesgo catastrófico que no fue previsto o mitigado de una manera correcta y a tiempo.

El Centro de Riesgos Existenciales de la Universidad de Cambridge, al que estoy adherida como investigadora, se dedica a estudiar los posibles riesgos y cuál sería la mejor manera de manejarlos. Para ello disponen de un equipo muy diverso: filósofos, economistas, abogadas, biólogas moleculares, gente que hace *coding* o que trabaja en inteligencia artificial, etcétera.

Los sucesos catastróficos pueden ser consecuencia de riesgos naturales, como la erupción supervolcánica antes mencionada o el choque de un asteroide, o bien provocados por la propia actividad humana: una guerra nuclear global, una aplicación de la inteligencia artificial sin control ni ética, o la creación en un laboratorio de microorganismos patógenos muy contagiosos y letales.

Un matiz: cuando se habla de crear virus en un laboratorio no ha de pensarse únicamente en el trabajo de enormes equipos científicos en sofisticados laboratorios. Hay que contar con el fenómeno del «hágalo usted mismo». Los precios de los equipos, los reactivos y los productos han bajado tanto que, ahora, personas que no tienen un grado en biología, química, etcétera, ya pueden llevar a cabo estos experimentos de ingeniería genética en casa o en el garaje.

El Centro de Riesgos dispone de diferentes grupos enfocados a posibles catástrofes: biológicas, o producidas por la inteligencia artificial o por un colapso medioambiental. Mi trabajo consiste en tener un pie en todas partes al mismo tiempo y pensar en cómo podemos prevenir o mitigar estos eventos a nivel global y en el ámbito de los gobiernos.

¿Cómo prevenir los riesgos?

De esta forma, cada día me enfrento a la pregunta del millón: ¿cómo podemos prevenir este tipo de riesgos? ¿Qué se necesitaría hacer a tantos niveles para llegar a tener una política que pudiera mitigar catástrofes semejantes? Ahora bien, esta clase de interrogantes pesan sobre nosotros cuando ya tenemos ahí el riesgo nuclear, quizás agudizado por los conflictos que se vienen produciendo, o las consecuencias del cambio climático, ya patentes y catastróficas en diversos lugares. ¿Qué habremos de hacer entonces para que tales riesgos reales y fundados reciban la atención prioritaria de los poderes públicos en los distintos países y en organizaciones internacionales, como las Naciones Unidas, el G20 o la OCDE?

Para servir de ayuda en este sentido, en el Centro se han producido varios artículos y trabajos de análisis, alguno de los cuales voy a citar y comentar muy brevemente.

«Bioengineering horizon scan 2020» es un estudio acerca del futuro de la bioingeniería. Usando un método de perspectiva, se elaboró un listado de los temas más importantes que van a plantearse en dicha rama de la ciencia en 5, 10 o 15 años.

«Pathways to Linking Science and Policy in the Field of Global Risk» es un trabajo que se puede consultar en castellano en la web del Centro, y muestra cómo podemos trabajar en el área de ciencia, políticas públicas y riesgos globales. En este artículo aparecen casos, con ejemplos concretos, que permiten definir cuáles son las diferentes rutas para lograr impactar en políticas públicas, pero también en la industria y la sociedad civil. Se pretende señalar qué habilidades han de poseer los científicos y qué procedimientos deben utilizar para trasladar sus ideas e inquietudes al espacio público.

«Foresight for unknown, long-term and emerging risks. Approaches and Recommendations» es un ejemplo del asesoramiento científico que se proporciona a los gobiernos. Este análisis en concreto tuvo como destinatario al Ejecutivo británico. Las recomendaciones que contiene pueden servir para cualquier otro gobierno.

También he trabajado con el Foro Económico Mundial, el *World Economic Forum*. He sido parte del Consejo de Riesgos Fronterizos, donde también colaboraba la dirección de Naciones Unidas de Ginebra, así como otros académicos y personal de la industria. Con ellos hemos desarrollado, por ejemplo, unos escenarios futuros que fueron incorporados al informe sobre riesgos globales que el Foro Económico elabora cada año. Pueden ser consultados allí. En el capítulo 6, en concreto, aparecen nuestras recomendaciones sobre todo lo relativo a riesgos futuros, que es el término que el Foro Económico Mundial utiliza, pero también hay muchos ejemplos de los riesgos catastróficos y los riesgos existenciales.

Llevar el conocimiento a la sociedad

También, por supuesto, hemos construido algunas herramientas y hemos producido algunos artículos y libros dirigidos al gran público, no solo a científicos y altos cargos políticos, puesto que es muy importante que la ciudadanía sea consciente de los riesgos y de la necesidad de prevenirlos.

En esta línea se elaboró un cómic en el que se describen escenarios futuros; tanto cuando la biotecnología ha funcionado muy bien como cuando lo ha hecho muy mal. Se puede encontrar en la web del CICER, traducido al español y al italiano. El libro *The Era of Global Risk. An Introduction to Existential Risk Studies* está escrito en un lenguaje asequible para todos, aunque no se tengan conocimientos de inteligencia artificial o biología. En cuanto esté listo se publicará en abierto para que cualquier persona interesada lo pueda descargar.

Citaré asimismo el artículo «Mitigating losses: how scientific organisations can help address the impact of the COVID-19 pandemic on early-carrer researchers», con recomendaciones para romper algunas barreras del lenguaje. Se puede consultar en castellano y otros idiomas.

El último trabajo que he hecho es una interfaz de ciencia y política para reflexionar sobre estos temas. Ha sido una labor de dos años. La intención es disponer de una plataforma que permita reflexionar y actuar junto a políticos, diplomáticos, legisladores, académicos y científicos. Con ella aspiramos a generar dinámicas de intercambio, facilitar la toma de decisiones rápidas en ámbitos como los gobiernos o la ONU, y generar confianza entre personas que no coinciden ni siquiera físicamente en sus respectivos centros de trabajo o de debate.

Esta es la línea básica: trasladar las inquietudes de las áreas científicas a las instituciones políticas. De esta forma, se ha llevado a la ONU una nueva agenda científica, gracias a la cual, en el listado de prioridades a escala global, se han integrado otras tres, enfocadas en los riesgos existenciales. Toda una novedad en Naciones Unidas. En este organismo ya se está creando la Summit of the Future, el Foro del Futuro, para el próximo año. Se prevé que acudan todos los países, que deberán llegar a acuerdos sobre cómo vamos a manejar el porvenir. Es un gran paso.

Recomiendo, por último, consultar en mi propia web el artículo «Siete pasos para mejorar el trabajo en políticas públicas para riesgos catastróficos y existenciales». En él hago siete recomendaciones:

1. Actuar en el terreno de las relaciones públicas para llegar al mayor número posible de personas, a fin de que el conocimiento de los riesgos se extienda por la sociedad.
2. Construir alianzas y colaborar con diferentes organizaciones a escala global.
3. Centrarse también en lo local, que puede, finalmente, impactar en lo global.
4. Relacionar los riesgos palpables —sea la inseguridad alimentaria o el cambio climático— y ese nuevo Foro del Futuro con lo que ya está en las agendas políticas y sociales para que dejen de sonarnos a cosa nueva.
5. Construir interfaces de ciencia y política e integrar a la industria y a la sociedad civil, a fin de que entre todos se puedan elaborar buenas políticas dirigidas a prevenir o mitigar los riesgos.
6. Incorporar más voces del sur global que aporten el conocimiento que se ha adquirido en esas regiones sobre los riesgos y la manera de afrontarlos.
7. Innovar en comunicación. Hemos de participar en las redes sociales, explorar el campo del entretenimiento, generar curiosidad e inquietud. El desafío es enorme. Pero no podemos olvidarlo ni soslayarlo.

Parte II
¿Hay un derecho humano al futuro?
Facultad de Derecho

Derecho al futuro

Ricardo Rivera Ortega
Catedrático de Derecho Administrativo
y actual Rector de la Universidad de Salamanca

Voy a desarrollar el tema del derecho al futuro, una línea de investigación que compartimos el doctor Raúl Contreras y yo mismo hace un par de años. Voy a expresar sintéticamente algunas de las conclusiones que he alcanzado hasta ahora tras investigar el pasado del futuro, el presente del futuro y el futuro del futuro. ¿Qué es lo que han hecho los Estados, las sociedades y los gobiernos en su gestión del futuro? ¿Cuáles son los problemas actuales en las políticas públicas que dificultan la realización de ese derecho al futuro? ¿Qué países están gestionando con buenas prácticas y cuáles son esas buenas prácticas de administración del futuro? En definitiva, ¿hacia dónde vamos?, que es una de las tres grandes preguntas clásicas de la filosofía popular: ¿quiénes somos?, ¿de dónde venimos?, ¿hacia dónde nos dirigimos?

Buena parte de estas aportaciones son el resultado de publicaciones previas que se pueden encontrar en mis redes sociales de investigador o en las bases de datos de publicaciones científicas: Dialnet, Academia y otras. He publicado varios artículos sobre prospectiva administrativa, sobre utilización de metodologías de previsión y planificación, en revistas especializadas en derecho administrativo, que es mi disciplina de referencia, y también he publicado capítulos de libro dedicados a la evolución histórica de la futurología, que es una de las denominaciones que esa ciencia clásica ha recibido a lo largo de la historia.

Voy a comenzar con un recordatorio histórico, con algunas citas históricas reveladoras; luego entraré en el presente de las metodologías utilizadas para la gestión del derecho al futuro de las sociedades más avanzadas y, finalmente, haré algunas consideraciones sobre esa visión de los próximos decenios, que, según dicen, estará sin duda marcada por la inteligencia artificial, los algoritmos y el poshumanismo, que es otra de las tendencias predominantes en el discurso visionario de nuestro tiempo.

Buena parte de las observaciones que voy a compartir sobre el pasado del futuro se encuentran en un artículo que he publicado en la revista *Razón Española*, titulado «De los augures a los algoritmos: verdades y mentiras del futuro». En ese texto recuerdo la tradición clásica de nuestras civilizaciones en torno al pronóstico del devenir, la futurología y el interés que esta ciencia, con su capacidad para anticipar los acontecimientos, suscitó en grandes personalidades de la historia; por ejemplo, en personajes como Cicerón, el primero de todos los grandes abogados de la historia, que escribió un texto sobre el arte adivinatoria con reflexiones críticas, en parte por las supercherías de algunos métodos de previsión, y con consideraciones no tan críticas sobre otros métodos de previsión.

El propio Cristóbal Colón también escribió un libro sobre el futuro, sobre la manera de adivinar el desarrollo del futuro. Esto es poco conocido en la cultura convencional, pero conviene recordarlo porque parece que solo las sociedades contemporáneas se interesan desde mediados del siglo pasado por la futurología, cuando en realidad hay una larga historia y una tradición, tanto en China como en la América prehispánica, en Europa y en todas las civilizaciones, en la que participan los Estados y los gobiernos, dado su interés por anticiparse a los acontecimientos.

Sin embargo, esto no ha sido siempre así; en realidad, hay un origen profundo, una raíz muy antigua de la interpretación del futuro, de la comprensión del futuro, que se ubica en la figura de Zoroastro, Zaratustra, el filósofo invocado por Nietzsche en alguno de sus libros. El zoroastrismo, la filosofía de Zaratustra, construyó nuestro concepto de futuro, que es un concepto marcado por una linealidad, por una interpretación lineal del devenir, es decir, todo continuará en la línea de lo que estamos observando. Esta es también —quiero subrayarlo— una de mis conclusiones en la investigación sobre el pasado del futuro, una conclusión apocalíptica. De hecho, desde Zaratustra, desde Zoroastro, las civilizaciones no solo occidentales, sino también orientales, compartimos —y eso influyó en la cultura hebraica y después en el cristianismo—, compartimos, digo, una comprensión apocalíptica del futuro que condiciona muchas de nuestras lecturas de lo que va a pasar.

La mayor parte de los pronosticadores del futuro han sido a lo largo de la historia apocalípticos y han previsto, han pronosticado, terribles sucesos, grandes males, juicios finales y la catástrofe de la humanidad. No digo que eso no pueda ocurrir de algún modo y que las sociedades no experimenten periódicamente traumas terribles como la crisis del COVID, por ejemplo, otros desastres naturales, guerras y, en fin, tragedias similares, pero también tengo que subrayar que a lo largo de la historia ha habido insignes futuristas que han previsto calamidades terribles que no han tenido lugar. Un ejemplo destacable es Thomas Malthus: la ideología y el pensamiento maltusiano vaticinaban una catástrofe poblacional por el crecimiento del número de seres humanos sobre la faz de la tierra, con todo y que se trataba de cifras muy inferiores a las actuales, las cuales, me atrevo a pronosticar, tendrán una tendencia descendente en el futuro. No se ha producido el desastre maltusiano, aunque los seres humanos nos hemos multiplicado hasta el extremo. Nuestra acción en el Antropoceno sí puede tener efectos devastadores sobre los recursos naturales y el planeta. Estoy convencido de que debemos ser responsables para evitar ese resultado, pero los hechos demuestran, y el recordatorio de todas las aportaciones intelectuales a lo largo de la historia así también lo evidencia, que muchas de las previsiones apocalípticas no se han materializado. Además, como digo, hay una tendencia a formular las previsiones de futuro en esa línea apocalíptica, por una inspiración, por una raíz profunda desde Zoroastro.

No voy a abundar en este capítulo inicial sobre el pasado del futuro; remito a mis publicaciones sobre el tema, en las que voy recordando todos los métodos de adivinación de las culturas antiguas hasta llegar a la prospectiva, la ciencia de la planificación, los métodos de escenarios, los métodos Delphi y un sinfín de técnicas sofisticadas: la estadística, por supuesto, y las matemáticas, que han ido sofisticando las capacidades de predicción y de anticipación de nuestras sociedades.

Lo cierto es que tener la posibilidad de saber qué va a ocurrir, poder prepararse para el siguiente suceso, ofrece una sobresaliente ventaja a las organizaciones; por eso, buena parte de los métodos de anticipación del futuro del siglo XX —cuando el interés por la futurología se incrementó, se convirtió en una ciencia y se tecnificó— dejaron de estar marcados por la superstición y la magia, como ocurría hasta la revolución científica, y se tecnificaron. Cuando esto ocurre, esos métodos son utilizados por las grandes compañías multinacionales en el sector de la energía y de la banca, en los sectores estratégicos que mueven un mayor volumen de recursos y, por supuesto, en la geopolítica por los ejércitos, por las grandes fuerzas armadas en su intervención con motivos defensivos o de expansión de la influencia de las potencias hegemónicas. Han sido los ejércitos y las grandes compañías multinacionales, que comparten lógicas y diseños organizativos con la Iglesia —ya sabemos que las tres principales fuentes de diseños organizativos son la Iglesia católica, los ejércitos y las corporaciones internacionales—; han sido esas organizaciones las que han tenido más interés por anticiparse al futuro en sus planificaciones y en sus utilizaciones de las tecnologías y las metodologías más avanzadas.

Por cierto, incluso con todas esas capacidades de anticipación, los fracasos de pronóstico son una constante recurrente de la futurología a lo largo del siglo pasado. Buena parte de sus desarrollos en la segunda mitad del siglo XX obedecieron a la convicción de que se desencadenaría una tercera guerra mundial en el contexto de la Guerra Fría, y algunos de los principales diseñadores de la prospectiva volcaron sus esfuerzos en la anticipación de ese terrible suceso que por fortuna no llegó a ocurrir. Esperemos que no tenga lugar y que los esfuerzos diplomáticos en pos de la paz se impongan a las tendencias bélicas de algunos Estados. Pero casi todas las orientaciones de futurología de la segunda mitad del siglo XX estaban conectadas con la terrible situación, que podía darse, de la guerra nuclear. Por ese motivo, las sociedades se preparaban para un evento devastador de tales características con planificaciones, acumulaciones de recursos, etcétera.

Otra de las características de las conclusiones que podemos extraer del análisis de la historia del futuro, del pasado del futuro, junto a esa tendencia apocalíptica de los pronosticadores, es la del error del previsor. Así como existe un sesgo cognitivo identificado por psicólogos y economistas, por algunos premios Nobel como Kahneman o Sunstein, que es denominado el error del experto (es decir, el experto tiende a equivocarse, no hay que confiar siempre en los expertos porque muchas veces su exceso de confianza les lleva a cometer equivocaciones graves), también hay una tendencia recurrente a equivocarse en el pronóstico incluso cuando se cuenta con capacidades extraordinarias de previsión, información de gran calidad, acceso en tiempo real a datos, conocimiento del terreno y especialización extrema. Incluso en esas condiciones los pronósticos resultan a menudo fallidos, y esto lo observamos en el plano económico.

Por ejemplo, en el plano económico, muchas veces los expertos no han sido capaces de vaticinar las grandes crisis financieras. La del 2008, por ejemplo, fue un desastre al que no pudieron anticiparse la mayor parte de los Estados. Hay otros sucesos que eran perfectamente previsibles, como la guerra de Ucrania, porque había sido una guerra de baja intensidad durante años, un poco ignorada por la crisis del COVID, pero los organismos de inteligencia de Estados Unidos habían anticipado ya la invasión de este país, así que no podemos decir que nos pillara por sorpresa. Pero hay otras grandes crisis, como las económicas o la del COVID, que no fueron vaticinadas ni por los expertos ni por las instituciones especializadas en pronosticar el futuro.

En cuanto al presente del futuro, la situación tiene proyecciones institucionales y jurídicas dignas de ser mencionadas porque el tópico del derecho al futuro presenta un gran interés, ya que todas las sociedades avanzadas del mundo están regulando e institucionalizando las políticas de futuro y el derecho al futuro. Así, encontramos ya leyes de futuro incluso en España: una comunidad autónoma, las Islas Baleares, acaba de aprobar una ley sobre los derechos de las futuras generaciones. También hay sentencias constitucionales muy importantes, como las del Tribunal Constitucional Federal Alemán y otras altas cortes, que han seguido su ejemplo sobre los derechos de las futuras generaciones: toda una doctrina constitucional y de derecho público en torno a los derechos de las personas que aún no han nacido, e instituciones preocupadas por anticiparse en los diseños de políticas públicas a ese porvenir con visiones de largo plazo.

Comienzo con una primera conclusión sobre el presente del futuro que me parece que sintetiza los problemas actuales y explica el porqué de la necesidad de un derecho al futuro. Esta conclusión es que nuestro problema no es el futuro, nuestro problema es el presente. Explicado de otra manera, nuestro problema es el corto plazo, y el corto plazo no nos deja pensar en el largo plazo, porque, cuando hablamos del derecho al futuro y de las políticas de futuro, en realidad de lo que estamos hablando es del largo plazo, y cuando hablamos del problema del presente para el futuro, estamos hablando del sesgo cortoplacista y presentista, que es un sesgo humano que contagia a las sociedades y a las instituciones públicas. Los seres humanos, así como tenemos otros sesgos cognitivos, el sesgo de disponibilidad o la aversión a la pérdida —que han sido teorizados, ya lo he dicho, por premios Nobel de economía—, también presentamos un importante sesgo presentista.

¿Qué es el presentismo? El presentismo es la tendencia a interpretar el futuro desde nuestra situación actual, desde el momento presente, equivocándonos de manera drástica, porque nos vemos dentro de 20 o 30 años con nuestras circunstancias actuales, pero dentro de 20 o 30 años nuestras circunstancias seguramente habrán cambiado de manera drástica. Pero la tendencia humana general es no pensar en el futuro. En realidad, si lo pensamos despacio y volvemos hacia atrás, hacia el pasado del futuro, nos daremos cuenta de que las sociedades solo han empezado a pensar en el futuro, en los efectos planificadores, hace cien años aproximadamente, porque solo hace cien años que empieza a producirse un fenómeno destacable, que es la prolongación de la vida; es decir, la media vital de los seres humanos se ha alargado de manera significativa. Antes, la gente se moría 20 o 30 años antes, de modo que esa proyección vital más larga es, en gran medida, una de las razones principales del interés por el porvenir, del interés individual porque más personas viven más tiempo y del interés social por las políticas de sostenibilidad.

Aunque los derechos de las futuras generaciones estén ahora también sobre la mesa de los abogados, los tribunales constitucionales y los legisladores, no está de más que pensemos, para empezar, en los derechos de las presentes generaciones proyectados a 30 años vista, en el cambio climático, en la sostenibilidad de los sistemas de pensiones y de los sistemas de salud, en los gravísimos problemas de salud pública que sufren las sociedades desarrolladas, relacionados, por ejemplo, con la obesidad, la diabetes, la hipertensión, etcétera. Esos problemas, proyectados a 20 o 30 años vista, generan muchas dificultades de gestión. Por tanto, ese factor de prolongación de la vida humana hace que los derechos de las futuras generaciones no sean solo los de los no nacidos, sino los de muchas personas que vivirán más años.

Cada vez hay más institutos de investigación que, en una recreación de mitos clásicos, intentan prolongar la vida de los seres humanos, especialmente de los ricos, o sea, de quienes pueden pagar el acceso a esas investigaciones y esos productos pensando en que viviremos 120, 140 o 150 años. Esto suena un tanto recurrente, recuerda en cierto modo, como digo, a mitos clásicos y también a novelas que hablan de la soberbia del ser humano, pero es un hecho real que hay inversiones gigantescas en el área de la biomedicina para prolongar la vida de la gente. Entonces es posible que haya personas muy poderosas en el mundo que estén empezando a pensar en el largo plazo, no solo por las futuras generaciones, sino porque creen que ellos mismos van a vivir más de 100 años.

Sea por una razón o por otra, creo que un presente que tiene en cuenta el futuro y el largo plazo es preferible a un presente que solo mira al minuto siguiente, a dos días después o a las próximas elecciones, ya que este es el problema del sesgo político cortoplacista, electoral, de políticas solo pensadas para satisfacer al electorado en los dos, tres, cuatro o cinco años siguientes.

¿Cómo están gestionando las sociedades más avanzadas el presente del futuro? ¿Qué están haciendo los países más desarrollados para garantizar el derecho al futuro? Hace ya más de medio siglo que empezaron a crearse en diversos países —Estados Unidos, Finlandia y Nueva Zelanda, entre otros— comisiones del futuro dependientes de los parlamentos, de los legislativos o de los gobiernos. Esas comisiones del futuro, o comisiones de prospectiva de políticas de largo plazo, ya están presentando informes y propuestas de política pública; incluso, desde hace décadas, deben ser consultadas obligatoriamente conforme a la legislación de algunos países. En mis investigaciones, publicaciones y estudios analizo la literatura sobre las comisiones del futuro y los organismos que intentan corregir el sesgo cortoplacista de las políticas públicas e imprimir en ellas una visión de largo plazo para proteger el derecho al futuro de las nuevas generaciones.

Un buen ejemplo es el de Finlandia; no el único, desde luego. En Estados Unidos llevan tiempo trabajando con ese tipo de comisiones, aunque he de decir que sus capacidades y resultados no son perfectos. De hecho, ninguna de las comisiones de futuro de países desarrollados como Nueva Zelanda, Finlandia o Singapur vaticinó el alcance de la crisis del COVID. Hasta 2019, hablaban en sus estudios de distintos escenarios catastróficos, pero ninguno de los estudios inmediatamente anteriores a la crisis del COVID, de las comisiones de prospectiva, de las comisiones de futuro, fue capaz de informar a los gobiernos de que iba a ocurrir un suceso tan disruptivo de nuestros modos de vida, de los desarrollos económicos, de las capacidades de la sociedad, de la salud; en suma, que iba a morir tanta gente.

No obstante, la mejor forma de saber qué va a ocurrir en el futuro es recordar los patrones del pasado: este es un principio básico de la ciencia. ¿Qué es lo que puede ocurrir? Pues lo que puede ocurrir siempre se parece en alguna medida a lo que ha ocurrido antes. Si en un lugar ha habido un terremoto, hay una probabilidad mayor de que vuelva a ocurrir; si en un lugar ha habido un tsunami, hay una probabilidad mayor de que vuelva a ocurrir; si en 1918 y luego en los años cincuenta se produjeron en el mundo graves pandemias de gripe por virus provenientes de Asia, que eso pudiera volver a ocurrir no debería sorprender tanto. (Por cierto, aunque el origen de la gripe española, la mal llamada gripe española de 1918, se suele situar en un campamento militar de Estados Unidos, lo cierto es que pudo tener un origen asiático por la acumulación de poblaciones y por otros factores). Sin embargo, esas comisiones de futuro que se han creado en los países más desarrollados no han sido capaces de anticipar la situación.

Esa es una manifestación clara de lo que he descrito como el error de los expertos, la incapacidad de previsión real, porque tenemos que ser modestos en nuestras verdaderas oportunidades de anticiparnos al futuro. Aunque las comisiones de futuro se han creado en los países más desarrollados y probablemente están prestando un buen servicio en la protección del derecho al futuro de las próximas generaciones, nadie sabe qué va a ocurrir después porque desconocemos factores que inciden de manera drástica sobre nuestras vidas: si, por ejemplo, en algún momento va a haber un pulso electromagnético —uno de los escenarios contemplados—, que pueda afectar a las comunicaciones y a los sistemas eléctricos de todo el mundo, y, si ocurre, cuáles serían las consecuencias, en todo caso devastadoras.

Lo que sí hemos aprendido de la gestión de las políticas de largo plazo y de la futurología, lección que deberíamos haber incorporado a las políticas públicas, es que lo más importante es desarrollar capacidades en las sociedades que les permitan responder a circunstancias extremas, graves, de presión. Que cuestionen lo que tenemos ya: nuestras redes de comunicación, nuestras redes de energía, nuestras redes de suministro. Organizar las sociedades de manera que no exista una dependencia absoluta de un solo recurso, de una sola red, de una sola fuente. Tener almacenados suministros; sanitarios, por ejemplo. Tener recursos alternativos a los convencionales para poder reaccionar en situaciones inesperadas de todo tipo. Y aún más importante: educar a la población, como ocurre en algunos países, como Japón, donde están acostumbrados a las grandes catástrofes. Hay que acostumbrar a la gente a reaccionar colectivamente de manera inteligente, solidaria y pacífica ante situaciones graves; es decir, utilizar recursos alternativos y previsiones educativas y planificadoras para que la gente esté preparada. Son buenas ideas que nos permiten evitar los resultados más catastróficos en situaciones extremas.

Este fue uno de los resultados de las investigaciones sobre prospectiva y planificación del siglo pasado. Las sociedades contemporáneas nos hemos acostumbrado a unos modos de vida extraordinariamente dependientes de muchas variables que no dominamos —la energía, la cobertura de red, el suministro inmediato de todos los productos—, y eso nos convierte en sociedades extraordinariamente frágiles. Hace 100 años, por el contrario, las sociedades no presentaban esos niveles de dependencia de factores que no dominaban en absoluto y, aunque no eran tan prósperas o no estaban tan desarrolladas, sí eran potencialmente más resistentes a las catástrofes.

Desde el punto de vista institucional, cualquier país desarrollado debe plantearse la creación de algún organismo dependiente del legislativo. Esa es mi propuesta. Hacerlo depender del gobierno, de la neutralidad partidista de esa institución, como ocurre en algunos países, es menos garantista para un organismo de políticas de futuro, que haga propuestas, que sea consultado y que tenga capacidad para corregir el sesgo cortoplacista de las decisiones de política pública.

Otros países van mucho más lejos y establecen incluso márgenes de representación ficticia de las futuras generaciones en sus asambleas, o crean instituciones específicas, como puede ser un defensor, un *ombudsman*, al igual que existen defensores del pueblo o defensores de las futuras generaciones.

La realidad institucional del derecho al futuro se plasma en esa figura que ya han aprobado varios países. Una de las primeras experiencias de creación de un defensor de las futuras generaciones fue la de Hungría, en 2008, y otros países han copiado el modelo. Si existe una figura paralela al defensor de los derechos humanos, exclusivamente dedicada a defender los derechos de las futuras generaciones, podríamos decir que esa figura es la del defensor del derecho al futuro, comparable al defensor del pueblo que se ocupa de los derechos fundamentales de los ciudadanos de un país.

Son múltiples las modalidades institucionales de gestión, de garantía del derecho al futuro. Hemos empezado por las comisiones de futurología, de futuro, comisiones de garantía de los derechos de las futuras generaciones, el defensor de los derechos de las futuras generaciones en algunos países.

En realidad, tenemos una institución en el mundo jurídico que ha realizado esa misma tarea durante muchas décadas en todos los ordenamientos constitucionales, porque su razón de ser es una garantía del equilibrio contramayoritario. Esa figura se llama Tribunal Constitucional o Corte Suprema. Los derechos de las futuras generaciones, la proyección de las garantías de una sociedad en el largo plazo, frente a los sesgos cortoplacistas de los gobiernos, es en buena medida la razón de ser —la razón de ser institucional, quiero decir— de la jurisdición constitucional. Una de las explicaciones prácticas de la jurisdicción constitucional es preservar la garantía de los derechos en el largo plazo y, por tanto, proteger el derecho al futuro. No es extraño por ello que el Tribunal Constitucional Federal Alemán sea pionero y haya inspirado a otras altas cortes en la garantía de los derechos de las futuras generaciones.

Por eso es tan importante garantizar la independencia partidista de las cortes constitucionales, y esta es otra de las razones por las que nos debe preocupar cualquier intento de ocupación de la jurisdicción constitucional por parte de la fuerza política mayoritaria en un momento concreto, porque si la manera de comprender la realidad del gobierno se introduce en una mayoría inamovible en las cortes constitucionales, en la jurisdicción constitucional, en las supremas cortes, en los tribunales supremos o en cualquier corte que ejerza la jurisdicción constitucional, entonces no va a haber una garantía del derecho al futuro porque la visión del gobierno y la visión de la corte va a ser prácticamente la misma. En aquellas sociedades en las que la jurisdicción constitucional funciona adecuadamente, una de las diferencias principales entre la visión del gobierno y del legislador y la visión y el papel institucional de la corte es precisamente esa: distinguir el corto plazo y el largo plazo, y proteger los derechos de las personas en una sociedad en el largo plazo, cosa que no siempre preocupa a los gobiernos, que están muy condicionados por los efectos electorales inmediatos de sus decisiones, y lo mismo ocurre a menudo con los legisladores.

Entonces, no hace falta tener un defensor de los derechos de las nuevas generaciones si disponemos de una corte constitucional independiente y con criterio suficiente para diferenciar sus decisiones, pensando en el largo plazo, de las adoptadas por un gobierno legislativo que solo tiene en cuenta el corto plazo.

Estas instituciones a las que me he referido, los defensores de los derechos de las futuras generaciones o las comisiones del futuro, están siendo previstas ya en legislaciones específicas que se han aprobado en varios países sobre la temática de los derechos de las futuras generaciones. En gran medida, también están asociadas a la problemática actual del cambio climático, que es un problema real que nos debe preocupar y sobre el que hay que adoptar decisiones de transformación de nuestros modos de vida y de todas las políticas públicas.

Es cierto que las políticas contra el cambio climático ya no pueden ser calificadas como políticas de lucha contra el cambio climático, ni siquiera de mitigación del cambio climático, tal y como nos explican los expertos científicos. Para lo que debemos estar preparados es para adaptarnos al cambio climático. Tenemos que reducir nuestros efectos devastadores de la naturaleza, del planeta y de los recursos naturales. Creo que ninguna persona sensata puede estar en desacuerdo con ello. Pero también tenemos que ser conscientes de que los efectos del cambio climático son ya graves y difícilmente reversibles para esta generación y las siguientes, de manera que pensar en la quimera de una regresión de los efectos del cambio climático no es científicamente realista en el corto plazo, y debemos ser conscientes de que los efectos del cambio climático requieren adaptaciones de las sociedades al nuevo escenario: adaptaciones de los cultivos, de los medios de producción, de los transportes, de las fuentes de energía, de los niveles de consumo, de la contaminación de los mares. Esto es lo que están inspirando las políticas de Naciones Unidas, la agenda 2030, gran parte de las transformaciones sociales que intentamos promover, la digitalización, etcétera.

En todo caso, esas leyes que se están aprobando en varios países incorporan una visión correctiva de las decisiones cortoplacistas, porque existe una tentación constante a paralizar esas adaptaciones, puesto que comportan cambios en los modos de vida que algunas personas interpretan como pérdidas de calidad de vida. Si a una persona le decimos que hay que reducir el consumo y la huella de carbono, reducir los viajes innecesarios, o que hay que intentar consumir menos electricidad, posiblemente no le va a gustar porque supone renunciar a algunos de sus condicionantes de calidad de vida.

Los gobiernos tampoco optan fácilmente por esas reducciones de lo que las sociedades todavía interpretan como calidad de vida. Entonces, las leyes de protección de los derechos de las futuras generaciones empiezan a aprobarse, pero aún no tienen un efecto transformador, ni siquiera en la adaptación al cambio climático. Es un comienzo, es el origen de la regulación legislativa del derecho al futuro, pero tardaremos aún bastante en ver los efectos prácticos de ese derecho.

¿Cuáles serían esos efectos prácticos? Veríamos efectos prácticos del derecho al futuro cuando encontráramos en las sociedades personas que deciden no hacer algunas cosas: por ejemplo, consumir menos recursos naturales para proteger y preservar las oportunidades de las futuras generaciones. Si consumimos los recursos minerales, estamos afectando los derechos de las futuras generaciones, y consumir recursos minerales es utilizar un vehículo más grande o que consume combustibles fósiles. Por supuesto, tanto en España como en México, sabemos que la preferencia social sigue estando muy marcada por coches muy grandes que consumen combustibles fósiles, de modo que no hay una conciencia social verdaderamente asentada de respeto al derecho de las futuras generaciones y a las reservas de los recursos que van a necesitar.

No obstante, hay un mensaje esperanzador sobre el presente del futuro. Los juristas estamos haciendo nuestro trabajo clásico, que no es el del entretenimiento ciceroniano de escribir libros sobre el arte adivinatoria, que a esto también se dedicó Cicerón, sino el de propiciar leyes y sentencias que reconocen que otros seres humanos vendrán en el futuro y que, por tanto, tenemos que pensar en ellos y respetarlos. No los conocemos y no sabemos si serán nuestros hijos o nuestros nietos porque ignoramos si nuestros nietos van a tener hijos. No lo estamos haciendo con una perspectiva genética egoísta, sino con una empatía hacia el futuro y un respeto de los derechos de los demás mucho más amplio de lo que las revoluciones liberales del siglo XVIII proponían. Entonces se trataba de respetar a todas las personas del entorno. Ahora se trata de respetar a las personas que están por llegar.

Acabaré con algunos apuntes sobre el futuro del futuro. ¿Cuál será el futuro del futuro? Mi línea de investigación, como su propio nombre indica, es lineal y, en esa visión zoroastrista clásica del devenir, comienzo por el pasado (la historia de la futurología), continúo por el presente (la regulación del derecho al futuro) y termino con las perspectivas, el pronóstico de cuál será el futuro del futuro. El futuro del futuro nadie lo conoce. Cicerón lo interpretaba en las vísceras de los animales y los chinos tenían sus propias técnicas. Ahora nos dicen que el futuro del futuro lo pueden anticipar los algoritmos y la inteligencia artificial, a través del aprendizaje de las máquinas, de la gestión masiva de datos y de herramientas de procesamiento de tal calibre y capacidad que pueden anticipar acontecimientos que el ser humano nunca podría vislumbrar siquiera.

Efectivamente, la inteligencia artificial, en sus aplicaciones reales y su capacidad de sustituir al ser humano en muchas de sus tareas, en cualquiera de nuestros análisis, produce un vértigo sorprendente. Yo ya he dedicado varios artículos a la regulación de la inteligencia artificial y una de mis intervenciones a la problemática de la regulación de los algoritmos. He publicado recientemente un artículo sobre la utilización de técnicas de inteligencia artificial en las intervenciones preventivas de la policía, la policía predictiva, la capacidad de las fuerzas de seguridad de anticiparse al crimen. Todas las herramientas se pueden utilizar para anticipar el crimen, pero también para anticipar las averías de las redes, los problemas de salud de las sociedades, las epidemias de gripe o incluso las derivas económicas.

Sobre esto, por supuesto, no soy escéptico. Creo que la inteligencia artificial comporta una revolución tecnológica trascendente, que va a tener efectos espectaculares sobre nuestras vidas, pero me parece que nos están presentando una versión determinista de las capacidades de la inteligencia artificial; es decir, que la inteligencia artificial va a llegar a poder anticipar sucesos desconocidos.

En la doctrina de inteligencia, que es una de las fuentes de información más interesantes sobre la gestión de las crisis de futuro —me refiero a la doctrina de los servicios de inteligencia de los países más desarrollados—, hay conceptos que han sido utilizados alguna vez, incluso comentados jocosamente por los medios de comunicación pero usados por responsables públicos. Con relación a la guerra de Irak, uno de los principales responsables de la acción exterior de Estados Unidos hizo referencia a un concepto procedente de las fuentes de inteligencia, que es el concepto de lo desconocido-desconocido. Hay eventos que son conocidos, hay eventos que son desconocidos-conocidos —por ejemplo, una pandemia mundial: nadie la esperaba, pero es un patrón que ha existido anteriormente—, y hay eventos que reciben la curiosa denominación de desconocido-desconocido, interpretada jocosamente en su momento, aunque la guerra de Irak no tuvo nada de broma. Es decir, hay cosas que pueden ocurrir, futuros que ni siquiera la inteligencia artificial va a poder anticipar porque el factor aleatorio del devenir de las sociedades humanas no puede menospreciarse.

Algunos de los padres de la Revolución Científica, entre los siglos XVII y XVIII, y algunos de los grandes gestores de políticas públicas en Francia, a finales del siglo XVIII —estoy hablando de alrededor de 1770—, llegaron a expresar la opinión de que la estabilidad de la sociedad francesa no experimentaría ningún trastorno durante 100 años, pero poco tiempo después llegó la revolución. Así que algunos de los científicos más prominentes de aquel tiempo, matemáticos que utilizaban herramientas de análisis estadístico inéditas hasta entonces, se equivocaron radicalmente en sus predicciones sobre el futuro de la sociedad en la que vivían, porque no supieron comprender el cambio que traería consigo la imprenta, la generalización de la opinión pública a través de la *Enciclopedia*, el acceso al saber, unido también a crisis de subsistencia y de abastecimiento, a la acumulación de personas en las grandes ciudades. Es decir, los sistemas sociales y el ser humano son mucho más complejos de lo que una reducción simple, incluso con algoritmos sofisticados y con capacidades de aprendizaje sobre la marcha en tiempo real, pretenden reconducir.

A lo largo de la historia del ser humano, hay una polémica clásica entre los deterministas y los librealbedristas, es decir, los que creen en la libertad del ser humano y en la imposibilidad de una predicción absoluta de nuestra conducta y nuestro devenir. En esta polémica, yo me sitúo en la posición quizás más utópica —aunque hasta ahora viene sucediendo así— de la incapacidad de saber a ciencia cierta qué sucederá después. Esto nos hace libres y, aunque nos genera también inseguridades y problemas, forma parte de nuestra propia naturalización.

No puedo decir que los algoritmos no vayan a cambiar todo esto y que el futuro pase por ese poshumanismo del que se dice que tiene grandes consecuencias sobre los derechos, en el que los seres humanos nos hibridaremos con máquinas y seremos perfeccionados con complementos tecnológicos que nos harán más inteligentes, más capaces, más resistentes al paso del tiempo. En fin, yo creo que esto es todavía una fantasía, una quimera, y lo que es verdad, lo que ha sido verdad a lo largo de la historia, es que podemos prepararnos para situaciones inesperadas, pero no sabemos realmente en qué van a consistir esas situaciones inesperadas. También podemos estar seguros de que habrá situaciones que no son inesperadas pero sí imprevistas, en el sentido de que nos hemos olvidado de que podrían volver a ocurrir: las enfermedades existen, las guerras existen, los ciclos económicos existen y el ser humano tiene sus condicionantes. Entonces, hemos de estar preparados para una historia no perfectamente lineal, pero, de ninguna manera, créanme, para un futuro apocalíptico, porque la verdad es que nuestras sociedades están cada vez más convencidas del valor de la paz, del respeto hacia todas las personas, de las capacidades humanas y de la colaboración entre todos los pueblos.

Las mujeres y los hombres de la universidad tienen un papel decisivo en ese cometido de crear capacidades y valores que hagan que las sociedades sean más prósperas y humanas. Eso no lo pueden sustituir ni los algoritmos ni las máquinas, al menos es lo que creo. Pero, como soy un experto —creo que en los últimos años he alcanzado cierto nivel de experiencia en el conocimiento del pasado, el presente y el futuro—, ya sabemos lo que puede ocurrir: que probablemente esté equivocado.

Los caminos de la humanidad por las distintas dimensiones del tiempo. Contemplar en profundidad el pasado para construir el futuro

Rigoberta Menchú
Premio Nobel de la Paz

El calendario maya dedica un día en especial, *Ju'lajuj N'oj*, a recordar la plenitud de la vida. Desafortunadamente, al hablar de la plenitud de la vida, solo nos referimos a la nuestra: solemos olvidar que son muchas vidas las que coexisten en este planeta; en este maravilloso planeta diverso, integral, multicolor, multilingüe; en este planeta plural. Solo a veces captamos aquellos elementos que hacen posible la codificación de las relaciones humanas. Pero no nos acordamos de que la historia también es producto de grandes procesos, de grandes dinámicas interactivas protagonizadas por generaciones tras generaciones de hombres y mujeres.

El sagrado día *Ju'lajuj N'oj* permite reconocer y celebrar a nuestras abuelas, a nuestros abuelos, que nos han legado una conciencia, una sabiduría, unos conocimientos, y sobre todo la posibilidad de forjar ese camino de la humanidad que pasa por distintas dimensiones del tiempo.

Ese día nos recuerda el tiempo, el tiempo cíclico, los tiempos diversos, esos tiempos en los que queremos ubicarnos. Hoy somos presente, pero no existe ni puede existir una humanidad presente que no tenga historia, que carezca de pasado y que, al mismo tiempo, sueñe o pretenda un futuro mejor. La historia de los pueblos está llena de aprendizajes, de errores y también de construcciones, de logros y pasos adelante. Si nuestros antepasados no hubieran construido a lo largo de los tiempos que nos han precedido, entonces quizás hoy estaríamos construyendo el presente de otra manera; pero en ningún caso podríamos proyectarnos hacia el futuro desde ninguna parte, sin contar con la memoria de nuestros ancestros.

Para bien o para mal, la propia historia del derecho, la codificación de normas y leyes, no se habría desarrollado si no hubiera existido una constante búsqueda de la mejor manera de alcanzar la armonía entre las personas. Por ello, cuando hablamos del futuro de la humanidad, necesitamos contemplar en profundidad el pasado; un pasado que va más allá de lo inmediato, de aquello que sucedió hace apenas unos decenios. Numerosos análisis de la actualidad toman como referencia histórica algo tan reciente como la Segunda Guerra Mundial, a partir de la cual parece que todo hubiera comenzado de nuevo. No es que debamos menospreciar el significado de ese jalón de la historia contemporánea, pero creo que es necesario ir más allá y contemplar el pasado desde otras perspectivas más profundas y amplias.

Tras la Segunda Guerra Mundial ocurrieron muchas cosas importantes. Países de todo el mundo hicieron una promesa que incluía la reconciliación, la voluntad de mantener la paz y el respeto de los derechos humanos. De esta manera surgió Naciones Unidas, que no es, o no debería ser, unas simples siglas en el tablero de la geoestrategia, sino una misión, un propósito: el deseo de quienes dirigían la humanidad en aquel momento de crear consensos entre países, entre fuerzas, entre organizaciones, entre grupos, etcétera, y crear reglas que pudieran dar lugar a un futuro mejor.

No hay metas definitivas

Quizás lo que más valoramos después de la Segunda Guerra Mundial es el multilateralismo y lo que conocemos como el derecho internacional. En la actualidad, sin embargo, vemos cómo esas reglas que supuestamente debían ordenar las relaciones entre los pueblos y las naciones son objeto constante de un debate entre especialistas, y tampoco han logrado armonizar los intereses, buenos y malos, que recorren el planeta.

No existe un punto final en el relato de lo que la humanidad va haciendo. Ni siquiera un gran acontecimiento como la Segunda Guerra Mundial señala un punto de llegada, una meta definitiva. Por ello creo que es necesario volver la mirada más atrás y dotarla de una mayor profundidad y amplitud. Es bueno retornar sobre las huellas de nuestros antepasados, volver a las culturas ancestrales y contemplar otras historias que contienen tantos esfuerzos para construir formas de vida no a partir de la guerra, sino a partir de la paz, de la voluntad de convivir, del deseo de avanzar. Pensemos en nuestras historias particulares, en lo que quedó de ellas, en cómo perviven dentro de cada uno de nosotros, en nuestra manera de ver el mundo, en nuestros apellidos.

Basta con fijar la mirada en los apellidos que nos identifican para encontrar el rastro de lo que fuimos. Al reflexionar sobre mi propio nombre, evoco grandes civilizaciones ancestrales: vuelven los mitos y las culturas antiguas. O recuerdo que, de repente, fuimos víctimas del colonialismo y perdimos gran parte de lo que teníamos. En ese trayecto de siglos llegamos a llamarnos como nos llamamos. Fue un proceso complejo, un devenir en el que los hechos y su interpretación se fueron superponiendo capa sobre capa. ¿Y a costa de qué? A costa de dolor, de sufrimiento, de censura.

Será precisamente por ese alto precio pagado por lo que después de la Segunda Guerra Mundial se hizo un especial hincapié, siquiera fuese de forma teórica, en los derechos humanos y en la necesidad de tipificar los crímenes de lesa humanidad; esos crímenes que ofenden la conciencia y no solo porque millones de personas hayan muerto en prisiones, campos de concentración y otros lugares destinados a denigrar la condición humana, sino por lo que ocurre cada vez que se imponen la sinrazón de la fuerza y el interés de los poderes establecidos. De ahí que las últimas décadas hayan sido pródigas en guerras y conflictos a lo largo y ancho del planeta; de ahí la presencia constante de las armas, mediante las cuales los poderosos imponen su voluntad, su fuerza, su dictadura y sus políticas. Armas y guerras, poder y tiranía, son instrumentos destinados al beneficio de quienes los manejan sin ningún escrúpulo.

Nuestra historia es aleccionadora. A mí me impresiona cuando encontramos las terribles huellas de los crímenes de lesa humanidad. ¿Tiene que ver eso con la juventud que ahora apenas comienza su carrera intelectual, profesional, el ejercicio de su ciudadanía? Pues sí, claro que tiene que ver; porque, simple y llanamente, el presente y la construcción del futuro no son concebibles sin mirar al pasado. No es solo una necesidad de aferrarse a lo pretérito, sino una forma de educarnos, de generar nuevas conciencias, de mejorar el porvenir sabiendo elegir entre el bien y el mal, que siempre están ahí.

Hijos de un ciclo del tiempo

Tenemos la obligación de construir el futuro desde la realidad que vivimos. Esa realidad es una verdadera escuela donde nos debemos formar con el bien común como objetivo. Afortunadamente, somos hijos de un ciclo del tiempo. No tenemos en nuestras manos la perpetuidad. No somos dueños de las poesías, no somos dueños de las letras, no somos dueños más que de tratar de preservar, resguardar, implementar y usar lo que creemos que es pertinente para resolver los problemas que afectan a la dignidad humana: la armonía, la felicidad y, sobre todo, la convivencia pacífica.

Hay muchas armas en el mundo, demasiadas. Las ves, las notas, cuando recorres los países. En las últimas décadas se han hecho presentes, una y otra vez, en múltiples acontecimientos que han afectado a la comunidad internacional. Frente a ello, el multilateralismo es un valor que se ha de potenciar. Ojalá se multipliquen en el futuro gestores del diálogo, de la negociación, de las soluciones políticas pacíficas; mediadores, facilitadores de alternativas para que no se libren guerras. Seguramente ahí está el futuro de la ONU.

Creo que fenómenos recientes, como el COVID, han puesto otro jalón en la historia reciente, en el presente más inmediato. Después de ellos el mundo ya no será igual. Antes de la pandemia tolerábamos cosas, procedimientos y reglas internacionales que ahora ya carecen de sentido. El COVID nos enseñó que ahora los habitantes del planeta somos vulnerables; que los humanos, todos los humanos, somos una especie frágil. Y no hay institución poderosa —ni la ONU ni ninguna otra— que venga y en un instante nos salve a todos. Por eso las generaciones que hemos vivido la pandemia debemos incorporar esa experiencia a cualquier visión del futuro que podamos tener.

No comparto la idea de que hoy se deban legislar los derechos de los jóvenes del futuro. No creo que seamos capaces de hacerlo. La juventud venidera ha de tener plena autonomía a la hora de determinar su propio presente y su porvenir. Sin codificaciones previas.

Esto no se contradice con mi enérgica defensa de los avances, los logros en las luchas; porque nada se consiguió sin lucha, sin participación, sin voz de la sociedad llamada civil, de esos millones de personas institucionalmente silenciadas, que parecen no figurar en ninguna parte: los silenciados, los sin nombre, los sin voz.

Vamos a mejorar el mundo

Mejorar poco a poco, partir de la realidad presente y asumir el pasado para hacer un porvenir más amable, más vivible. ¿Vamos a terminar con la pobreza extrema? Si hay una receta para lograrlo, apliquese ya, y ojalá funcione. Pero, hoy por hoy, es una utopía, lo cual no será obstáculo para que luchemos sin parar, a fin de avanzar paso a paso hacia ese y otros objetivos similares.

Debemos mejorar también el agua, frenar la contaminación del agua. Después de tanta depredación... Podría hablar de multitud de casos específicos de explotación de la madre tierra, del uso de químicos que lesionan, lastiman, matan especies. En la actualidad, problemas de esta índole proyectan sobre nuestro futuro negras sombras. Sin embargo, ante la oscuridad se alza también la resiliencia de una humanidad consciente, que ha demostrado de generación en generación su capacidad para resistir y ganar la luz.

Los derechos humanos no se fundamentan solo en evitar que se asesine a esta o aquella persona, aunque cada vida salvada suponga un gran triunfo. Esos derechos deben ser un principio elemental que incluya a la totalidad de los habitantes del planeta. Después de esa Segunda Guerra Mundial que usamos como referencia, si contabilizamos la cantidad de mujeres que han muerto; si contabilizamos la cantidad de jóvenes que han perdido la vida por problemas como la droga, el alcoholismo o la violencia letal; si hacemos un recuento de todas las personas que han muerto de hambre..., además de asombro tendríamos que sentir vergüenza.

Veo el futuro aquí mismo. Lo veo en esa juventud que ensaya la manera de hacer su propia agenda. Lo veo en el desempleado que está buscando un trabajo para poder dar lo mejor a su entorno familiar. Veo también ese futuro en clave negativa: la desconexión con la madre naturaleza, la deshumanización global.

¿Qué hemos de hacer? Por supuesto trabajar para hacer posible un programa común universal. Es muy importante retomar los objetivos de desarrollo sostenible que creó la comunidad internacional. Me adhiero asimismo a la agenda posconflicto de algunos países, donde dijeron no a los crímenes de lesa humanidad y están buscando la senda hacia la estabilidad y la democracia. Valoro los avances tecnológicos, la posibilidad de construir una vida llena de felicidad, la conquista de la libertad, el imperio de la razón y de la fraternidad.

No cabe tener miedo ni desfallecer ante las dificultades. Nuestros abuelos dicen que cuando se va la luz se acabó el refrigerador. Claro, estamos sujetos a necesidades tan elementales como disponer de energía eléctrica. ¿Y si de repente quienes tengan poder para ello suprimen el acceso a esa energía? Pues, pese a todo, la humanidad habrá de seguir adelante. Somos futuristas en ese sentido, somos positivos a la hora de encarar el porvenir y somos constructores del futuro aprendiendo del pasado, aprendiendo del presente y tratando de visualizar a largo plazo.

Abordamos procesos que se pusieron en marcha hace años o siglos, que continuarán evolucionando también dentro de mucho tiempo. La humanidad es inabarcable en el espacio y en el tiempo. Yo aprendí de mis abuelos mayas que cada ser humano tiene doscientas sesenta personalidades. ¿Cómo conocer cada uno de esos caracteres individuales y los que, a su vez, definen a cada habitante del planeta? Sería muy presuntuoso explicar cómo es la psicología humana, individuo a individuo o en un sentido colectivo, pero sí es mi deber llamar la atención sobre el impacto emocional que provocan en la humanidad las crisis y los conflictos. Venimos de un pasado agitado y a menudo terrible; construyamos un futuro de paz y solidaridad.

Argentina: no habrá futuro sin derechos humanos

Fernanda Gil Lozano
Historiadora, profesora universitaria y política argentina

El Tercer Foro Mundial de Derechos Humanos, que se desarrolló en Buenos Aires en el mes de marzo de 2023, coincidió con la celebración de 40 años de democracia en Argentina. Es preciso destacar que no solamente se cumplieron 40 años de democracia ininterrumpida en mi país; aparte del proceso de democratización que siguió a la última dictadura cívico-militar de los años 1976 a 1983, y de la reforma de la Constitución de 1994, se produjo un avance importantísimo en el derecho argentino al incorporar tratados internacionales relacionados con la defensa de los derechos humanos y, por tanto, al otorgarles jerarquía constitucional. Eso supuso para Argentina la puesta en marcha de la protección de los derechos humanos, llevada a cabo en Europa y América, aquí básicamente en concordancia con la jurisprudencia de la Corte Interamericana de Derechos Humanos y con la Comisión Interamericana de Derechos Humanos.

El CIPDH de la Unesco comenzó a funcionar operativamente hace diez años como organismo descentralizado del Ministerio de Justicia y Derechos Humanos de Argentina. Y, conforme lo acordado, tiene estatus de centro de categoría dos de la propia Unesco. Su misión consiste en promover y profundizar el sistema democrático y modelos políticos, económicos, distributivos y equitativos. Asimismo, en consolidar la plena vigencia de la defensa de los derechos humanos y el respeto irrestricto a la dignidad humana en un contexto de paz sostenible y no agresiva con el ecosistema, y en fomentar la cooperación regional e internacional en la materia.

El Foro Mundial de Derechos Humanos de 2023 permitió impulsar y situar en primer plano un debate público e inclusivo sobre el ejercicio pleno y el goce de nuestros derechos, dados los múltiples desafíos que se han venido acelerando y planteando en los últimos años.

Este foro representa una reivindicación de las luchas que personas de nuestro país, de nuestra región y de todo el mundo han desarrollado en numerosas ocasiones, pagando un alto precio por su determinación y con el único objetivo de alcanzar la paz, la conquista de las libertades y el acceso a la justicia. El foro tuvo 10 preforos, dos internacionales en Chile y en Marruecos y ocho nacionales, que cubrieron todas las regiones de la Argentina, donde se trabajaron diferentes ejes temáticos de los 26 seleccionados para analizar. Se cubrió así un amplísimo espectro, desde el acceso a la justicia hasta la trata de personas, pasando por la movilidad humana y la salud, por poner algunos ejemplos.

La organización estuvo conformada por un comité nacional y otro internacional, más una comisión de juventudes, colectivo que nos interesa de manera especial. Invitamos a expertos internacionales para formar parte de las principales mesas de trabajo y convocamos a individuos y organizaciones que tuvieran previa validación de los temas que se iban a tratar o de las actividades artísticas seleccionadas.

La voluntad de incorporar y presentar asuntos concernientes al tema incluyó actividades autogestionadas, que permitieron sumar voces de todo el mundo, de la sociedad civil. En resumen, se planteó la importancia de activar todos los resortes posibles y necesarios, desde la academia hasta personas y organizaciones de la sociedad civil, para dinamizar y revitalizar la importancia del acceso a la justicia, en lo que me interesa redefinir como una nueva era.

El foro funcionó durante cinco días, que incluyeron un encuentro promovido por el grupo Puebla bajo el título «Voluntad popular y democracia. Del Partido Militar al Partido Judicial: las amenazas a la democracia», en el que disertaron la vicepresidenta de la Argentina, Cristina Fernández de Kirchner; Evo Morales, Rafael Correa, José Luis Rodríguez Zapatero, Ernesto Samper y Baltasar Garzón.

En los debates participaron alrededor de 150 conferenciantes internacionales: José Mujica, Rita Segato, Shui-Meng, Fabián Salvioli, Morris Tidball-Binz, Haydee Oberreuter, Karine Ruel, Lucía Topolansky, Kajsa Ekman, Jorge Alemán, Juan Carlos Monedero, Jean-Marc Berthon, Mohammed Ayat, Nila Heredia Miranda, etcétera, y contaron con la imprescindible presencia de nuestras madres y abuelas de Plaza de Mayo. Recibimos a cerca de 21.000 personas de 100 países, y en total hubo alrededor de 1.000 paneles, talleres, presentaciones de libros y actividades culturales, y dos festivales de música bajo el título «Cuarenta años por la democracia y los derechos humanos». El cierre del foro tuvo lugar el 24 de marzo con la marcha en conmemoración del Día de la Memoria por la Verdad y la Justicia, fecha que recuerda en mi país a las víctimas de la última dictadura cívico-militar, acaecida entre 1976 y 1983.

Retos en la lucha por los derechos humanos

Como ya he señalado, se abordaron múltiples temas, que intentaron dar luz a la pregunta ¿cuáles son los retos actuales? En términos generales, cinco criterios concentraron las opiniones de los conferenciantes.

Por un lado, los retos globales. Los retos mundiales comunes —cambio climático, alteraciones fruto del avance tecnológico, migraciones, mujeres, juventud, etcétera— se manifiestan con frecuencia e intensidad en casi todas las regiones de los diferentes países. Los efectos del cambio climático y la degradación del medio ambiente agravan la inseguridad alimentaria e hídrica de los países pobres; aumentan la movilidad humana, precipitan nuevos desafíos sanitarios y contribuyen a la pérdida de la biodiversidad. Hemos analizado que el calentamiento global es uno de los temas éticos más profundos que jamás hayamos enfrentado. Como mínimo, podríamos decir que es probable que sea la cuestión moral que define nuestro siglo, al igual que los genocidios, el *apartheid* y otras luchas hicieron de la presión hacia grupos estigmatizados la cuestión que definió el siglo XX.

Las catástrofes naturales tienen efectos adversos en la economía real, incluso en las zonas no afectadas. Las ayudas públicas para paliar estos efectos distorsionan la asignación de recursos: aun cuando los daños pudieran mitigarse, existen retos tales como la necesidad de aumentar la cobertura para ofrecer más protección y evitar el problema del riesgo moral y social. En este sentido, es importante que los responsables políticos sean conscientes de los desafíos a la hora de diseñar marcos de supervisión en circunstancias de desastres relacionados con el cambio climático que podrían dañar el ejercicio efectivo de nuestros derechos.

Los retos en general carecen de un agente o responsable humano directo. Están produciendo tensiones generalizadas en los estados y en las sociedades, así como disturbios que podrían resultar devastadores. Veamos algunos ejemplos. La pandemia del COVID-19 constituyó la perturbación global más importante y singular desde la Segunda Guerra Mundial, con implicaciones sanitarias, económicas, políticas y de seguridad que se extenderán durante años. Fue una amenaza mundial sin precedentes y el acceso a la justicia ha debido estar en el centro de la respuesta mundial, ya que los estados tienen obligaciones jurídicamente vinculantes al respecto.

En respuesta a la pandemia, los gobiernos han tenido que adoptar normas necesarias y no discriminatorias hacia los grupos más vulnerables y garantizar que esas mismas normas aliviasen los peores impactos de la crisis. Además, se ha puesto de manifiesto la necesidad de que los gobiernos sean abiertos y transparentes y afiancen la participación, a fin de que las personas exijan rendición de cuentas en la toma de decisiones y —subrayo— tengan la oportunidad de replantear radicalmente las obligaciones de los estados.

Las tecnologías de la información y de la comunicación se difunden cada vez más rápido, alterando empleos, industrias, comunidades, la naturaleza del poder y de lo que significa el ser humano, y colisionan con el derecho al trabajo y a la propiedad individual y colectiva.

No obstante, pese a las oportunidades que aparecen en algunos ámbitos, podría estar cambiando lo que entendemos por derechos humanos. Debemos tener en cuenta el hecho de que las tecnologías están a menudo controladas por el sector privado, lo que plantea nuevas cuestiones sobre sus obligaciones, sus responsabilidades y la transparencia, así como sobre el papel de los derechos de las personas en la regulación de tales acuerdos.

La era de las migraciones y los conflictos

La movilidad humana, causada por fenómenos climáticos que devastan su lugar de origen, está generando serios efectos demográficos y socioeconómicos, y plantea la necesidad del acceso a la justicia de un gran número de individuos. En este contexto es preciso revisar e investigar la eficacia de los actuales marcos de gobernanza, que demandan la elaboración de políticas novedosas para abordar con atención eficaz los derechos de los migrantes. Cuestiones tan diversas como las reformas de las políticas públicas, las acciones de inclusión y el respeto a las diferencias constituyen un llamamiento a una nueva visión sobre las migraciones, más amplia que cualquier otra imaginada hasta este momento.

No menos importantes son las guerras híbridas, que incluyen la hostilidad judicial, práctica cada vez más recurrente en el mundo moderno para legalizar y legitimar enfrentamientos y conquistar la opinión pública. Estas guerras pretenden alcanzar objetivos sin los costes de las operaciones militares del siglo pasado, usadas para explotar las vulnerabilidades de los estados y subordinar a los pueblos.

No son pocas las veces que las democracias se han enfrentado a la instrumentación del Estado de derecho por parte de actores privados y públicos para lograr objetivos no democráticos, poniendo en tela de juicio la idea generalizada de que el derecho es concreto, normativo y objetivo de un modo que no lo son las ideologías políticas. Al mismo tiempo, la defensa basada en el propio derecho sigue siendo un mecanismo eficaz para contrarrestar el acceso de actores que pretenden impedir el avance de la transformación estructural progresiva hacia el acceso a la justicia.

También se analizó la desigualdad de género, cuestión que existe desde hace cientos de años. Las trabas al acceso de las mujeres a la educación, la representación política, los derechos reproductivos, las oportunidades económicas y otros factores contribuyen a la disparidad. En un sistema patriarcal, en el que las costumbres culturales son los principales obstáculos para lograr la igualdad de género, es preciso intensificar su defensa y abordarla en diferentes ámbitos de acción. Por su parte, el colectivo LGTBIQ+ corre un riesgo aún mayor de exclusión, explotación, violencia y abuso, y precisa instrumentos de protección específicos debido a la orientación sexual real o percibida de sus integrantes. Navegar por las cuestiones relacionadas con los derechos de las mujeres y las disidencias continúa siendo complejo y, aunque los enfoques cambien con el tiempo, seguirá siendo necesario oponerse a la discriminación.

Los retos se entrecruzan y posiblemente se reproduzcan desencadenando un efecto cascada, incluso en formas difíciles de prever.

El problema de la segmentación

La dificultad de abordar estos desafíos se ve agravada en parte por una creciente segmentación en las comunidades, los Estados y el sistema internacional, y, paradójicamente, a medida que el mundo ha progresado en cuanto a conectividad, se ha dividido y fragmentado en personas y países.

Si bien la conectividad permite el ejercicio de nuestros derechos, también crea y exacerba tensiones a todos los niveles, desde sociedades divididas por valores y objetivos básicos hasta regímenes que emplean la represión digital para controlar a las poblaciones con el fin de coaccionar, disuadir o impulsar algún tipo de conducta específica. A medida que estas conexiones se profundicen y extiendan, es probable que las sociedades se fragmenten cada vez más en función de preferencias nacionales, culturales o políticas. En efecto, existe la posibilidad de que determinados grupos emigren hacia aquellas comunidades de información de personas que comparten puntos de vista similares, reforzando sus creencias y su comprensión de la verdad.

En suma, estamos en un mundo unido por la conectividad y a la vez fragmentado en múltiples partes. Es decir, en el orden internacional podemos mover capitales a cualquier lugar. Sin embargo, las personas cada vez tienen mayores problemas para moverse de un país a otro. Esto es muy interesante. El mercado, el capitalismo y las corporaciones en general han visto aumentar exponencialmente sus derechos; sin embargo, se ha restringido cada vez más el elemental derecho de poder moverse en este mundo por pura elección personal.

Un mundo que se desajusta

La complejidad de los retos y la segmentación están superando la capacidad de los sistemas y estructuras existentes para su sustentabilidad. Existe un creciente desajuste entre retos y necesidades, por un lado, y los sistemas y las organizaciones, por otro. El mecanismo internacional, incluidas organizaciones, alianzas, leyes y normativas, se ha desajustado a la hora de abordar los recientes desafíos mundiales.

La pandemia es un ejemplo claro de las deficiencias de la coordinación internacional en materia de crisis y del desajuste entre las instituciones existentes, los niveles de financiación y el futuro de la sanidad. Dentro de los estados y de las sociedades es probable que exista una brecha persistente y creciente entre las demandas de las sociedades y lo que los gobiernos y el sector privado pueden ofrecer.

Cada vez vemos con mayor frecuencia que la ciudadanía, en especial los jóvenes, expresan libremente su insatisfacción con la incapacidad de los gobiernos para proteger nuestros derechos y cubrir una amplia gama de necesidades, agendas y expectativas. Y como resultado de los desequilibrios, los viejos órdenes, desde las instituciones hasta las normas y los tipos de gobernanza, se están resintiendo y, en algunos casos, erosionando.

¿Cuál es la respuesta? Como ya hemos señalado, una consecuencia clave del mayor desequilibrio es el aumento de las tensiones, la división y la competencia en las comunidades, en los Estados y a escala internacional. Muchas sociedades están cada vez más divididas entre adhesiones identitarias y corren el riesgo de fracturarse aún más. Las relaciones entre las sociedades y los gobiernos están siendo sometidas a presiones en la medida en que los Estados luchan por satisfacer las recientes demandas de la población. En consecuencia, la política dentro de los Estados se vuelve cada vez más volátil y controvertida, y ningún sistema de gobierno o ideología se muestra inmune o dispuesto a dar respuestas contundentes.

Adecuación es la clave

Ante este panorama, la adaptación se impone como clave para que el acceso a la justicia siga siendo efectivo. El cambio climático obligará a casi todos los Estados y sociedades a adaptarse a un nuevo planeta donde se podrán tomar algunas medidas sencillas, como restaurar bosques o aumentar el almacenamiento de agua, pero las habrá muy complejas, como construir diques y planificar la reubicación de poblaciones de las grandes ciudades. Los cambios demográficos también requerirán unas medidas que se enfrentarán a limitaciones de crecimiento económico si no se aplican estrategias de adecuación. La tecnología será un medio crucial para obtener ventajas mediante la adaptación, pero los países capaces de aprovechar los aumentos de productividad derivados de la inteligencia artificial dispondrán de mayores oportunidades. Por tanto, es urgente que los países emergentes tengamos capacidad de adecuación suficiente para no degradarnos aún más.

Respecto del desarrollo y la aplicación de la inteligencia artificial, su distribución también será desigual dentro de los países y entre ellos. Y en términos más generales, el grado de adecuación al manifestarse agravará desigualdades.

Por lo mismo, en el foro se ha señalado que la historia reciente debería darnos esperanzas de que el mundo está comenzando a tomarse en serio los intereses de las generaciones futuras, que pondrá en primer plano las carencias de cada colectivo y que hay soluciones posibles a cada dificultad, en especial si enfatizamos la perspectiva de la juventud.

Las personas que defienden los derechos humanos, con su activismo, por ejemplo, han conseguido un impacto real para que cobre importancia el bienestar futuro. Pero no debemos abandonarnos. Nos esperan desafíos enormes. Y nuestro interés está puesto en salvaguardar el acceso a la justicia. Nos encontramos en un momento en el que podemos ser instrumentos fundamentales para orientarnos hacia un futuro mejor y defender a las actuales generaciones y a las que vendrán.

Sobre lo señalado queda por preguntarnos: ¿quién se hará cargo de los derechos humanos? Está claro que defender los derechos humanos y los principios democráticos es un ejercicio colectivo, no un empeño personal. La responsabilidad debe ser individual y colectiva, nacional, interregional e internacional, pública y privada.

¿Cuál debería ser la estrategia? Actuar con urgencia, antes que nada. Esto significa elaborar nuevos contratos sociales, nacionales, regionales, interregionales e internacionales, con la participación de gobiernos, el sector privado, organizaciones políticas y no gubernamentales, religiosas y de la sociedad civil y comunidades locales, a fin de asegurar y asumir un rol protector sobre quienes seguirán nuestro camino. La clave radica en reunir un amplio abanico de opiniones basadas en soluciones creativas, en las que asumamos nuestra responsabilidad basada en el respeto a necesidades e intereses y en mantener las oportunidades de que disponemos para que se sostengan en un ámbito de justicia intergeneracional.

Nuestro potencial creativo debe funcionar en todos los niveles para, con ayuda de la ciencia, las artes y la tecnología, comprender, explicar y gestionar de manera racional nuestros ecosistemas, enriquecer nuestra vida interior y hacer nuestra vida más confortable, respectivamente.

Debemos catalogar e implementar prioridades concretas, significativas y viables para fortalecer las democracias y monitorizar los resultados, a fin de velar por la seguridad de las personas más vulnerables. Debemos también plantear acuerdos programáticos, paralelos, de trabajo, que exijan su cumplimiento a través de nuevos regímenes de sanciones para proteger y empoderar a grupos en estado de vulnerabilidad y garantizar que no se obstaculice el goce de su derecho.

Como ya hemos advertido, en este mundo cada vez más conflictivo, las comunidades están más fracturadas, ya que la gente busca seguridad en grupos afines basados en identidades establecidas. Los Estados y las regiones se esfuerzan por satisfacer las necesidades y expectativas de poblaciones más conectadas, y el sistema internacional es más competitivo. No obstante, es el momento de asumir nuestro rol de protagonistas y de esforzarnos para acordar nuevos modelos que estructuren la civilización. También en estos términos, es crucial reforzar nuestros liderazgos. Hemos observado que, pese al declive de la confianza y el aumento de la crisis, algunas propuestas presentadas ante el Foro Internacional de Derechos Humanos, que ya hemos mencionado, se están convirtiendo en una cuestión política e incluso jurídica: como nunca antes, el destino global de la humanidad está en primer plano.

Sin lugar a dudas, el debate sobre nuestro futuro tiene la obligación de ofrecer un espacio a la juventud. Estamos viviendo en la incertidumbre y sabemos que cualquier acción que emprendamos tendrá una multiplicidad de consecuencias a lo largo del tiempo.

En las exposiciones efectuadas en el foro ha quedado patente que es preciso considerar cada problema que se nos presente, cada situación que signifique una amenaza a la desatención del acceso a la justicia, en especial de las personas más indefensas. Me refiero a infantes y adolescentes, a las mujeres y a personas de la diversidad, a personas con discapacidad, a adultos mayores, a integrantes de pueblos originarios y racializados, a víctimas de guerras y migrantes.

Hay mucho trabajo por hacer. Otra forma de mejorar es mantener intercambios con todos los grupos. Para mí, la tarea y el paso de la resistencia a la ofensiva contra todos los problemas es la educación. No hay otra manera de conseguirlo.

Los objetivos están claros. La cuestión radica en cómo lograrlos. Hay que profundizar en la protección, aprovechar las oportunidades y construir sociedades democráticas. Pero, sobre todas las cosas, nuestra consigna debe ser no dejar a nadie atrás. Que no nos asusten los problemas. Tenemos que trabajar tal y como las mujeres hacemos ancestralmente: trabajar en equipo, se llama ahora. Podríamos decir: en comunidad de conocimiento y, por encima de todas las cosas, el consenso. Todas las voces y todas las opiniones son útiles. Debemos ser capaces de trabajar con ese coro. Un coro cuya síntesis tenemos que encontrar.

México: dos años en el Consejo de Seguridad de la ONU

Juan Ramón de la Fuente
Representante permanente de México ante la ONU

Si es preciso analizar quién se hace cargo del porvenir de la humanidad, sería conveniente observar lo que viene haciendo y ha hecho en los últimos meses uno de los organismos fundamentalmente responsables del presente y del futuro del planeta, que es el Consejo de Seguridad de las Naciones Unidas, en el cual México ha tenido la oportunidad de participar en los últimos dos años como miembro electo.

Es la quinta vez que México forma parte del Consejo de Seguridad de la ONU en los 78 años transcurridos desde la fundación de este organismo. Es una ocasión perfecta para ver en qué momento está ese Consejo de Seguridad, cómo está lidiando con algunas de las principales crisis que nos afectan y que están evidentemente incidiendo y modificando el futuro, y qué papel puede jugar México en ese gran concierto internacional. ¿Qué hemos hecho? ¿Qué podemos hacer? ¿Qué no podemos hacer? ¿Hasta dónde llega nuestra capacidad?

La «atribución» de los cinco grandes

Como sabemos, la Carta de las Naciones Unidas confiere al Consejo de Seguridad nada menos que la responsabilidad de mantener la paz y la seguridad internacionales. Así de específica es la definición. ¿Por qué es tan importante el Consejo, aparte del encargo que tiene? Porque es la única instancia, de todo el sistema de Naciones Unidas, cuyas decisiones son vinculantes para todos los países. Es decir, las resoluciones del Consejo representan una responsabilidad, en teoría ineludible, para los 193 países que forman parte de la ONU.

El Consejo, como se sabe, está compuesto por 15 miembros. Los cinco permanentes son los vencedores de la Segunda Guerra Mundial y siguen teniendo, en mi opinión y en la de de muchos otros, un exceso de atribuciones, señaladamente el mal llamado derecho de veto, porque no puede haber una resolución del Consejo que no cuente con la aprobación de esas cinco potencias.

Debo decir que, desde 1945, el representante permanente de México, Padilla Nervo, se opuso, y hay constancia de ello, a que los cinco miembros permanentes tuvieran este privilegio: un derecho de veto que en realidad no figura como tal en la Carta de Naciones Unidas. Esas palabras no aparecen en el texto y su conversión en un derecho de facto se produjo por una especie de vía indirecta.

Lo que dice la Carta es que para las resoluciones del Consejo se requiere el voto afirmativo de nueve miembros, incluyendo los cinco permanentes. Ahí está la cuestión. Padilla Nervo afirma en su intervención de 1945: «En tanto que esto es absolutamente necesario para que se pueda constituir la Organización de las Naciones Unidas, México votará a favor; pero deja constancia de que no está de acuerdo en que haya miembros que tengan esta atribución». Y en ese sentido se expresaron muchos otros países, o sea, en que, para que la ONU existiera, los cinco grandes, que habían ganado la guerra, se adjudicaran esa atribución.

En su momento, el presidente Roosevelt ya hizo interesantes reflexiones al respecto. Siempre consideró la especial atribución a los cinco miembros permanentes del Consejo más como una responsabilidad que como un derecho, lo cual es digno de ser tenido en cuenta. En todo caso, el Consejo de Seguridad funciona así, y fue mediante tal mecanismo como México se convirtió recientemente en miembro electo, con el apoyo de 189 de los 193 países que integran la ONU. Un gran resultado.

¿Cómo transcurrió el período de dos años, con relación al papel del Consejo en el que nos tocó participar? Nos incorporamos al Consejo en plena pandemia, terrible suceso que todavía no acabamos ni de resolver ni de entender, en términos de las profundas repercusiones que ha tenido y que va a seguir teniendo en nuestras vidas en todos los ámbitos. Pero en ese momento había además problemas específicos en muchos otros lugares del mundo: esos lugares que a veces desconocemos o por los que no tenemos gran interés, pero donde también ocurren cosas importantes.

En la región conocida como el Sahel —Burkina Faso, Chao, Guinea, Mali y ahora otra vez Sudán— ha habido una constante inestabilidad en estos últimos años. En Mali hubo dos golpes de Estado. Esta región es un ejemplo muy complicado e interesante desde el punto de vista académico, pero muy trágico desde el punto de vista humano, de cómo las crisis climáticas conjugadas con la violencia interna o territorial —propiciada fundamentalmente por grupos terroristas y gobiernos con poca estructura institucional— producen situaciones dramáticas.

Nuestra incorporación coincidió también con el grave conflicto en Myanmar, donde el golpe de Estado planteó problemas muy complicados, pues los países de la región, especialmente China, tienen un particular interés en mantener su estabilidad política.

Conflictos: de Afganistán a Etiopía, pasando por el Sahel

Se produjo asimismo la caída de Kabul, que me parece que refleja de una manera drástica los errores de Occidente, a pesar de las buenas intenciones que pudiera haber tenido. El regreso de los talibanes a Kabul, mientras el ejército regular afgano en el que se habían invertido miles de millones de dólares desaparecía en 48 horas, constituyó una amarga lección.

No se pueden importar los modelos, ni siquiera los modelos de democracia occidental, a países que tienen otra cultura, otra forma de ver el mundo y el futuro. No puede haber un modelo único, y esto se demostró en la caída de Kabul y en la inmediata regresión brutal a un régimen autoritario, misógino, inaceptable en muchos aspectos y con el cual debemos sentarnos a dialogar, porque esta es la única forma de poder avanzar.

En nuestra región, un país, Haití, vive a su vez una tragedia terrible: es el modelo perfecto de un estado fallido. Pese a que durante años se ha tratado de diversas maneras de incidir, de ayudar, la ONU ha fracasado en Haití. Ese país sigue estando en una situación de brutal emergencia. Actualmente hay dos temas de América Latina y el Caribe en la agenda del Consejo de Seguridad: Haití con estas condiciones y, en contraste, Colombia, donde parece estar produciéndose un evidente éxito con los acuerdos de paz que inició el presidente Santos y que ahora se prolongan con el presidente Petro. Se están consiguiendo avances muy importantes no solo con las FARC, sino también con el ELN; y el papel de México en ese proceso retoma una tradición diplomática de país mediador que debe continuar en el futuro.

La guerra civil en Etiopía, de la cual se sabe muy poco en México, ha desembocado en una frágil tregua; pero en ella han muerto 600.000 personas en los últimos dos años, fundamentalmente civiles. Para valorar el dato, tengamos en cuenta que en la guerra de Ucrania han muerto poco más de 200.000 personas y la mayoría son militares. El recuento no está muy claro todavía, pero la proporción entre los civiles que murieron en Etiopía y los que han muerto en Ucrania es desproporcionada y, sin embargo, prestamos poca atención a aquel conflicto.

En Medio Oriente, desde la guerra de Gaza en 2014, la coyuntura se encuentra de nuevo en un mal momento. Las acertadas resoluciones del Consejo de Seguridad no se cumplen. Acabamos de publicar un análisis de tales resoluciones, incumplidas por parte de Israel con el apoyo de muchos países occidentales.

Por otra parte, nos encontramos con la crítica situación de Siria, un conflicto que dura ya 12 años. 15.000.000 personas necesitan ayuda humanitaria urgente —con diversos grados, incluso insuficiencia alimentaria y prehambruna— y hay, por lo menos, 7.000.000 refugiados. Corea del Norte lanza cada mes un nuevo cohete. No se sabe a ciencia cierta cuál es la potencia nuclear que realmente puede tener este país, pero cada vez manda sus misiles más cerca de Japón; evidentemente, en una provocación continua. No hay diálogo y las discusiones en el Consejo de Seguridad se complican porque sistemáticamente, de los cinco miembros permanentes, tres quieren intervenir para detener la escalada de Corea del Norte y dos se oponen. Esa es la polaridad que suscita. Y, como si esto no fuera suficiente, se produjo la ya aludida invasión de Ucrania por la Federación de Rusia. Este es el contexto en el que nos hemos movido los dos últimos años: nada sencillo, como se puede observar. Sin embargo, creo que se han logrado algunos avances, aunque falta mucho por hacer.

Un país neutral y mediador

¿Cuál ha sido la posición de México? ¿Qué fue lo que planteamos desde un principio con nuestra participación? De entrada, aclaremos que México no forma parte de ninguna alianza militar ni vamos a formar parte de ella. Tampoco somos una potencia económica. Entonces, nuestro país ni está alineado militarmente ni ha sido nuestra política participar de las sanciones, salvo cuando estas han sido adoptadas por el Consejo de Seguridad. Las sanciones no son la solución a los conflictos; si alguien tiene dudas al respecto, que vea el ejemplo de Cuba, el mayor fracaso histórico de una política de sanciones.

Hay otras formas. México es un país pacifista, un país neutral. Nuestros principios constitucionales de política exterior son muy buenos y siguen estando vigentes. Hay quien piensa que deben actualizarse, pero creo que su vigencia está fuera de toda duda. Nuestra agenda es la agenda social por naturaleza, por convicción. Su gran instrumento es la mediación. El derecho internacional es lo que le da a México posibilidades de tener una posición importante en el concierto mundial.

Desde el principio, México se propuso implementar en el Consejo de Seguridad temas como el Estado de derecho, la agenda social, el desarme y la no proliferación de armas nucleares, que sigue teniendo una enorme vigencia. Precisamente por la gran tradición de México en este tema, a mí me tocó presidir el comité sobre no proliferación y cómo desarrollar nuevos tratados para la prohibición de las armas nucleares. Ahí está la herencia de García Robles y de Tlatelolco. Sigue vigente y continúa teniendo un peso indiscutible en Naciones Unidas.

Decidimos también desempeñar un papel muy activo en una agenda relativamente nueva pero fundamental para hacerse cargo del futuro: la agenda de mujeres, paz y seguridad. Hay ya suficiente evidencia empírica de que las mujeres son mejores mediadoras de paz, que los acuerdos que logran las mujeres duran más que los que conseguimos los hombres, y que las mujeres son indispensables para jugar un papel a todos los niveles en la pacificación de las regiones y de los países. En este tema es preciso pasar del discurso a los hechos, y por eso lo adoptamos también como una de nuestras prioridades.

El Consejo de Seguridad funciona, la verdad es que funciona las 24 horas del día los siete días de la semana. Así, en dos años tuvimos algo más de 600 reuniones. Las sesiones a veces se prolongan mucho, a veces no tanto; a veces son productivas y a veces muy frustrantes. El clima emocional que se da en este órgano es interesante y no hay que subestimarlo.

A pesar de la gran polarización que se vivía, México nunca perdió la capacidad para interactuar con unos y con otros. Siempre mantuvimos el diálogo con Rusia y con Estados Unidos, con China y con el Reino Unido, con la India y con el que estuviera enfrente, y eso ofrece la posibilidad de desatascar temas y avanzar hasta donde es posible en algunos casos.

Nuestra presidencia se produjo en el mes de noviembre. La presidencia del Consejo es rotatoria y sigue un orden alfabético. El país que la ejerce puede, dependiendo de la agenda, introducir algunos temas a la consideración del Consejo. Nosotros planteamos tres. El primero tuvo que ver con las condiciones sociales que preceden a los conflictos —la corrupción, la desigualdad y la exclusión como causas subyacentes y catalizadoras—, a las que no se les presta suficiente atención al analizarlas y buscar posibles soluciones.

Fue muy oportuno que esa sesión del Consejo la encabezara el presidente López Obrador. Es la primera vez en 78 años que un mandatario de México preside una sesión del Consejo de Seguridad. Hubo cierta polémica —más en México que en el propio Consejo— sobre si correspondía, o no, proponer el tema de las causas subyacentes de los conflictos. Pero este enfoque fue tomado en consideración de manera formal. ¿Cómo vamos a dejar fuera del análisis de los conflictos las causas subyacentes? Si no es al Consejo, ¿a quién le corresponde tomar en consideración ese asunto?

El segundo evento insignia tuvo que ver con algo que no es nuevo, pero al que mi equipo se ha encargado de dar más relieve en los últimos años: la diplomacia preventiva. Y aquí, si queremos ver quién se hace cargo del futuro, hemos de poner en valor este concepto. Es mejor prevenir los conflictos que tratar de resolverlos cuando ya han estallado.

Finalmente, un tema que es también muy del interés de México: el tráfico y el desvío de armas llamadas pequeñas y ligeras —que no son ni pequeñas ni ligeras pero que se denominan así para distinguirlas de las nucleares, las químicas y otras de destrucción masiva—. Este es un tema particularmente difícil de tocar en un Consejo de Seguridad, donde los miembros permanentes con derecho a veto son al mismo tiempo los principales productores de armas. Es, en cierto modo, como irles a plantear en su propia cara lo que están haciendo y las consecuencias que esto está teniendo, porque, si bien la respuesta habitual es que se trata de un tema que atañe al sector privado, lo cierto es que los estados toleran y permiten que eso ocurra. Y, como sabemos muy bien en México, si no tenemos un mayor control de las armas que entran en el país de manera ilícita como consecuencia del tráfico deliberado o del desvío, no vamos a poder avanzar en la pacificación de muchos lugares de nuestro territorio nacional.

Planteados estos temas, logramos que la presidencia sacara adelante algunas resoluciones y algunas declaraciones, que, aunque no son resoluciones, también requieren de un consenso por parte del Consejo. Y ante la pregunta: ¿qué puede hacer un país como México en ese Consejo donde están los pactos militares, los miembros de la OTAN y las grandes potencias económicas? Podemos contestar que no lo hicimos mal, porque de todos los miembros electos fuimos los que más resoluciones adoptamos y los que más contribuimos a la agenda que acabo de describir. Aun al compararnos con países que cuentan con una diplomacia muy profesional, como Noruega, o con países muy potentes, como India, la verdad es que otra vez México, en su posición de neutralidad sobre la base de nuestros principios constitucionales, hizo bien su trabajo.

Ante la invasión de Ucrania

Veamos un caso: la guerra en Ucrania. Nos basamos siempre en nuestros propios principios constitucionales, el derecho internacional y la carta de las Naciones Unidas. Este fue nuestro posicionamiento ante el conflicto:

> Estamos ante la invasión de un país soberano por parte de otro, lo que representa una flagrante violación al artículo 2 párrafo 4 de la carta de la ONU y constituye, además, una agresión en los términos de la resolución 33-14 de la Asamblea General adoptada por todos los miembros de las Naciones Unidas. Segundo, México ha sufrido en carne propia cuatro invasiones a lo largo de su historia como Estado independiente. Dos por parte de Francia y dos por parte de los Estados Unidos. La primera intervención de los Estados Unidos, en 1846, derivó en la pérdida de casi la mitad de nuestro territorio nacional de entonces. Tercero, México ha condenado siempre todo acto de agresión, como dejó constancia con su protesta en la Sociedad de Naciones por la anexión de Etiopía y Albania por parte de Italia y la anexión de Austria por parte de Alemania. Cuar-

to, nuestro repudio al uso de la fuerza nos llevó a convocar, en 1945, la conferencia interamericana sobre los problemas de la paz y de la guerra en la Ciudad de México para llegar a la conferencia de San Francisco con una posición regional clara y definida en torno a este tema. Quinto, la política exterior de México es pacifista. Desde que se fundó la ONU, mi país ha defendido y defenderá ante esta organización y en todos los foros la proscripción de la amenaza o el uso de la fuerza en las relaciones internacionales. Sexto, en 1988 inscribimos en nuestra Constitución los principios de la Carta de las Naciones Unidas como principios normativos de nuestra política exterior. Por lo anteriormente expuesto, México condena los actos de agresión perpetrados por la Federación de Rusia en contra de Ucrania. (Sesión del Consejo de Seguridad al confirmarse la invasión el 25 de febrero de 2022).

Lo cierto es que el Consejo ya estaba polarizado y con el conflicto en Ucrania se polarizó aún más, y por ello no ha podido adoptar resoluciones sobre la invasión de Ucrania. ¿Por qué? Porque ha tenido que enfrentar siempre el veto de Rusia, lo cual genera un problema de interés directo, que debería ser revisado. Junto con Francia, México hizo una propuesta para que no se ejerza el derecho de veto cuando haya condiciones de atrocidades masivas en algún país. De la misma manera, queremos plantear que, cuando uno de los países sea parte del conflicto, no tenga posibilidad de votar en esa sesión. Aún no lo hemos logrado.

Participamos en 40 sesiones durante este año. Y de nuevo, junto a Francia, propusimos lanzar un proyecto de ayuda humanitaria a Ucrania; lo lanzamos y nos volvimos a topar con la amenaza de veto por parte de Rusia. Entonces nos dirigimos a la Asamblea y lo presentamos. Creo que fue un paso importante para que empezara a llegar la ayuda humanitaria.

Esta fue nuestra propuesta en ese sentido, que el Consejo rechazó:

Asistencia humanitaria, protección a civiles
 Iniciativa conjunta con Francia. Resolución de la Asamblea General, 24 de marzo de 2022
 Y es por eso que Francia y México han estado trabajando con todos los miembros del Consejo de Seguridad durante las últimas dos semanas

en un Proyecto de Resolución del Consejo de Seguridad. Sin embargo, reconocemos que la situación sobre el terreno es muy cambiante y, por lo tanto, se necesita una acción rápida. También nos han contactado un gran número de Estados Miembros del resto de la membresía de la ONU que han expresado su interés en participar e involucrarse en este esfuerzo. Para permitir que la comunidad internacional envíe un mensaje vigoroso y unido, hemos decidido llevar nuestra iniciativa a la Asamblea General. Gracias.

Juan Ramón de la Fuente

Tras muchas horas de debate, nos dimos cuenta de que Rusia iba a vetar; entonces el embajador de Francia y un servidor decidimos anunciar que nos íbamos a la Asamblea. Es cierto que una resolución de la Asamblea no tiene la misma fuerza que una del Consejo; pese a todo, ayudó y hemos tratado de seguir avanzando en diversos esfuerzos de mediación.

¿Hay condiciones para la mediación entre Ucrania y Rusia en este momento? Creo que no. Todavía no. Eventualmente tendrán que llegar. Es evidente que no va a haber una solución militar en Ucrania. Las soluciones militares no se pueden hacer cargo del futuro. Necesitamos, por tanto, seguir avanzando en la búsqueda de alguna iniciativa seria de mediación. México hizo una; está ahí, pero no tiene en este momento posibilidades. Lula llegó a Brasil e hizo otra; está ahí, pero tampoco le veo en este momento posibilidades. Creo que un actor importante en la solución para Ucrania será China, de una manera u otra. Si China se decide a jugar un papel, y puede hacerlo, se consolidará como lo que ya es, una gran potencia. Si lograra desempeñar un papel de mediación que pudiera llevar a un alto al fuego, sería sin duda un gran éxito y consolidaría su liderazgo.

No es fácil porque es un problema territorial y las soluciones, como las de Kissinger, que fueron muy válidas durante muchos años, repartiendo más o menos lo que pudiera estar en disputa, ya no funcionan. No creo que Ucrania vaya a ceder en una mesa de negociación parte de su territorio invadido, y no veo a la Federación de Rusia, en este momento, dispuesta a retirarse de ese corredor que de alguna manera ya logró controlar por la fuerza.

Sin embargo, sí tuvimos un papel importante, junto con Noruega, a la hora de lograr el acuerdo del mar Negro, que permitió la liberación de granos y fertilizantes, tanto de Ucrania como de la Federación de Rusia, a través de Turquía. El presidente de Turquía jugó un papel significativo. Gracias a ello, los precios de los granos y los fertilizantes se han atenuado, y hay un poco más de control de la inflación que nos ha afectado a todos.

La parálisis mostrada por el Consejo de Seguridad ante la guerra en Ucrania demuestra que, en las condiciones actuales, es poco probable que dicho Consejo pueda hacerse cargo del futuro frente a una situación de esta naturaleza. Esto nos llevó a presentar en las negociaciones intergubernamentales algo que México había venido cultivando desde hacía tiempo: una propuesta de reforma del Consejo. Ya la presentamos, ya está en discusión, ya es un documento oficial, pero que nadie piense que soy un ingenuo que cree que tal propuesta se va a aprobar. Sin embargo, la discusión ya ha empezado sobre la base de un texto determinado. Ese es el gran paso: poner encima de la mesa un texto sobre el cual hacer las modificaciones pertinentes. La discusión ya es más dinámica.

Hay dos grandes propuestas de reforma: una que piensa que deben aumentar los miembros permanentes y los no permanentes, muy apoyada por África, que se siente con razón injustamente segregada, pero también apoyada por Brasil, India, Alemania y Japón, que quieren ser miembros permanentes del Consejo de Seguridad, cada uno de ellos con sus razones. Otra es la que está impulsando México, con el apoyo también de otros países, que parte de la base de que más miembros permanentes solamente van a llevar a mayor parálisis del Consejo porque tendrán derecho de veto. Lo que necesitamos, en cambio, es aumentar los miembros no permanentes, con una mejor distribución regional y por períodos más largos, porque parte también de la fuerza truculenta del P5 es que los países electos solo ejercen durante dos años. Y entonces, cuando empiezan a entender cómo funcionan las cosas en la cúpula del gran organismo mundial..., se tienen que ir.

Parte III
Cambio climático y desarrollo local sustentable
Facultad de Estudios Superiores Acatlán

El cambio climático es el resultado de un estilo de desarrollo

Alicia Bárcena Ibarra
Bióloga. Secretaria de Relaciones Exteriores de México

El cambio climático es el resultado de un estilo de desarrollo. Definitivamente, eso es lo que estamos confrontando, un estilo de desarrollo, un modelo desigual, insostenible, que se ha basado en el extractivismo y que ha dejado realmente de lado a grandes contingentes de población. Si bien hemos avanzado en materia de pobreza, no así en términos de desigualdad. Este es un tema que no podemos obviar.

Al abordar esta crisis nos topamos, además, con una gran asimetría. El eje de la negociación internacional y de las políticas nacionales es la lucha por repartir, transferir, minimizar, eludir y dimensionar la carga de la externalidad negativa que causa el cambio climático. La verdad es que nuestra región es altamente vulnerable al cambio climático, a pesar de su escasa contribución a las emisiones globales, que no van más allá del 8 %. Por lo tanto, para nuestra región la adaptación es inevitable y sobre todo urgente.

Es indispensable además que hablemos de mitigación. También somos una región que emite, qué duda cabe, sobre todo en el sector agropecuario, en el cambio del uso del suelo, en el transporte y en la energía. Pero no tanto como los países desarrollados y la región Asia-Pacífico. En todo caso, nuestra región habrá de hacer esfuerzos de mitigación y adaptación. Será preciso tomar medidas, pero habrá que hacerlo de tal forma que, al reducir emisiones, también aportemos soluciones imaginativas para crear puestos de trabajo y aumentar la inversión.

Acciones masivas, colectivas

Comparto plenamente la idea de que el cambio climático es la principal falla del sistema económico a una escala jamás vista. Los informes del Panel Intergubernamental de Expertos sobre el Cambio Climático, en concreto el sexto de los que ya ha emitido, advierte de que la temperatura ha subido por encima de lo previsto, el calentamiento va mucho más rápido de lo que se pensaba, el nivel del mar está aumentando, los glaciares se están derritiendo, se reduce la criosfera, hay mayores eventos hidrometeorológicos en el mundo y las acciones son muy insuficientes para alcanzar la meta de una subida promedio de 1,5 o 2 grados.

La verdad es que tenemos pocos logros en materia de fiscalidad y financiamiento. Los fondos disponibles son muy reducidos, y el costo de las medidas de adaptación recaen generalmente sobre los afectados, no sobre los que están afectando. En tal sentido, ya no estamos operando bajo el principio de responsabilidades comunes pero diferenciadas, como planteó en su inicio la Convención Marco de las Naciones Unidas sobre el Cambio Climático. Esto es delicado porque con la crisis del COVID-19 tuvimos una expresiva y alarmante advertencia de lo que en un futuro próximo puede plantearnos el cambio climático. Podemos afirmar que ambos problemas, la epidemia o la pandemia y la emergencia climática, son males públicos globales que derivan del abuso de la naturaleza, que nos muestran una inacción con costos irreversibles y que evidencian la verdad del valor estratégico de los bienes públicos. Ahí es donde se sitúa la necesidad de un cambio de modelo.

No podemos seguir con acciones individuales o microscópicas. Necesitamos acciones masivas, colectivas, simultáneas, y la cooperación internacional. El papel del Estado es fundamental. Las decisiones deben basarse en la ciencia; la ciencia es importantísima, como se ha demostrado, precisamente, durante la pandemia.

Límites y oportunidades

En el caso del COVID hubo un *trade off* con la actividad económica. En la respuesta al cambio climático puede haber, sin embargo, sinergias y oportunidades. El COVID nos hizo encerrarnos, nos hizo perder empleos, nos hizo cerrar actividades productivas. Pero ante el cambio climático no es necesario que ocurra eso. Ahora bien, si en la crisis del COVID hubo un sentido de urgencia y decisión política para actuar, frente al cambio climático no hay ese sentido de urgencia y sí mucha indecisión.

La dimensión es muy grande porque en realidad ya hemos rebasado cuatro de los nueve límites ecológicos; hemos rebasado las concentraciones atmosféricas, hemos extinguido especies. Tenemos un gran problema de adicción al fósforo y al nitrógeno en cultivos y ecosistemas. La deforestación ha aumentado y el cambio del uso del suelo es, sin duda, lo más alarmante que sucede en nuestra región, al igual que la emisión de aerosoles y el agotamiento del ozono estratosférico.

Sumemos a todo ello la acidificación de los océanos y el estrés hídrico en la mayoría de la región. En Chile, por ejemplo, la falta de lluvias está moviendo los cultivos hacia el sur, hacia zonas más templadas. Simultáneamente, el plástico, los materiales radiactivos y otras sustancias están afectando los océanos.

Creo que lo más importante en el Acuerdo de París es que se definió la carga planetaria respecto a las emisiones de carbono, se estableció un presupuesto nacional voluntario de carbono y se precisaron estas contribuciones a escala nacional. Fueron medidas más ambiciosas que las del pasado, pero aún son insuficientes. Y, desde luego, no ha quedado clara la diferencia entre el coste de oportunidad de las emisiones vinculadas a actividades de consumo suntuario y/o improductivo y el de aquellas que generan empleo y que son inclusivas. No da lo mismo quién emite ni para qué emitimos. Eso implica elegir qué queremos hacer con el modelo de desarrollo y con las inversiones. Se está produciendo un retroceso a la hora de diferenciar responsabilidades entre países, y esto está agudizando la desigualdad entre centro y periferia, porque, al ser insuficiente el presupuesto de carbono global, lo está usando más el centro que la periferia... Y cuando digo el centro me refiero a los países desarrollados.

Estamos enfrentando hoy día crecientes asimetrías globales en un contexto geopolítico muy tenso. Estamos volviendo al extractivismo energético y minero en relación con los precios de los combustibles, que se han disparado.

No olvidar la pobreza

La recuperación es mucho más lenta de lo que esperábamos. Nuestra región fue muy golpeada por la pandemia; tiene altos niveles de endeudamiento, menor espacio fiscal, una elevada inflación y, desde luego, una amplia heterogeneidad productiva que nos divide entre grandes, pequeñas y medianas empresas: una gran fábrica de desigualdad. Con muy baja innovación, inversión y productividad, somos la región más desigual del mundo y afrontamos ahora las consecuencias de la escasez alimentaria que se ha producido a nivel global.

Tenemos alrededor de 80 millones de personas en condiciones de pobreza extrema y un gran número también en los límites de la supervivencia; en total, 180 millones. Sufrimos situaciones de hambre y desempleo; después de la pandemia acabamos con más dudas, más deudas, más desencanto, más desempleo, más informalidad. A este respecto, el rol del Estado es esencial y deberá serlo para implementar políticas fiscales, monetarias, sociales y sobre todo ambientales —todas ellas coordinadas entre sí—, y para explicitar estrategias de recuperación con énfasis en la inversión.

Tenemos un multilateralismo debilitado y un regionalismo distinto al anterior por la ruptura de cadenas de valor. Existe una reorganización del comercio, pero nuestra región sigue estando muy desintegrada. Las brechas son cada día mayores, sobre todo las económicas —el 1 % de la población posee el 50 % de la riqueza— y las relacionadas con la salud. En semejante contexto, cuanto más crece el centro, menos espacio disponible hay para que lo haga la periferia; es decir, nuestros países.

El modelo de crecimiento tiene que cambiar, y la tasa de progreso técnico en el centro, a favor de procesos y productos menos contaminantes, debe ser transferida a nuestros países. Transferida sin coste. Nos tienen que habilitar patentes para que la innovación ambiental en la periferia sea realmente posible y barata, y creo que ese es un tema de negociación internacional que no está incluido en las cumbres del clima.

Nuestra área geográfica es una de las más ricas del mundo en número de ecorregiones marinas y terrestres. Tenemos el sistema de arrecifes más importante y el segundo más grande del mundo, una cuarta parte de los manglares mundiales, una superficie terrestre de gran riqueza: ¡el 23 % de los bosques del mundo! Aquí, el 20 % del territorio está ocupado por Pueblos Indígenas, que son precisamente los que más han conservado los bosques.

Conciencia ciudadana

Tras la pandemia, el sector ambiental fue uno de los más castigados en materia de gasto público. Al tiempo, aumentaba la ilegalidad: los cultivos ilícitos, la minería ilegal. Estamos frente a un desafío de reconstrucción verde al que debemos dar la máxima prioridad.

Alrededor del 70 % de los ciudadanos de América Latina y el Caribe consideran que la crisis climática es un riesgo muy serio, y el 56 % apoyan una agenda distinta, una agenda verde. En países como México (más del 70 %) y Chile (85 %) esta preocupación no ha dejado de crecer.

A la vez, la ciudadanía desconfía cada vez más de las instituciones, lo cual debilita el apoyo a la democracia. En estos momentos, la gente es mucho más escéptica respecto de lo que se puede lograr realmente a través de los partidos políticos, el Congreso, el Poder Judicial o los gobiernos. En este sentido, tenemos un problema institucional muy grave a la hora de atender la crisis climática y medioambiental.

Hoy día, América Latina y el Caribe está creciendo al 1,2 %. Si crecemos menos, ni siquiera vamos a poder cumplir con nuestros compromisos nacionales. Nuestra estructura productiva es muy intensiva en el uso de recursos naturales y materiales, y se caracteriza por una baja eficiencia energética. Es, digámoslo con claridad, un sistema que contribuye fuertemente a la degradación ambiental. Somos una región muy expuesta a los efectos adversos del cambio climático.

Además, tenemos un problema de bajo dinamismo. La CEPAL incluso habla de una década perdida. Algunas de las causas son, sin duda, la baja inversión, la concentración de exportaciones en sectores primarios de valor agregado muy bajo, un escaso espacio fiscal y, ahora mismo, el conflicto que enfrenta a Rusia con Ucrania.

Doble desafío

El desafío al que nos enfrentamos tiene una doble índole: la inversión y la productividad. Son dos retos estructurales que están condicionando nuestra recuperación. El desafío de la inversión es enorme: nuestra región invierte un 16,1 % del PIB —inversión pública y privada—, muy por debajo de las economías más desarrolladas y de las economías en desarrollo. Los llamados emergentes invierten un 33 % del PIB, el doble que nosotros. La brecha de productividad —la productividad laboral, pero también la asociada a la innovación tecnológica— no cesa de incrementarse aquí.

¿Qué se requiere hacer? Por supuesto, incrementar la inversión en adaptación, sobre todo en el sector del transporte o en relación con el correcto tratamiento de las aguas y con la gestión de residuos. Más energía renovable, masificada, sostenible y diversificada.

Actualmente, la región de América Latina y el Caribe no lo está haciendo mal en materia de energía renovable, con una oferta que alcanza ya el 33 % del total, pero creo que todavía podemos hacer mucho más.

Nuestra región, además, produce el 61 % del litio, importantísimo para las baterías eléctricas, para la electromovilidad. Nuestra región produce el 39 % del cobre y el 32 % del níquel y la plata. Se nos presentan grandes oportunidades para poder avanzar en materia de energía renovable y sobre todo de electromovilidad.

El problema es que tenemos que hacerlo mejor. Aquí viven 17 millones de personas que aún no tienen electricidad. Los desafíos de la adaptación al cambio climático nos obligan a convertir la agricultura en un sector más sensible, con rendimientos y ciclos de cultivo que deben cambiar; nos confrontan con una vulnerabilidad en la generación eléctrica, ante la cual hemos de universalizar la electricidad con energía renovable. Las ciudades, sobre todo las de mayor tamaño, son actores clave en materia de transporte, pero también de edificación, de infraestructuras.

Este es el momento de orientar el gasto público a los objetivos de desarrollo y a mitigar los efectos sociales y económicos del COVID, mejorando lo que ya se está haciendo. Invertir es la clave. Debemos usar la regulación del Estado para incentivar o propiciar que la inversión privada se oriente hacia la descarbonización, con innovación y desarrollo de capacidades, y, qué duda cabe, con sistemas de protección social y sectores que generen empleo.

A modo de ejemplo

Voy a poner algunos ejemplos, empezando por los sectores que promueven el cambio tecnológico, generan empleo, y reducen la dependencia externa y la huella ambiental. Más en concreto: la transición energética hacia renovables, la inversión en servicios básicos, la electrificación universal con base en la energía renovable, pero también el acceso al agua potable, provocarían grandes y positivas transformaciones. Y el coste de hacerlo no supera el 1 % del PIB.

La electromovilidad sostenible en las ciudades es fundamental y se puede llevar a cabo con la transformación de los actuales autobuses de diésel en eléctricos, que cuesta mucho menos que la adquisición de autobuses nuevos. Hay que invertir en inclusión digital, en infraestructura física, equipamiento y capacitación. La industria de la salud ha de optar por la autosuficiencia sanitaria para que no se repita lo que ocurrió en la pandemia. Y no olvidemos la transición agroecológica para restaurar ecosistemas terrestres y marinos y lograr autosuficiencia alimentaria, como lo está impulsando el presidente López Obrador.

Este es un momento en el que hay que repensar el sistema multilateral, porque hay un debilitamiento en la agenda de cooperación, porque hay desafíos interconectados y prioridades, y es en las prioridades donde tenemos que centrar la mirada. Es la hora de lograr una fiscalidad realmente verde, de implantar un impuesto al carbono. Hay que generar incentivos fiscales correctos: fomentar exenciones, subsidios y transferencias que empujen en la dirección correcta.

Hemos aprendido la importancia de los planes de recuperación del empleo y de las soluciones basadas en la naturaleza. Debemos ser ambiciosos en nuestros compromisos nacionales y en los de carácter regional. La emergencia climática, bien gestionada, nos ofrece una oportunidad para cerrar las brechas sociales y culturales, redireccionar los flujos financieros, e ir hacia un desarrollo económico sostenible, socialmente inclusivo, descarbonizado y resiliente.

Grandes soluciones para grandes retos: una transformación tecnológica, económica... y social

Teresa Ribera
Vicepresidenta del Gobierno de España.
Ministra de Transición Ecológica y Reto Demográfico

Nadie vive de forma individual y aislada su propia vida o su propio bienestar. Somos animales sociales, lo suficientemente inteligentes y racionales como para pensar en los problemas y en las soluciones de hoy, pero también en los problemas y las soluciones de mañana.

Reflexionamos sobre el futuro, sobre cómo aplicar lo que hemos venido aprendiendo durante décadas y siglos, para poder anticipar algunos de los problemas y evitar que se lleguen a materializar.

Vivo en un país en el que las temperaturas de cada verano, de finales de julio o de agosto, las estamos experimentando en el mes de marzo, en el mes de abril. Sufrimos un quinto año consecutivo de sequía, lo que nos hace pensar que el estrés hídrico se ha convertido en algo endémico, que nos obliga a estar preparados para escenarios extremos de convivencia con exceso de agua o defecto de agua, que nos obliga a imaginar de qué manera podemos sobrevivir a temperaturas extremas, concediendo la adecuada importancia a la ordenación del espacio, del territorio, a la inspiración en la naturaleza y a los ecosistemas.

No menos importante será el modo en el que se organizan las ciudades, nuestra relación con la energía o nuestra relación con el agua, quizá el vínculo más precioso para la vida de las personas, los animales y las plantas en la tierra.

Pensar el futuro forma parte de lo que desde un primer momento se planteó al convocar la Conferencia de Estocolmo. Situar los límites al crecimiento y el modo en el que imaginábamos el progreso de las personas, con toda esa perspectiva del tiempo de por medio, se planteó como uno de los grandes desafíos y, simultáneamente, como un principio inspirador.

No dejemos de resolver los problemas que somos capaces de identificar hoy. Hasta tanto se materialicen, pensemos de antemano y busquemos la mitigación de esos problemas para que las próximas generaciones no se los encuentren.

Ha habido iniciativas muy variadas a lo ancho y largo del mundo, desde el Ministerio del Futuro, el Defensor de las Generaciones Futuras o la reflexión científica organizada sobre las consecuencias que tendrá cruzar los límites del crecimiento, aquellos límites físicos a partir de los cuales se puede producir un colapso de la biosfera.

Quizá la referencia que ha causado más impacto ha sido la vinculada a la fragilidad del sistema climático que determina muchas de las variables que hacen posible la vida tal como la conocemos, la generación de alimento tal como la conocemos, el espacio más o menos saludable de nuestra tierra, de nuestro océano y de nuestros ecosistemas.

El imprescindible cambio social

Este aspecto del futuro forma parte de los grandes debates de la agenda internacional. Sabemos —porque la ciencia nos ofrece su sabiduría, con los datos que ha ido siguiendo, observando y analizando durante décadas, durante generaciones— que algunas de las fuentes que transforman nuestro sistema climático cuentan con casi el 50 o el 60 % de posibilidades de ver eliminado su impacto merced al estado actual del conocimiento.

Sabemos también que, ante la necesidad de emprender una transformación de las fuentes energéticas —mientras vivimos en tiempo real las consecuencias del cambio climático—, cobra singular importancia el cambio cultural, una transformación de nuestros hábitos, de nuestra psicología, de nuestra manera de vivir en el planeta.

Es por ello por lo que cada vez resulta más significativa la aportación de las ciencias sociales a los informes que periódicamente da a conocer ese magnífico invento que es el IPCC. La información que ofrece este panel de expertos coordinado por la ONU viene siendo contundente, categórica, contrarrestada; es clara, es un incentivo suficiente como para reaccionar de una manera diferente.

E insisto, ya no solamente vale el conocimiento técnico, las soluciones científicas, no solamente vale la expresión de que hay muchas oportunidades vinculadas a la actividad económica o a las nuevas oportunidades de negocios; además, es imprescindible introducir el factor humano en este debate: saber que se trata de un debate destinado a fijar las prioridades de la sociedad en el tiempo que vivimos, a conocer en consecuencia cuál es el riesgo que estamos dispuestos a asumir, cuál es el riesgo por encima del cual no nos queremos ver envueltos y no queremos que nuestros hijos se vean envueltos.

Esto es capital porque permite a los gobiernos ordenar una buena combinación de soluciones, sabiendo hasta dónde queremos llegar y cuáles son los límites de cada una de las aportaciones a las que podemos aspirar. De esta manera será posible no desviarnos del camino, reducir el margen de error y contar con el respaldo social. No es un ejercicio en absoluto sencillo.

Sabemos que en el modelo energético reside gran parte de nuestro problema, que debemos transformar nuestros sistemas energéticos.

Junto a esto, es preciso aplicarnos a la gestión del suelo, a los cambios de uso del suelo que nos da de comer; y cuidar el agua, que contiene la fertilidad y produce o alberga gran parte de los ecosistemas que hoy se encuentran en estado crítico. Ello es consecuencia de la introducción de más sustancias químicas de las que agua y suelo pueden soportar, de la desertificación, del cambio de las condiciones físicas a las que está sometida la biosfera. Hay que pensar, por ejemplo, en acciones humanas como la deforestación, que forma parte de un proceso secular que ha experimentado un crecimiento exponencial en el siglo XX y que continúa imparable en el siglo XXI.

El debate social sobre estos asuntos, el debate público, es clave. Es determinante y en él se mezclan aspectos muy diferentes; algunos tienen que ver con valores éticos o con la pertenencia al grupo, otros se relacionan con el estado del conocimiento y las soluciones técnicas que se pueden aportar.

Asimismo, una muy buena parte de las soluciones que conocemos requiere todavía más innovación, más conocimiento, más experiencia. Pero el futuro empieza hoy: solamente si dedicamos recursos a esas nuevas soluciones que ya se dibujan en el horizonte estaremos en condiciones de poder contar con ellas dentro de unos años, porque no van a caer del cielo por sí mismas. Conseguirlas requiere, además, una implicación en torno a los mismos objetivos de actores públicos y privados, de actores de cada una de nuestras propias naciones y del área en la que estén ubicados nuestros países.

... Y, por encima de todo, la concertación global.

Determinación a la hora de buscar soluciones

El mundo es mucho más pequeño de lo que imaginábamos. La imagen de un llanero solitario en una inmensa pradera simbolizaba hasta hace 30 o 40 años la forma de entender el crecimiento, la eterna expansión de la humanidad. Pero aquello ha pasado a la historia: el planeta es finito y lo que hagamos hoy marcará lo que ocurra mañana. Ese es el gran mensaje del Sexto Informe de Evaluación del IPCC aprobado hace apenas unas semanas.

En estos momentos, además, es preciso contar con otros aspectos de la realidad, con circunstancias imprevisibles, como la tremenda sacudida que ha sufrido la producción de energía cuando uno de los principales proveedores de materias primas energéticas del mundo —carbón, petróleo, gas, uranio enriquecido—, que es Rusia, ha iniciado un camino que lo ha aislado internacionalmente; lo hemos vivido en Europa.

La invasión de Ucrania no solo repercute en Europa. Tiene consecuencias globales y consecuencias en cascada, y en el fondo respalda y da particular intensidad a las razones ambientales que hasta ahora han pesado a la hora de dar soluciones a semejante sacudida en el mercado de combustibles.

Es hora de buscar alternativas técnicas que no emitan gases de efecto invernadero, de soluciones que permitan disfrutar de una mejor calidad del aire. A ello hay que sumar razones económicas de primer orden y razones de seguridad respecto a la viabilidad de los suministros de que disponemos.

Es una reflexión que va mucho más allá de algunos nichos de conocimiento. Necesitamos gobiernos audaces que propongan una combinación de medidas adecuadas en todas las políticas públicas. He citado políticas de agua y biodiversidad, de ecosistemas, de suelos y de agricultura; y políticas educativas.

Tenemos las capacidades profesionales que necesitamos para cambiar el modo de producir y de consumir, de ordenar nuestras ciudades o de alterar el sistema energético. Tenemos las capacidades que necesitamos para poder seguir observando y poder ir corrigiendo aquello que no funcione como pensábamos o aquello que funciona tan bien que puede servir como fuente de inspiración para seguir avanzando.

Pensar el futuro es enormemente atractivo y quizá agua, suelo, alimento y energía forman parte de nuestras grandes preocupaciones, a las que se ha sumado el océano. La salud del océano, que regula como un termostato el sistema climático, es muy delicada y ya manda señales de alerta, porque nunca los mares habían tenido una temperatura tan elevada como la que hemos vivido en los últimos meses.

Hacia una transición justa

Todo esto no debe hacernos caer en la desesperanza; al contrario: debe incentivar la imaginación, la audacia y la voluntad de cooperar para poder resolver esta cuestión en la que la humanidad se juega mucho. Nunca se insistirá lo suficiente en todos los aspectos éticos y sociales de la cuestión. Porque es imposible avanzar, como ya se ha dicho, sin respaldo social.

Pero la transición, la transformación, no impacta del mismo modo a todas las personas. Hay debates en torno a qué va a ocurrir con los mineros del carbón o con las personas que trabajan en centrales térmicas de carbón. La inquietud puede ser extrapolable a yacimientos de petróleo o gestión de petróleo a medio y largo plazo. ¿Qué será de todos ellos si se pone fin a esa economía del carbón y del petróleo? Para cualquier persona lo prioritario es tener los ingresos necesarios para poder vivir con tranquilidad y sostener a su familia. Por tanto, es importante que haya una implicación en la búsqueda de alternativas, una anticipación en las respuestas; en suma, una transición justa.

Lo mismo ocurre, yendo a otra faceta de este asunto, con el agua, con esa sequía tremenda que muchas veces nos deja sin margen de maniobra para poder obtener cosechas que permitan una seguridad alimentaria o, incluso, para poder garantizar el abastecimiento de boca en nuestras ciudades. La gestión del agua se convierte en una premisa fundamental cuando nos falta, pero también cuando las lluvias torrenciales ponen en peligro la vida de las personas y las infraestructuras. Deberemos anticipar los problemas y riesgos que ya plantea el presente y que se agudizarán en el futuro.

Para ello es preciso una buena capacitación, una buena cualificación. En entornos donde las distintas disciplinas, los distintos enfoques, nos permiten obtener una mirada mucho más consistente, mucho más completa, de la realidad. El análisis de este mundo poliédrico no puede segmentarse por disciplinas académicas. Para poder aprender, gestionar y debatir es necesaria una combinación de miradas y conocimientos.

Necesitamos un equilibrio entre todos y cada uno de los diferentes factores, necesitamos un elemento de equidad; un elemento de equidad y de justicia entre generaciones presentes y futuras, entre países que conviven en este momento y que disponen de distinta capacidad de reacción frente a los dramáticos sucesos que a veces acompañan a los fenómenos meteorológicos extremos o a las temperaturas cuya súbita alteración desborda la capacidad de supervivencia de un pequeño entorno local.

Pero dentro de nuestras sociedades también hay elementos enormemente injustos. En una misma generación, la capacidad de abordar las respuestas frente al cambio climático varía mucho. Hay quien no tiene recursos para afrontar esa «señal de precio» que los economistas consideran muy eficaz desde el punto de vista de la implicación de la industria en los procesos de transformación.

Por tanto, habrá que tener cuidado para que no se genere pobreza energética en estos años de transformación, en los que los costes de la transición pueden repartirse de manera enormemente injusta, de manera desigual. Esa combinación de valores sociales, económicos y ambientales está presente en los debates que tenemos hoy, está presente en las soluciones que debemos aportar; si no, será muy difícil que, en un plazo de tiempo tan ajustado, tan intenso, tengamos éxito en algo que resulta determinante.

Europa... y el resto del mundo

Europa ha querido volcarse en este esfuerzo. Ha hecho de ese gran Pacto Verde parte de lo que considera sus señas de identidad en política económica, infraestructura, formación y cooperación entre los Estados miembros. Cada uno de los estados lo ve de una manera distinta y aquilata allí donde ve mayores riesgos para sus inversiones en materia de adaptación, de anticipación de esas posibles situaciones críticas para que no se materialicen. Al mismo tiempo, con respecto a las emisiones procedentes de los sectores energéticos, incluidos los consumos de los hogares, la industria o la movilidad, los va adaptando, a veces con más éxito, a veces con menos.

Pero no basta con Europa. Hay muchos países del mundo, pequeños y grandes, que están igualmente motivados y facilitando esa transformación. Con una revolución tecnológica en marcha. Sabiendo que las razones económicas, las razones de competitividad, la seguridad energética y la seguridad climática están presentes en muchos de los debates de los gobiernos, de los parlamentos y la sociedad civil. Hemos de generalizar una capacidad de reacción mucho más ágil, mucho más rápida.

Sabemos que lo pequeñito cuenta. Es muy importante trabajar a nivel local con las ciudades, con los pueblos pequeños, con las comunidades locales que quieren desarrollar sus propias fórmulas de obtención de energía y aprovechamiento para reducir ese precio que pagan las familias más vulnerables. Es preciso naturalizar los entornos urbanos para huir de los episodios de calor. Es imprescindible pensar de manera diferente el urbanismo para evitar esas «islas de calor» que generan en las ciudades el asfalto y las superficies duras.

La eficiencia de los servicios públicos puede ayudar no solamente desde el punto de vista de la calidad de la prestación, sino también a la hora de reducir la brecha de desigualdad. Recordemos que la incidencia de las condiciones medioambientales en la salud no solo pasa por el impacto en la capa de ozono, sino también por el aire que respiramos, por el ruido, por la integración de lo verde en los entornos urbanos.

Vivimos un momento interesante y decisivo en el que la cooperación regional y la cooperación global pueden marcar una diferencia muy grande entre pensar un futuro de forma constructiva y optimista, afrontando con valentía y mirando a la cara los problemas que hemos heredado, o un futuro negro, nostálgico y de confrontación entre los distintos países y las distintas personas en cada sociedad por bienes que parecen preciosos y que, sin embargo, no son asequibles para todos.

La transición ecológica, el gran debate político

Cristina Monge
Politóloga y socióloga. Universidad de Zaragoza

El principal desafío que afronta hoy la humanidad es la crisis climática, ese cambio climático que, como decía el título del libro de Naomi Klein, lo cambia todo. Nos asomamos a un mundo marcado por enormes transformaciones y, como afirma la ciencia, caminamos ya por territorios desconocidos.

Nada es ni será sencillo. Será preciso rectificar sobre la marcha. Habrá que despejar muchas incógnitas. Detengámonos, por ejemplo, en el hasta ahora aparente matrimonio de conveniencia entre la revolución digital y la transición ecológica. Lo veníamos considerando una alianza natural; sin embargo, cuando se ha investigado y se ha profundizado en el carácter de la relación, han surgido enormes contradicciones. El mundo digital consume electricidad con un apetito casi insaciable: un buen ejemplo de cómo la digitalización, habitualmente considerada una aliada de la transición ecológica, puede volverse en su contra si no se desarrolla bajo el paradigma de la sostenibilidad.

Cuando surgen preguntas sobre la crisis climática, salen a relucir enseguida los biólogos, las geólogas, los físicos, las meteorólogas, amén de los profesionales de la ingeniería... El conocimiento que ofrecen las ciencias naturales y la tecnología es vital, de ahí que la crisis climática fuera entendida desde un primer momento a partir de la perspectiva de las ciencias naturales.

Un poco después, prácticamente enseguida, llegaron los economistas. Vinieron a decir una cosa que todavía nos cuesta reconocer, y que es fundamental para entender el desafío: que la economía es una variable dependiente de la biosfera, algo que nuestro modelo de desarrollo obvia hasta tal punto que considera que la economía y la ecología son contradictorias. Nada más lejos de la realidad. En una biosfera enferma, la economía enferma y tiene el riesgo de morir. Lo estamos viendo todos los días: cuando hay un derrame de petróleo, cuando hay una sequía, cuando hay una contaminación de un río o de un acuífero..., es también la actividad económica ligada a ese espacio la que se resiente.

La vida, amenazada

Es hora de derribar algunos mitos. ¿De qué hablamos cuando hablamos de crisis climática? ¿Hasta qué punto esa crisis ha alcanzado el nivel de emergencia? ¿Qué es, exactamente, lo que está en juego?

Para contestar a estos y otros interrogantes, es muy interesante seguir los datos que aporta el Instituto de Resiliencia de Estocolmo. En ellos se atiende a una pregunta central: ¿la vida en el planeta puede seguir teniendo lugar tal cual la conocemos? Según dicho instituto, depende de cómo evolucionen nueve variables: el cambio climático, la integridad de la biosfera, el cambio en el uso del suelo, el uso del agua dulce, el flujo biogeoquímico, la acidificación del océano, la carga de aerosoles en la atmósfera, el ozono estratosférico y la contaminación química. Pues bien, existen en todos esos factores unos límites de seguridad, a partir de los cuales el equilibrio entre ellos puede romperse haciendo peligrar la vida tal y como la conocemos en la biosfera. Y hay algunos elementos que ya han sobrepasado la línea de seguridad.

Se suele decir que hemos de luchar contra el cambio climático para salvar el planeta. Pero el problema no es el planeta. El planeta tiene muchas formas de resiliencia. El problema es que, si su biosfera colapsa porque se rompen esos equilibrios que la sostienen, la que está realmente amenazada es la vida de los seres vivos, y también la propia humanidad. Podemos desaparecer y la Tierra seguirá girando alrededor del Sol.

Si observamos la evolución del incremento de temperaturas desde 1860 hasta 2020, solemos sentir cierta inquietud. Sin embargo, lo realmente inquietante es ver las previsiones que se hacen para las próximas décadas. Si la humanidad es capaz de implementar las políticas ambientales de acuerdo con lo comprometido hasta ahora —que está por ver—, nos encontramos ante un escenario que sobrepasa con mucho los dos grados de incremento medio de temperatura en el planeta. No obstante, el Sexto Informe del IPCC, que acaba de ser publicado, da también otra noticia, en este caso positiva: estamos a tiempo de evitar las peores repercusiones, las peores consecuencias de la crisis climática. Efectivamente, en función de lo que hoy hagamos, esas previsiones pueden ser todavía más peligrosas o pueden aplacarse.

Todos los grandes actores políticos, sociales y económicos, incluido el Foro Económico Mundial, incorporan ya los riesgos ambientales como parte de sus ejercicios de prospección y de sus análisis. Por ejemplo, resulta muy interesante hacer una comparativa de cómo han ido evolucionando los informes del Foro Económico Mundial a lo largo de los 10 últimos años y cómo los riesgos ambientales han ido cobrando cada vez mayor importancia.

Los efectos de la crisis climática se están dejando sentir también sobre la salud de los humanos. Con datos aún provisionales, y según el Instituto de Salud Carlos III, en España, el último año, se produjeron 6.600 muertes prematuras atribuidas directamente al incremento de las temperaturas. Tenemos ya evidencia empírica suficiente que nos dice que la crisis climática, el incremento de las temperaturas y sus derivados, como la sequía y los fenómenos extremos, entre otros, nos están matando. Y no nos están matando a todos por igual. Están matando de forma especial a los más vulnerables, a los que menores medios tienen de hacerles frente.

Según el Sexto informe del IPCC, una persona que nazca hoy está ya directamente afectada por ese incremento de las temperaturas y por todo lo que supone el cambio climático. En función de lo que seamos capaces de hacer, esas afecciones serán mayores o peores cuando esa persona llegue a los 70 años.

Esto ilustra a la perfección lo que esa crisis climática supone. El problema no es tanto el planeta como el soporte biofísico; el planeta tiene resiliencia, se sobrepone. El problema es que quienes habitamos ese planeta, el conjunto de seres vivos que lo poblamos, tendremos más difícil, en algunas zonas imposible, la vida en una biosfera afectada por la crisis climática.

Los problemas no afectan solo al ser humano en su dimensión individual, la salud, sino que se extienden también a la esfera colectiva, es decir, a la órbita social y política. En este sentido, una pregunta emerge cada vez con más fuerza: ¿es el cambio climático una amenaza para la democracia? ¿Tienen las democracias posibilidades de gestionar un desafío como este?

Se agravan los problemas anteriores

Mi hipótesis de partida es que el cambio climático, desde el punto de vista social y político, es un agravante de problemas preexistentes que dificulta la cohesión y el desarrollo de sociedades y sistemas democráticos. Sin ánimo de exhaustividad, y en aras de la síntesis, se pueden resumir en tres los grandes problemas sobre los que la crisis climática opera exacerbando sus efectos.

El primero, la desigualdad económica. El cambio climático nos hace pobres: nos empobrece a todos, pero empobrece más a los más pobres. El segundo, la desigualdad de género, igualmente más profunda por la crisis climática. En tercer lugar, el incremento de los conflictos, que ya se están dando en todo el planeta.

Si miramos los mapas de países vulnerables al cambio climático, como el que publicó la FAO en 2012, comprobaremos hasta qué punto es cierta la expresión de la «doble injusticia del cambio climático». Con ella se alude a que los países que menos han contribuido a su aparición, por quedar al margen de los procesos de industrialización, son los que más difícil tienen gestionar los efectos de esta crisis por falta de recursos y tecnología, y al mismo tiempo los que más acusan las consecuencias dada la dependencia que tienen del sector primario y de todo lo que acontezca en el territorio.

Son también los países con mayores tasas de emigración y desplazamientos, como muestra el Centro de Monitoreo de Desplazamientos Internos —IDMC, por sus siglas en inglés—, un instituto que estudia los desplazamientos y migraciones en el mundo. En los últimos años ha prestado especial atención al número de desplazamientos provocados por desastres y por efectos de la crisis climática. Según los informes del IDMC, en 2018, de 28 millones de desplazamientos que hubo en el mundo, 16 estaban directamente relacionados con la crisis climática. En 2019, de 25 millones de desplazamientos, 24 eran atribuibles al clima. En 2020, de 40 millones de desplazamientos, más de 30 eran debidos al cambio climático, y en 2021, de 38 millones, 23,7 eran achacados a problemas asociados con la crisis climática.

Es decir, la amenaza que supone la crisis climática para las personas se da tanto en su dimensión individual, fundamentalmente a través de la salud, como a nivel colectivo en términos de desafíos para nuestras sociedades; por ejemplo, convirtiéndose en la primera causa de desplazamientos e inmigraciones en el mundo.

Si esto ocurre a nivel global, no es muy distinto lo que se encuentra en el interior de los Estados: no pueden compararse los medios de que disponen en el mundo desarrollado los segmentos con mayor capacidad de renta que los que menos posibilidades tienen. La posibilidad de mantener la vivienda en condiciones de confort térmico, o de poder pagar mayor precio por los alimentos en situaciones de sequía o pérdida de cosechas por fenómenos extremos, afecta de forma radicalmente distinta en función de la renta disponible. El cambio climático, por tanto, nos hace más pobres, pero también más desiguales: pobreza y desigualdad que no son atribuibles a la crisis climática, dado que no emergen con ella, pero que se exacerban, extreman y agudizan por sus efectos.

Algo similar ocurre con los problemas de género. En buena parte de los países en vías de desarrollo, las mujeres están especialmente afectadas por las consecuencias del cambio climático. La falta de posibilidades para reaccionar ante fenómenos extremos, como las inundaciones, o la especial carestía de alimentos que sufren las mujeres cuando la comida escasea a consecuencia, por ejemplo, de la sequía, hacen que les afecte de modo especial la crisis climática.

Situaciones similares, salvando las distancias, ocurren también en el primer mundo. En España, cuando se estudia el fenómeno de la pobreza energética, se puede comprobar que entre los principales afectados está el grupo de familias monomarentales, es decir, mujeres solas con niños y niñas a su cargo. Por lo tanto, estamos viendo cómo efectivamente el cambio climático afecta más a las mujeres. No es el causante, desde luego, pero sí un agravante de problemas preexistentes.

La pobreza existía antes, pero el cambio climático la está agudizando, está incrementando la desigualdad. Las migraciones y los desplazamientos existían antes, pero el cambio climático está empeorando las condiciones de vida en algunos territorios y, por lo tanto, hace más frecuentes y más numerosos esos desplazamientos y las migraciones. Los problemas de desigualdad de género no los ha inventado el cambio climático, pero, en la medida en que agrava las condiciones de vida, están aumentando también los problemas relacionados con el género.

Y además llegan los conflictos

El tercer elemento que provoca de forma clara la crisis climática tiene que ver con los conflictos. El fenómeno de la escasez de agua provocada por la sequía o las inundaciones es de los más evidentes. En algunas ocasiones, la falta de agua se traduce en un incremento de las tensiones entre quienes la necesitan para regar sus cultivos; en otras, sectores económicos distintos entran en pugna por el preciado recurso, como el turismo versus agricultura, por ejemplo. En la medida en que va a haber menos disponibilidad de agua, en la medida en que las condiciones son peores, los conflictos se agravan, llegando a ser incluso uno de los elementos que han precipitado conflictos armados, como es el caso de la guerra de Siria, en cuyo inicio tuvo mucho que ver una migración masiva a las ciudades provocada por una sequía, consecuencia de la crisis climática, que hacía imposible los cultivos.

Hacerse cargo del futuro

En este contexto cabe preguntarse: ¿quién se hace cargo del futuro?, que en este caso es tanto como preguntarse: ¿quién se hace cargo de llevar adelante la transición ecológica? Se trata de una transición que ya está en marcha, pero que necesita, como citaba al principio, más ambición y mayor velocidad. En este punto cobran especial relevancia las preguntas con las que iniciaba mi reflexión. ¿Las democracias estamos preparadas para hacernos cargo de este futuro? ¿Tenemos posibilidad de hacerlo? Tras la gestión de la pandemia de la COVID queda demostrado que las autocracias no disponen de herramientas mejores para hacer frente a estas situaciones, pero las democracias tienen también hándicaps que hay que resolver.

La literatura especializada ha identificado al menos tres problemas que voy a intentar compartir aquí. Aluden al espacio, al tiempo y al papel del conocimiento en la gestión de problemas complejos.

Empecemos por el espacio. Uno de los conceptos fundamentales de la ciencia política moderna y del Estado es el territorio. Sin embargo, la crisis climática, el cambio climático y la transición ecológica nos obligan a repensar la centralidad de ese concepto, porque estamos hablando, como se subtitulaba el informe Brundtland, de nuestro futuro común como humanidad.

¿Cómo actuamos frente a un desafío común como humanidad? Cuando carecemos de una gobernanza global eficaz y los instrumentos de toma de decisiones que tenemos son fundamentalmente de ámbito estatal, con tomas de decisiones multinivel también en su interior, es complicado poder hacer frente a desafíos globales. Por otro lado, esto da lugar a paradojas como que aquellas instituciones que están más alejadas de la ciudadanía, que están más distantes y que en ocasiones, como en el caso de la Unión Europea, presentan incluso déficits democráticos, se están convirtiendo en más capaces de gestionar la transición ecológica frente a las instituciones locales y territoriales, que deben enfrentarse a las contradicciones de tener que retirar hectáreas de regadío en una zona porque no hay agua y hay que recuperar un humedal, o que no se puede ampliar un aeropuerto por mucho que los empresarios turísticos lo reivindiquen. Algunas de las políticas de la transición ecológica están generando auténticos conflictos en el territorio, porque es en lo local donde emergen con fuerza las contradicciones, las resistencias y los problemas asociados a un cambio como el que la crisis climática requiere. El malestar que causa es aprovechado, al menos en Europa, por populismos de extrema derecha, negacionistas del cambio climático.

Junto a esta realidad, están surgiendo con fuerza críticas a las COP, las cumbres de las partes de la convención de Naciones Unidas sobre el cambio climático. La frustración que generan las 27 cumbres celebradas, con avances discretos, están en la base de estas reticencias. Sin embargo, es necesario poner en valor los avances que, de forma consensuada, el conjunto de Estados de Naciones Unidas han ido consiguiendo. Se trata de la agenda más plural y más participada de todas las que existen de Naciones Unidas. Cada cumbre del clima es un evento donde se dan cita no solamente los Estados, los que son parte y los que toman acuerdos, sino la comunidad científica, los gobiernos internacionales, las organizaciones sociales, las ONG, los ayuntamientos, etcétera.

Al poco tiempo de llegar Trump al poder se celebró una cumbre del clima, una COP, en Alemania, en Bonn. Trump no acudió, pero en la cumbre no faltaron municipios, estados y universidades de Estados Unidos, que fueron juntos con un lema que decía: «Nosotros seguimos aquí». Esto fue posible porque se trata de una agenda plural, una agenda de participación muy compleja, bastante ineficaz, pero de momento es lo único que tenemos hasta que no encontremos algo mejor.

El segundo problema de las democracias para gestionar la crisis climática tiene que ver con el tiempo. Cuando un candidato se presenta a unas elecciones, su propuesta de valor es para cuatro años y la rendición de cuentas que debe hacer ante su ciudadanía, también. Es muy difícil incorporar la mirada de largo plazo desde el punto de vista de la rendición de cuentas en nuestras democracias. Por eso han surgido instituciones como los Ministerios del Futuro, las comisiones del futuro, etcétera, que intentan hacer un poco de prospectiva, que intentan mirar lejos, pero que son instituciones que no están exactamente dentro de la deliberación democrática y de cómo después se rinde cuentas a la ciudadanía.

Tenemos un problema con la incorporación de ese largo plazo a todas las deliberaciones, teniendo en cuenta además la enorme contradicción que supone también que muchas de las políticas que se van a tomar implican, como se ha indicado previamente, conflictos, damnificados, y en algunos casos tomar decisiones duras de efectos inmediatos, como reestructurar un sector económico, cerrar una mina de carbón o retirar hectáreas de regadío. Todo ello, en aras de un beneficio que se verá *a posteriori*, en el medio o en el largo plazo. ¿Cómo le decimos al candidato a una alcaldía, a un gobierno regional o nacional, que asuma esa responsabilidad y ese riesgo? Solo si forma parte de la agenda compartida y se hace con criterios de justicia será posible limar esta dificultad, pero eso está lejos aún de la realidad de muchos Estados.

El tercer hándicap que tienen las democracias respecto al cambio climático está relacionado con la complejidad. La sociología se refiere a los problemas ambientales como «problemas retorcidos». ¿Qué características tienen este tipo de problemas? Entre otras, que no acaban de resolverse nunca —cada vez que se intenta solucionar un aspecto, surgen problemas nuevos—, que están interconectados y que son de una considerable complejidad. Por ejemplo, podemos decidir que para reducir emisiones de CO_2 procedentes de la quema de combustibles fósiles hay que cambiar el modelo energético y desarrollar con fuerza las energías renovables. Podría parecer una solución redonda, pero inmediatamente surgen conflictos en los territorios donde se instalan estos parques. Eso no quiere decir que haya que dejar de hacerlo, pero sí que hay que tenerlo presente y gestionarlo.

Una tarea colectiva

La crisis climática es cualquier cosa menos sencilla: no se trata solamente del incremento de las temperaturas, sino de que estas desencadenan después toda una serie de elementos que no son tan intuitivos. El cambio en el calendario de los monzones, el incremento de fenómenos meteorológicos extremos que van desde sequías hasta inundaciones, las modificaciones en las corrientes marinas, los *tipping point* que pueden acelerarlo todo, y un largo etcétera de acontecimientos enormemente disruptivos forman parte de la relación de consecuencias de una crisis climática que todo lo cambia.

¿Hasta dónde nos lleva todo esto? ¿Es una línea que podamos predecir? En absoluto. Las Ciencias de la Tierra trabajan con escenarios construidos sobre la interdependencia de todos estos elementos.

Estos problemas retorcidos necesitan ser gestionados de una forma especial, mediante la colaboración y el liderazgo distribuido. Ni los Estados por sí solos, ni los fondos de inversión, ni la sociedad civil por sí misma pueden hacer frente a un desafío de esta magnitud. Se necesitan estructuras de colaboración con liderazgos distribuidos que permitan activar todas las palancas del cambio en la misma dirección partiendo, a su vez, de los mejores conocimientos disponibles, lo que apunta al reto de integrar de forma sistemática la generación de conocimiento a la toma de decisiones políticas. Este conocimiento necesita ser gestionado con la más radical honestidad intelectual. La humanidad nunca ha hecho frente a una crisis climática como esta ni ha puesto en marcha procesos de transición ecológica. No sabemos cómo se hace. Hemos de ser honestos y comprometernos a mantener una actitud de evaluación continua que nos permita tener evidencia empírica y poder valorar en cada momento cuáles son aquellas acciones que mejor y peor funcionan para, en la medida en que las vayamos evaluando, poder ir rectificando.

Para terminar, y sintetizando algunas de las cuestiones anteriores, he tenido la osadía de idear un decálogo de puntos que creo que han de seguir debatiéndose en un instituto de gobierno, en una escuela de gobierno como la que aquí se está presentando estos días.

1. Hemos de pensar la crisis climática como *wicked problems*, «problemas retorcidos». Esto implica, entre otras cosas, empezar a pensar en «salidas» más que en «soluciones».
2. Esto lo cambia todo: nada queda al margen. Necesitamos un conocimiento que abarque todas estas áreas.
3. Es la hora de las estructuras «trans»: trans-disciplinares, trans-sectoriales, trans-territoriales, para abordar este desafío. La sectorialización, los departamentos estancos en los que habitualmente encerramos la política y el conocimiento necesitan ser transversalizados de acuerdo con la idea de la sostenibilidad.
4. Ya no estamos ante un problema de futuro, sino de evidente presente. Los efectos de la crisis climática se están sintiendo ya y es posible que se aceleren. ¿Cómo aceleramos también la transición ecológica mientras nos adaptamos a los cambios que ya se están produciendo?
5. Los cambios que provoca la crisis climática se suceden a enorme velocidad, lo que ha llevado a hablar de democracia preventiva, anticipatoria, de prospectiva. Urge desarrollar esta idea.
6. Ninguna transición es lineal, como muestra la historia. Se avanza, se retrocede, se hace un giro, se sube, se baja... y se gestionan todas las contradicciones que surgen por el camino. Hoy, por ejemplo, esto se está viendo con los efectos derivados de la guerra de Ucrania, que ha supuesto contradicciones en las políticas energéticas de la Unión Europea.
7. Se necesitan Administraciones que incorporen el conocimiento a su toma de decisiones, y conocimientos múltiples al servicio del desafío.

8. La única transición ecológica posible será la transición justa. Es importante minimizar y, a ser posible, hacer desaparecer a las víctimas de esta transición. Las ideas de «transición justa», adoptadas en el Acuerdo de París y en otros documentos internacionales, han de ser aplicadas con la máxima diligencia.
9. Cambiar el marco: ¿de verdad es una renuncia? No podemos considerar la transición ecológica como una renuncia. Cuando se renuncia a algo, se renuncia a algo que es positivo. La transición ecológica debe disponer de alternativas que mejoren la vida de los que ahora habitamos la Tierra y la de quienes lo harán. La sostenibilidad, en definitiva, supone vivir mejor, no un marco de renuncia.
10. Finalmente, de lo que se trata en este momento histórico es de repensar el contrato social sobre el que se fundan las sociedades dentro de un nuevo marco, de un nuevo paradigma, que no es otro que el de la sostenibilidad.

En este encuentro se nos pregunta quién se va a hacer cargo del futuro. No olvidemos que la mejor manera de predecir el futuro es crearlo, y hay quien ya lo está haciendo. Una transición como la ecológica, imprescindible para poder seguir siquiera hablando del futuro, necesita de la actitud proactiva y responsable del conjunto de actores sociales, políticos y económicos conjurados en garantizar que este futuro se construya dentro de un marco claro de sostenibilidad, lo que implica hacerlo de forma justa.

Los inuit: nuestro derecho al frío

Sheila Watt-Cloutier
Defensora indígena. Presidenta internacional
del Consejo Circumpolar Inuit

No soy académica, ni economista ni política, aunque en otro tiempo sí actué en este último ámbito representando a nuestros pueblos inuit del Ártico en Groenlandia, en Alaska, en Rusia y en Canadá. Formo parte de una comunidad, los inuit, integrada por 165.000 personas que actualmente residen en el extremo norte, en la cima del mundo.

Por ello no puedo hablar del presente ni del futuro sin partir, aunque sea en una breve panorámica, de nuestro más reciente pasado histórico y de los impactos que mi gente sufrió conforme llegaba hasta ella la actividad comercial extrarregional, la colonización, la globalización. Todo está interconectado, de la misma forma que nuestro espacio geográfico, el Ártico, se interconecta con el resto del planeta.

Una historia terrible

En los años veinte, los inuit fuimos convertidos en comerciantes de pieles, dentro de un espacio económico que se globalizaba a marchas forzadas y que terminó alcanzando de lleno nuestros territorios. Aún vivíamos sobre el terreno, en casas de nieve que llamamos *igluvigaks*, relacionándonos con una naturaleza salvaje pero generosa. Esa naturaleza nos había convertido en personas poderosas, capaces de sobrevivir y crecer en el clima y el medio ambiente más feroces del mundo. Pero, de repente, nuestro papel cambió: éramos proveedores de pieles para un mercado inmenso del que ignorábamos todo.

Para nuestra gente fue el comienzo de una serie de grandes cambios. Nuestra manera de vivir sufrió modificaciones drásticas, nuestras prácticas espirituales fueron destruidas por el contacto con la religión cristiana, nuestra relación con la naturaleza se alteró.

Entre los años veinte y treinta del siglo pasado, por ejemplo, cambió la forma en que nos alimentábamos. Los inuit cambiaban pieles por comida en sus relaciones con los comerciantes de la Hudson's Bay, y de esta forma empezamos a hacer trueques para conseguir té, sal, azúcar, harina y otras cosas que no solíamos comer anteriormente. Todo fue muy rápido.

De repente, en los años cuarenta, en plena Segunda Guerra Mundial, el comercio de las pieles colapsó. Los gobiernos que proyectaban su autoridad colonial sobre los territorios árticos se olvidaron de nosotros. Esto nos abocó a la hambruna. Mucha gente murió. Proliferaron las enfermedades. La hecatombe no fue definitiva porque el ejército norteamericano llegó para construir bases y pistas de aterrizaje. Trajeron los alimentos, trabajos y bienes que evitaron la literal desaparición de mi pueblo. Al menos en ese momento.

En los años cincuenta, empezaron a llevar a nuestros niños y jóvenes a las escuelas. Hasta entonces, la propia naturaleza había sido nuestra maestra, pero aquello se minimizó. Yo nací en ese periodo, justo cuando nos volvimos dependientes sin remedio, cuando la capacidad de pensar y actuar por nosotros mismos se esfumó. Había más alimentos procesados, más casas calentadas por sistemas de calefacción... y más problemas de salud.

Las escuelas residenciales provocaron enormes traumas. En los años sesenta, hubo muchos más traumas históricos en nuestras comunidades. Cuando tenía 10 años, me enviaron a vivir con una familia muy lejos de casa, en el sur de Canadá. Perdí mi lenguaje y mi cultura, que solo pude recuperar cuando volví con mi familia después de tres años de escuela residencial y tres años más en Ottawa. Pasé un total de ocho años fuera cuando todavía era una niña. Muy poco después, cuatro de nuestras comunidades sufrieron hasta cuatro relocalizaciones forzadas en el Ártico alto, usadas como banderas humanas en nombre de la soberanía canadiense.

Asesinaron a nuestros perros, de cuyos equipos dependíamos. Solo viajé con un equipo de perros los primeros 10 años de mi vida. Después, 20.000 de aquellos animales fueron sacrificados frente a familias y niños en nombre —dijeron— de la salud y la seguridad. En realidad, fue para forzarnos a vivir en poblaciones fijas, no en la naturaleza.

Equivocadas reivindicaciones de los movimientos para la protección de los animales se volvieron contra nosotros. De manera simultánea, nuestros niños eran enviados lejos de casa y de nuestra cultura y, carentes de los mínimos derechos, sufrieron abusos. Abusos físicos, emocionales, sexuales... Todavía vivimos con eso hoy en día. Así empezó el abuso de sustancias tóxicas; las adicciones dejaron profundas heridas que siguen ahí.

Un territorio... y unas gentes

Conocer los problemas sociales y de salud de mi pueblo, saber cómo se gestaron y por qué, es muy importante para contextualizar la situación en el Ártico antes de entrar en lo referente a cambios climáticos y otras amenazas. Ese Gran Norte es visto actualmente como una especie de lugar romántico dominado por una naturaleza extraordinaria. Pero allí también hay pueblos, personas..., seres humanos a los que a menudo se olvida.

Por fin, en los años setenta empezamos a negociar con los gobiernos que dominaban el territorio ártico acuerdos sobre el control de aquellas tierras que un día habían sido exclusivamente nuestras. Creamos nuestras propias instituciones. Pero también perdimos el derecho a disponer de buena parte del territorio que había pertenecido a nuestros antepasados. Todavía estamos luchando hoy para recuperarlo.

En los ochenta el reto fueron las toxinas. Los persistentes contaminantes orgánicos, procedentes de productos fitosanitarios y pesticidas de todo tipo, acabaron en la cadena alimentaria de los inuit y en la leche de nuestras madres en niveles más altos que en ningún otro lugar del mundo. Para nosotros fue un reto de salud terrible. Junto a otras personas, yo misma estuve muy involucrada en las gestiones que se hicieron en la ONU hasta negociar el acuerdo denominado Convención de Estocolmo, cuyo objetivo era eliminar de origen los productos químicos —por ejemplo, el DDT—, que nos estaban envenenando.

Por este tortuoso camino llegamos, ya en los noventa, a chocar con el problema del cambio climático, que impactó directamente sobre todos esos traumas históricos y esas situaciones críticas previas: la pobreza, la mala salud, la inseguridad alimentaria, las adicciones, la violencia, los suicidios... Somos conocidos por tener los niveles más altos de suicidio en toda América del Norte y no es difícil determinar las causas de semejante fenómeno.

Cambio climático en un lugar donde el hielo es nuestra manera de vivir, nuestra fuerza; es nuestro sistema alimentario, nuestro supermercado; es incluso nuestro factor esencial para la movilidad. El hielo nos da de comer y nos provee de autopistas por las que desplazarnos. Si se derrite, perdemos el sustento, el lugar donde nos movemos, caemos al mar.

Están llegando nuevas especies de animales cuyos nombres desconocemos. Insectos y peces que nunca habíamos visto aparecen allí donde vivimos y pescamos. Ahora el hielo se forma de manera muy diferente a como solía, e incluso los cazadores experimentados se caen por las fisuras de la superficie helada mucho más frecuentemente que antes. El permafrost se calienta. De este modo, el conocimiento tradicional en el que hemos confiado durante milenios es puesto en jaque por el cambio climático, que se convierte en un asunto que afecta a los derechos humanos. Por ello planteamos este enfoque y esta reivindicación en una petición legal al respecto en la reunión de la COP de 2005 en Montreal.

Derecho al hielo y a nuestra cultura

Queremos alzarnos sobre hielo sólido, ganar un futuro para nuestros hijos y proclamar ante el mundo que el cambio climático es un trauma más en esa ola de cambios tumultuosos que han impactado sobre el Ártico y sus moradores, porque nos hemos dado cuenta de que, para afrontar los desafíos que vienen y superar los problemas del inmediato pasado, la mejor medicina es precisamente nuestra vieja cultura.

La cultura de la que dependimos durante milenios nos salvará ahora. Por eso defendemos nuestro derecho a estar fríos. Es la cuestión clave. Estamos tratando de superar las dependencias, de dejar atrás las consecuencias del colonialismo, de movernos hacia iniciativas de liberación basadas en la fuerza de nuestra cultura.

La sabiduría indígena es la medicina que busca el mundo, porque se ha perdido en una vorágine de dominación y explotación inhumanas. Las personas indígenas, los inuit, ofrecen en su manera de vivir, en sus tradiciones, un ejemplo perfecto de sostenibilidad.

La manera holística inuit de enseñar a nuestros hijos tiene como objetivo no solo formar proveedores competentes, grandes cazadores para la comunidad o conservadores de la naturaleza; se trata de que, además, la tierra les enseñe en términos de carácter y de habilidades para la vida —como la paciencia, la resistencia, la valentía, la audacia, la persistencia, el enfoque, el ser meticuloso— cómo dejar de ser impulsivo y no desistir ante el primer obstáculo. Eso crea habilidades para afrontar los retos y resiliencia. Así se desarrolla lo que llamamos sabiduría, la *Silatunig*.

Ese modo holístico fue reemplazado en nuestras escuelas por un currículum irrelevante, que no solo subestimó nuestra cultura y nuestra lengua, sino que tampoco nos preparó para afrontar los traumas que llegarían.

Si hablamos de la comida, ya cuando negociábamos en la ONU el acuerdo de Contaminantes Orgánicos Persistentes (COP), nos dimos cuenta de que lo importante no es solo el valor nutricional, sino el valor cultural y educativo, su relación con el carácter de nuestros hijos, porque los niños que han aprendido a procurarse alimentos conviviendo con la naturaleza son más aptos para adaptarse al estrés del mundo moderno.

La conexión con nuestra familia, con nuestros antepasados y con el cazador es importante para nosotros. Configura el valor espiritual de nuestras mujeres, capaces de mantenerse en un estado meditativo mientras preparan la comida, trabajan las pieles, tejen y confeccionan ropa; o de los hombres, que permanecen quietos en el hielo durante horas en ese mismo estado mientras esperan a que las focas que van a cazar emerjan a través de los agujeros en el hielo.

En esta caótica vida actual, preocupados por la seguridad de nuestros hijos, preocupados por nosotros mismos y por el bienestar de nuestras familias, es necesario recuperar ritos y usos culturales: el valor comunitario de comer del mismo animal, la ceremonia que celebramos en la primera cacería de nuestros jóvenes... Comer es algo más que satisfacer una necesidad básica. Nuestros alimentos no solo son naturales y muy buenos; también aportan a nuestras comunidades algo más: valores económicos y sociales.

La inseguridad alimentaria en el Ártico es muy alta. El coste de vivir y el coste de la comida triplican el de otras partes del mundo. Por eso la alimentación es tan importante para nosotros.

Un refrigerador descompuesto

El Ártico es el refrigerador del planeta, y se está descomponiendo. Por ello, toda la humanidad va a sufrir las consecuencias: huracanes, tornados, inundaciones, lluvias, sequías, incendios... Todos estos problemas están conectados con la desaparición del hielo ártico y los glaciares.

En el pasado he trabajado con científicos de la Asesoría de Impactos del Clima del Ártico, y, al abordar la dimensión humana de los problemas que plantea el calentamiento global, hemos comprobado una y otra vez que el Ártico importa a todos, al margen de qué parte del planeta habiten. Lo que sucede en el Ártico no permanece en el Ártico: impacta en el resto del mundo. Podemos tomar como ejemplo lo que pasó durante la reciente pandemia. El virus no entendía de fronteras ni se detuvo en ningún momento. Nadie está a salvo. El trauma humano y el trauma del planeta son equivalentes.

Hemos de pensar en cómo cambiamos el mundo y cómo valoramos las transformaciones que deben producirse, tanto en nosotros mismos como en los modelos de gobierno. Desde esta perspectiva, los indígenas inuit no quieren ser víctimas de la globalización y el cambio climático, sino maestros de la sostenibilidad.

La pandemia ha evidenciado la hondura de la interdependencia que a todos nos vincula. Nosotros, en el Ártico, entendimos que no estamos tan lejos del resto del mundo. Además, el virus puso de manifiesto los problemas sistémicos y sin resolver relacionados con el racismo y las injusticias sociales, no solo en el mundo indígena, sino también en grandes espacios geográficos y amplios grupos sociales. No podemos culpar a un país, no podemos culpar a un virus. Estamos frente a las consecuencias de maltratar durante siglos a la Madre Tierra, a los seres humanos y a los mismos animales.

En mis 27 años de defensa del medio ambiente, de lucha contra el colonialismo y luego contra el cambio climático, jamás imaginé que un virus podría paralizar súbitamente la actividad humana en el planeta. Al paralizarse tantas actividades, la contaminación bajó. Vimos el aire claro en muchas ciudades y volver a los animales que habían desaparecido de nuestros entornos; comprobamos, en suma, que era posible recuperar la naturaleza maltratada. Llevará tiempo, pero se puede conseguir.

¿Qué nos falta a la hora de tomar medidas para detener el destructivo cambio climático? Sobre todo imaginación: imaginar que podemos hacer las cosas de modo diferente, que podemos innovar de una forma distinta, que podemos aprovechar la sabiduría de los pueblos indígenas para reparar los daños causados.

En el Ártico, mientras el hielo se derrite, las actividades mineras y la extracción de combustibles fósiles aumentan. Nuestros territorios, pero también la atmósfera de todo el planeta, se siguen degradando. Es imprescindible tomar medidas e impulsar con la mayor urgencia economías de conservación. ¿Por qué no? Creo que incluso grandes grupos financieros exploran esa posibilidad. Proteger la naturaleza y generar recursos y riqueza es posible, hay que aventurarse en ese camino. También en el Ártico, por supuesto.

Hay que destinar fondos para promover esa economía de conservación. ¿Por qué los propios inuit —que son conservacionistas naturales y desde su posición en el hielo son los centinelas y guardianes de la naturaleza— no han de recibir un pago por hacerlo?

Somos un pueblo ingenioso, lleno de capacidades. Somos los inventores del kayak, una embarcación replicada en todo el mundo, principalmente para propósitos recreativos o deportivos. Nadie nos ha reconocido por ello. Podemos construir un hogar de nieve lo suficientemente caliente para que nuestras madres puedan parir. Eso es arquitectura e ingeniería en su máximo nivel. No somos solo víctimas, no queremos ser solo víctimas. Tenemos mucho que ofrecer.

Nuevas esperanzas, nuevos liderazgos

Tras el parón impuesto por el COVID, hemos visto en el Ártico a generaciones más jóvenes tomar el relevo y aportar iniciativas muy positivas en el campo de las artes, del cine, de la joyería, del diseño de moda, de la recuperación de la piel de foca como un maravilloso material sostenible. Nuestra juventud aún debe lidiar con problemas sociales muy duros, pero se está abriendo paso.

He de referirme, asimismo, a los científicos que investigan el cambio climático, en particular a los que trabajan en el Ártico. Vienen en primavera y se van en otoño, como nuestros gansos, pero casi nunca sabemos qué están estudiando y qué impacto positivo tendrán sus conclusiones en nuestras comunidades. Por eso les pedimos que ayuden a generar una nueva dinámica, que humanicen su tarea. Han de apoyar un interés emocional en la lucha contra el cambio climático: de la cabeza al corazón. Solo así serán posibles los cambios.

Gus Speth, un gran científico y abogado ambientalista de los Estados Unidos, ha dicho: «Yo solía pensar que los principales problemas ambientales eran la pérdida de biodiversidad, el colapso ambiental y el cambio climático. Pensaba que con 30 años de buena ciencia podríamos abordar estos problemas. Pero estaba equivocado. Los principales problemas ambientales son la avaricia, el egoísmo y la apatía. Para luchar contra ellos necesitamos una transformación espiritual y cultural. Y nosotros los científicos no sabemos cómo hacerlo». Esa es la cuestión.

La gente se pregunta: ¿qué puedo hacer ahora que sé lo que está pasando en el Ártico y cómo me impacta? La respuesta implica que en el Gran Norte no necesitamos que vengan a salvarnos perpetuando nuestra dependencia. Lo que necesitamos es que en todo el mundo se produzca un cambio personal, una transformación personal. Esa transformación individual tendrá efectos globales. La revolución que salvará al mundo es, al final, una revolución personal.

Nuestro futuro, el futuro de los inuit, está ligado al futuro del resto del mundo. Ahora somos parte de la economía global, parte de la sociedad global. Y nuestro hogar es el barómetro de lo que está sucediendo en el planeta.

Si no podemos salvar el Ártico congelado, ¿podemos esperar que se salven los bosques, las cosechas y las tierras de otras regiones? Solo un Ártico congelado nos permitirá, como inuit, elegir nuestro propio futuro y determinar el desarrollo de nuestra economía y nuestra cultura.

Los cambios que han de venir requieren nuevos liderazgos, que no solo serán políticos, sino que procederán en gran medida de la sociedad civil. Los gobiernos suelen reaccionar con excesiva lentitud, pero los movimientos de mujeres, de jóvenes y de las comunidades locales poseen la capacidad de actuar con mayor eficacia y rapidez. Esa sociedad civil debe tomar la palabra y, a través de sus portavoces, exigir de los poderes institucionales y de los poderes económicos acciones concretas para que los inuit tengamos derecho a la libertad, la soberanía y el frío, para que podamos defender nuestro lugar en el planeta junto al resto de la humanidad. Confío en ello y en la solidaridad de todos los pueblos del mundo.

PARTE IV
Desigualdad, financiamiento y políticas públicas para el desarrollo en América Latina

Facultad de Economía

América Latina: del estructuralismo de la CEPAL al social-desarrollismo brasileño[1]

Ricardo Bielschowsky
Economista. Profesor de la Universidad Federal de Río de Janeiro

El tema general del coloquio, el futuro, es tan desafiante cuanto gigantesco, complejo y arriesgado de tratar. Dadas las incertidumbres que afronta la humanidad en este periodo de cambios tectónicos, describir bien el presente y anticipar el futuro no es tarea sencilla.

Nuestro panorama se define por los cambios acelerados: la revolución tecnológica; las transiciones digital, energética y ambiental; una extraordinaria velocidad en la conectividad: ahora el 5G, luego vendrá el 6G; la inteligencia artificial; las biotecnologías; la inminencia de un cambio climático de proporciones potencialmente catastróficas, etcétera.

No menos desafiante es el nuevo orden internacional que siguió cambiando con la guerra de Ucrania, marcado por la oposición entre China y Rusia, de un lado, y Estados Unidos y Europa, de otro. Una especie de bipolaridad ampliada con desarreglos extensos en la economía global, cambios en el marco regulatorio,

---

1. Extraído de la conferencia magistral en UNAM, grabada el día 27/4/2023. El texto resultante ha sido revisado por el autor y contiene algunas pequeñas adaptaciones.

etcétera. Mientras, el neoliberalismo no consigue justificarse frente al éxito del intervencionismo chino, y se encuentra sujeto a revisión en buena parte de Occidente. Cuestión distinta es si nos dejarían salir del neoliberalismo aquí, en América Latina, sin fuertes presiones en contra.

Hay más: un intimidante fortalecimiento de la extrema derecha, un creciente descrédito de las democracias y, al fondo, una resiliencia de la pobreza que reproduce y acentúa las desigualdades históricas.

El pasado reciente y el presente se proyectan sobre el futuro con varios escenarios posibles, no todos optimistas. Cada uno de estos temas es complejo, incierto en sí mismo, y sus yuxtaposiciones aumentan exponencialmente las incertidumbres. En consecuencia, prefiero dejar a un lado la metodología de los escenarios, que es buena a la hora de la reflexión pero no despeja las incógnitas. Prefiero hacer mi reflexión hoy día por otro camino, mucho más modesto, pero a la vez incomparablemente más seguro.

La contribución que traigo a este coloquio es pensar las sociedades en que actualmente vivimos en América Latina y con las que partimos hacia el futuro. Abordo la temática desde el pensamiento estructuralista de la CEPAL, que sigue siendo muy actual, y desde el pensamiento social-desarrollista de Brasil. Lo hago con dos preguntas.

La primera: ¿es tan actual el esquema analítico estructuralista clásico y el neoestructuralismo de la CEPAL para pensar ahora, en 2023, sobre el futuro de América Latina? La segunda: ¿es tan actual el pensamiento social-desarrollista brasileño para ahora, en 2023, al iniciarse el gobierno de Lula, con muchas esperanzas, pensar en el futuro de Brasil?

La respuesta que voy a defender es que son enfoques portadores de dos visiones sistémicas complementarias, clásicas y al mismo tiempo muy actuales, sobre los problemas y las tendencias históricas corrientes de mediano y largo plazo en América Latina y Brasil. Ambas visiones ayudan a pensar en el futuro.

Empezaré con siete décadas y media de pensamiento estructuralista cepalino y su actualidad. Después iré a las nueve décadas de pensamiento desarrollista brasileño, y finalmente argumentaré sobre la actualidad de los dos enfoques basándome en un esquema analítico en construcción, de naturaleza «social-desarrollista», sobre «frentes de expansión de la economía brasileña».

Estructuralismo clásico y neoestructuralismo en la CEPAL

Mis 20 años de trabajo en la CEPAL me convirtieron en una especie de historiador de las ideas de la institución. Organicé tres libros, uno sobre 50 años de la CEPAL, otro sobre 60 años y otro sobre 70 años (Bielschowsky, 1998, 2009, y Bielschowsky y Torres, 2018).

Es posible ordenar el pensamiento de la CEPAL según mensajes transformadores para cada decenio. La década de los cincuenta fue la de la industrialización. En los años sesenta el mensaje fue la necesidad de hacer reformas para dar continuidad al proceso de desarrollo, con las reformas agraria, educacional y tributaria, entre otras. Los setenta, sin embargo, se decantaron por un nuevo modelo de desarrollo, con mejoras distributivas y combate contra la pobreza. En los años ochenta estábamos todos asfixiados por la deuda y llegó la propuesta de la CEPAL de superar la asfixia con crecimiento y exportación. A partir de 1990, casi todos los gobiernos de la región se pasaron al neoliberalismo y la CEPAL tuvo que enfrentarse a esa realidad, cuando se inició la etapa neoestructuralista. Fue el momento en que se planteó el tema de la transformación productiva con equidad. Con el cambio de siglo se refinó el mensaje para introducir después, de la mano de la mexicana Alicia Bárcena, la idea de «imperativo de la igualdad». Ahora, al frente de la CEPAL, hay un costarricense, José Manuel Salazar.

La CEPAL es conocida más bien por sus diversas tesis: por ejemplo, el deterioro de los términos de intercambio, el desequilibrio estructural del balance de pagos, la inflación estructural, la tendencia a la resiliencia del subempleo, la conveniencia e importancia de la integración regional, el método histórico-estructural, etcétera. Son interpretaciones bastante conocidas. Menos conocido es el hecho de que esas tesis no son más que subproductos de un esquema más amplio, vigente a lo largo de los 75 años, que es la teoría estructuralista del subdesarrollo latinoamericano en las condiciones de periferia.

Este es un esquema analítico capaz de ayudar a pensar el futuro porque, lamentablemente, el subdesarrollo no ha sido superado, pese a los avances de los últimos 75 años. En consecuencia, la CEPAL es una escuela de pensamiento que sigue interpretando las condiciones del subdesarrollo latinoamericano.

Dichas condiciones son tres. Dos de ellas las tomé del libro clásico de Octavio Rodríguez de 1981, y añadí una tercera —no sin antes conversar con él y obtener su acuerdo—. La primera es la baja diversidad productiva y la especialización en bienes primarios; la segunda, la gran heterogeneidad estructural y la abundante oferta de mano de obra con bajos ingresos; la tercera, la estructura institucional poco favorable a la acumulación de capital y al progreso técnico. Son estos tres elementos los que dan lugar a las otras tesis.

Veamos lo actuales que son estos elementos, empezando por la baja diversidad productiva y la especialización exportadora en bienes primarios. Hoy día hablaríamos más bien de «inadecuadas diversidades productivas y exportadoras», con bajos efectos de encadenamiento y baja densidad tecnológica. Las consecuencias, 70 años atrás, eran limitar la capacidad de generación de divisas y una presión muy fuerte por ellas. Seguimos con la misma vulnerabilidad externa por brecha de divisas —como muestra el caso de Argentina—, en que la debilidad básica es la estructura productiva y el agravante es la sumisión a los flujos de capitales privados de corto plazo.

El segundo elemento, tanto 70 años atrás como hoy día, es la existencia de una gran heterogeneidad estructural del subempleo y la informalidad. Todo esto es, por desgracia, muy actual. La desigualdad social es el espejo de la heterogeneidad estructural productiva y de la pésima distribución de la propiedad.

Las consecuencias son que hay una brecha de productividad con relación a los países centrales, que limita la inversión y la competitividad internacional, y en consecuencia limita también la superación de la pobreza. Ello se agudiza debido a la concentración de propiedad y de poder, y a la insuficiencia de políticas públicas de protección social.

En tercer lugar, 50 o 70 años atrás se decía que el cuadro institucional, el Estado, y la composición de los agentes eran poco favorables al proceso de acumulación. Hoy día se sigue con lo mismo, con más fuerte conciencia quizá de los enormes desafíos de escasez de *global players*, de la precariedad en los sistemas de innovación y de financiamiento, de un Estado poco aparejado para las tareas de transformación productiva, de sostenibilidad ambiental, de protección social, etcétera. Las consecuencias son la baja inversión y la inserción internacional precaria, entre otras.

Conviene añadir algunas palabras sobre la etapa neoestructuralista, que se inicia con la quinta década. En ese momento aparecía un problema político nada sencillo: el *board*, el consejo máximo de decisión de la CEPAL, está formado por los gobiernos que se estaban moviendo en toda la región hacia el neoliberalismo, pero la CEPAL no tenía ninguna intención de hacerlo. Entonces se inventó una fórmula, una especie de tregua con el neoliberalismo, sin abandonar en absoluto los principios estructuralistas fundamentales. Hubo así una continuación con relación al estructuralismo clásico. Fue una década de adaptación a la nueva era de inserción en la globalización. Escribí lo siguiente en un texto de la revista de la CEPAL:

> A partir de 1990, la institución [...] analiza en forma crítica las reformas, señalando tanto sus méritos como sus errores e insuficiencias. Se reconoce la necesidad de introducir revisiones en relación con la participación del Estado en la vida económica y con los instrumentos y los mecanismos de intervención, si bien asignándole un papel clave a su contribución en la agenda de desarrollo socioeconómico en los ámbitos financiero, productivo, social y ambiental (Bielschowsky, 2010: 29).

También escribí esto:

> La lectura atenta de la producción de la CEPAL muestra que el neoliberalismo ha defendido un programa heterodoxo en materia macroeconómica, desarrollista, en cuanto a la asignación de recursos e intervención del Estado, universalista en el campo social y conservacionista en materia ambiental (Bielschowsky, 2009: 174).

La sexta década llega con algunas innovaciones. No son necesariamente innovaciones a nivel mundial, pero sí formulaciones que la CEPAL absorbió para refinar su análisis neoestructuralista, incluido un balance de los resultados de las reformas neoliberales. En la sexta década la CEPAL también habló de ciudadanía y cohesión social, trabajó en una fusión entre los enfoques estructuralista y schumpeteriano, y en una agenda tridimensional, global, regional y nacional; y, no menos importante, trató de los problemas derivados de los flujos internacionales de capitales de corto plazo.

En la séptima década (años 2010) se puede identificar un amplio listado de elementos analíticos nuevos. Ello muestra que la CEPAL es una institución intelectualmente dinámica, porque está introduciendo siempre elementos nuevos en sus análisis, enfocados a las grandes cuestiones socioeconómicas de la actualidad.

En los años más recientes (2020-2023) se analizan siete sectores dinamizadores con un gran impulso en la economía, provenientes de las transformaciones de la matriz energética, la movilidad sostenible, la revolución digital, la industria de la salud, la bioeconomía, la economía circular y el turismo sostenible.

Ya entonces aparece la preocupación por cómo seguir con el crecimiento, el desarrollo y la transformación a partir de una dinamización de la economía poco emisora de gases de efecto invernadero. También entró muy fuerte el análisis de los impactos de la pandemia, y en el periodo de sesiones de 2022 aparece un interesante decálogo de áreas prioritarias.

Cabe, por lo tanto, perfilar el futuro con el pensamiento neoestructuralista cepalino en relación con la transformación productiva. Y, mucho más allá, se puede argumentar que el esquema centro-

Dimensiones	Nuevas formulaciones y principales énfasis
Tres elementos interdimensionales básicos	1. La centralidad de la igualdad. 2. Pactos para la igualdad. 3. La cultura del privilegio.
Social	4. Análisis multidimensional de la pobreza. 5. Matriz de desigualdad social. 6. Autonomía de las mujeres. 7. Tendencias demográficas: envejecimiento y migraciones.
Macroeconómica	8. Macroeconomía para el desarrollo (énfasis renovado). 9. Ciclos reales, de producto e inversión, intensidad y duración.
Productiva	10. Brechas de productividad externa («no-convergencia») e interna («heterogeneidad estructural»). 11. Cambio estructural progresivo: eficiencias keynesiana, schumpeteriana y ambiental. 12. Revolución digital, conectividad de banda ancha. 13. Gobernanza de los recursos naturales.
Ambiental	14. La economía del cambio climático. 15. Gran impulso ambiental

Fuente: Bárcena, Bielschowsky y Torres (2018: 40).

periferia inaugural es lamentablemente muy actual porque seguimos insertados como periferias subdesarrolladas en la economía mundial, con una sumisión desfavorable a la globalización financiera y productiva. La llegada de China al centro no parece cambiar demasiado este cuadro de sumisión. Son, por desgracia, muy actuales los desafíos sociales sobre los cuales el estructuralismo se desbroza desde sus primeras décadas de existencia: pobreza, mala distribución de ingresos, etcétera. Todo ello, junto a la insensibilidad de las élites, que es algo que está enraizado en la «cultura del privilegio».

Son muy actuales los temas ya analizados hace 75 años respecto del retraso de la región frente a la frontera mundial de productividad y a los grandes desafíos tecnológicos, y son lamentablemente muy actuales las advertencias que hizo la CEPAL, desde Eduardo Sunkel al inicio de los años ochenta, sobre la insostenibilidad ambiental de los patrones de producción y consumo vigentes. La novedad es la alarmante urgencia de enfrentar el problema.

Antes de proseguir, caben dos pequeñas críticas a la CEPAL. La primera es que, en razón de ser una entidad de Naciones Unidas, entró muy poco en el análisis de la política. En segundo lugar, hay una cierta tendencia a buscar similitudes entre países, y pierde la ventaja de contrastar, diferenciar o profundizar en las diferencias para llegar a nuevas síntesis. Esto está todavía por hacer. Llevamos a cabo algunos experimentos, uno reciente con colegas de la CEPAL de México (Castro, Beteta) y consultores, sobre los países de América Central, pero sobresale la escasez de trabajos con esta orientación. Ante tal ausencia, yo entro en el caso particular de Brasil.

El desarrollismo y el social-desarrollismo en Brasil

Pasemos, pues, al pensamiento económico y a la estrategia de desarrollo brasileña. La pregunta clave es: ¿cuál es la actualidad del pensamiento desarrollista brasileño para, en 2023, pensar el futuro de Brasil? Para contestar, me basaré en textos que escribí (Bielschowsky, 1998, y Bielschowsky y Mussi, 2022).

Igual que en el caso de la CEPAL, la historia del pensamiento en Brasil se puede dividir en dos periodos: el que va de 1930 a 1980, con una clara apuesta por el desarrollismo hegemónico, y el posterior, en el que el desarrollismo se enfrenta al neoliberalismo.

El desarrollismo hegemónico fue la ideología de un proyecto claro de industrialización, con superación del subdesarrollo, liderado por el Estado. Se trata de un fenómeno tanto brasileño como mexicano, latinoamericano y hasta mundial, porque el keynesianismo y la intervención del Estado fue la regla de la posguerra al menos hasta mediados de los años setenta.

En el debate sobre el proyecto de desarrollo brasileño había tres grandes corrientes de ideas. La liberal defendía la vocación agraria. La socialista se basaba en un episodio de la Internacional Socialista de 1919, que señalaba que para los países atrasados era necesaria una etapa democrático-burguesa, de transición al socialismo, que constituía la base de reflexión de muchos socialistas. La tercera, y más importante, fue la corriente desarrollista, con distintos matices, especialmente en su vertiente nacionalista, la cual, a partir del golpe militar de 1964, se opuso al régimen dictatorial. Este último fue desarrollista, además de autoritario, y apostó por un modelo de crecimiento con fuerte sesgo de concentración en los ingresos. Las diferencias entre el desarrollismo nacionalista y el no nacionalista hasta 1964, así como entre adeptos y opositores a los militares a partir de ese año, están en las visiones de los nacionalistas sobre el control por agentes nacionales, estatales y privados de los centros de decisión de ahorro e inversión, y en una preocupación por los avances en términos de la distribución de ingresos, progresivamente articulada con un mensaje sobre la necesidad de adherirse a un nuevo estilo de desarrollo. Este es, en síntesis, el ciclo ideológico desarrollista. Empieza en los años treinta, va madurando entre los cuarenta y los cincuenta y alcanza su madurez en los 60, seguido de un auge durante gran parte del régimen militar, hasta 1980.

A partir de 1980 viene la etapa del desarrollismo declinante, en contraposición al neoliberalismo ascendente. La pérdida de fuerza del desarrollismo se daría sobre todo a partir de 1990. El neoliberalismo llega en los años 1980, acosado también por la crisis de la deuda: la banca no quería que nos abriéramos a las importaciones, se trataba de pagar la deuda; no quería la apertura financiera y comercial. Tan solo a partir del Plan Brady, a finales de los años 1980, se llevó a cabo la apertura financiera y comercial. En consecuencia, el neoliberalismo como ideología empieza despacio en los ochenta y evoluciona fuertemente a partir de 1990.

En este contexto, la Constitución brasileña de 1988 pasó a integrar el pensamiento progresista. Con economistas de diversas tendencias, se discutió en Brasil el problema de la alta inflación, de la hiperinflación y de la inflación inicial.

Las reformas neoliberales sobrevienen a partir de los años noventa. Pese a que el desarrollismo se encontraba en la fase de oposición al neoliberalismo, era débil no solo por la presencia internacional de este, sino también por la ausencia de una alternativa. En este contexto, a partir del 2000, aparecieron dos propuestas, ambas sin renunciar al fortalecimiento de la industria, pero incorporándola a un esquema analítico más amplio.

El primero es el nuevo desarrollismo, liderado por Bresser Pereira. Es una proposición de un *export led growth*, crecimiento movido por exportaciones, muy centrado en el manejo del tipo de cambio y de las tasas de interés. El segundo es el social-desarrollismo, al cual yo me afilio. Surge de forma incipiente en los años sesenta y tiene como elemento central la defensa del crecimiento con mejoras distributivas y la protección social. Luego evolucionó incorporando el cambio climático y el progreso técnico mundial.

Entre 2003 y 2015, los gobiernos de Lula y Dilma Rousseff implementaron en forma embrionaria el desarrollismo social o socio-desarrollismo. Hubo cierto reequilibrio ideológico entre neoliberalismo y desarrollismo. Entre 2016 y 2022, se produjo una acelerada recuperación neoliberal y, a partir de la campaña electoral de 2022, en especial con el nuevo gobierno de Lula, se recupera la vertiente social-desarrollista en el país.

Para contextualizar la actual etapa del social-desarrollismo, voy a formular una hipótesis de trabajo sobre la relación entre la cuestión distributiva y el desarrollo económico en Brasil entre los años sesenta y la actualidad. Es un breve mapeo de la construcción intelectual del social-desarrollismo. Lo voy a hacer en cinco «capítulos».

Empiezo con Celso Furtado, que, a mediados de los años 1960, ideó algo genial, brillante, sobre América Latina. Tomó la estructura distributiva, a su lado puso la estructura productiva, y a continuación integró las dos. Furtado decía lo siguiente: con esta concentración de ingresos, un mercado pequeño, configurado por el tipo de industrialización que se está llevando a cabo en América

Latina, va aumentando muy fuertemente la relación entre capital y trabajo, confirmando el desempleo, el subempleo y el pequeño mercado interno. Y eso es brillante.

Pero él quiso ir más lejos, diciendo que ese proceso implicaba una tendencia decreciente en la rentabilidad del capital y, por lo tanto, conducía al estancamiento. No voy a entrar en detalles analíticos, pero eso fue un error porque suponía que el aumento en la relación capital-trabajo durante la industrialización llevaba a la caída en la eficiencia del capital, cuando lo que se daba era la subida simultánea de las eficiencias del capital y del trabajo, dado el progreso técnico acelerado promovido por la industrialización. El segundo problema de esa formulación, hecha en 1965, es que de inmediato América Latina, junto con el resto del mundo, pasaría a crecer como nunca, y Brasil aún más.

En esas circunstancias, nadie podía creer en la tendencia de estancamiento. Pero la idea de tomar juntas las estructuras productiva y distributiva es brillante: viene de Celso Furtado y de algún modo también de Aníbal Pinto en Chile.

Luego apareció un trabajo hecho por María de Conceição Tavares y José Serra, en el que dice algo así como: «Perdón, maestro Furtado, con todo el respeto; sí, existe la posibilidad de crecer con concentración del ingreso». Se trata de un estilo de desarrollo que no queremos, que no es deseable de ninguna forma, pero, en este momento, puede ser muy útil al crecimiento. El mensaje implícito contra la dictadura de este documento fue que el capitalismo brasileño no puede operar con un mínimo de justicia social sin una gran presión popular; por lo tanto, sin democracia.

El segundo capítulo en la trayectoria de ideas sobre crecimiento y distribución del ingreso en Brasil vino con una enorme discusión sobre distribución, en que se contrasta el censo demográfico de 1970 con el de 1960. Se escribieron muchos textos, fue un momento muy rico del debate, pese al hecho de que estábamos bajo una dictadura. Eso se produjo de distintas formas, con personas exiliadas, buscando caminos de brecha política para presentar los argumentos. La cuestión distributiva se impuso progresivamente como la dimensión socioeconómica del proyecto de democratización en Brasil. Era necesario recuperar la democracia para que hubiera presión popular, para que se cambiara el estilo de desarrollo, y se pensaba en una producción mayor de bienes de consumo popular.

El tercer capítulo viene dado por la Constitución de 1988, una Constitución que nos defiende, democrática, que ha sido extremadamente importante durante el periodo de Bolsonaro. Con esa Constitución, que se incorpora al pensamientno progresista de la segunda mitad de los ochenta, nos hemos defendido. No es tan buena en términos de progresividad fiscal, pero sí contiene fuertes dosis de protección social. De ahí se siguen numerosas discusiones sobre educación, salud y otros temas.

El cuarto capítulo lo protagoniza Antonio Barros de Castro, que importa desde Europa una idea fundamental para el modelo europeo socialdemócrata, que es el modelo de consumo popular, de consumo de masas. Este, aunque lentamente, se iría incorporando a la discusión brasileña sobre el modelo de desarrollo.

Barros de Castro examina trabajos y datos sobre la evolución de salarios y consumo en Brasil y afirma que cada vez que aumenta el salario de los pobres aumenta la demanda de los bienes hechos por los sectores modernos de la economía. Es decir, no había ninguna razón para asustarse porque un gran cambio distributivo no iba a necesitar de una estructura productiva totalmente nueva. Esto constituyó un gran avance porque, en los años 70, nosotros pensábamos que era necesario cambiar toda la estructura productiva para acomodar una transformación en la distribución del ingreso.

El consumo de masas, que incluye a la mayor parte de la población, le da escala al sistema productivo y, por lo tanto, eficiencia a la estructura productiva ya existente, que fue montada con mucho sudor por los trabajadores brasileños. Es el círculo virtuoso al que se refería Castro: aumentan los ingresos, lo que provoca la ampliación de la demanda popular, que implica más inversiones en bienes de capital, progreso técnico e incremento de la productividad. Todo ello, a su vez, facilita en gran medida el aumento de los ingresos de las familias trabajadoras.

Tuve la oportunidad, junto con colegas de la CEPAL de México y colegas brasileños (Del Castillo, Orozco, Squeff y Beteta), de hacer un trabajo con la matriz de insumo-producto sobre frentes de expansión en México que son dinamizados por la duplicación del salario mínimo. Lo realizamos hace unos cuatro años en un modelo de crecimiento de tipo *bottom-up*, la economía de abajo arriba, y nos dio magníficos resultados en términos de crecimiento, baja inflación y baja importación.

El quinto capítulo se compone de una serie de discusiones iniciada en los años 1990, especialmente por la academia, por el Partido de los Trabajadores y por otros partidos progresistas. Se defiende la aplicación concreta de los principios de la Constitución, así como el crecimiento con mejoras sociales y distributivas, y progresivamente se abre espacio a las exigencias de incorporación del progreso técnico mundial y de sostenibilidad ambiental. Todos esos elementos están presentes en los programas de campaña electoral y en los planes plurianuales de los gobiernos de Lula y Dilma. En los últimos tiempos viene siendo llamado modelo «social-desarrollista».

A continuación, presento el social-desarrollismo en la versión de un esquema analítico diseñado por algunos colegas y por mí, o sea, una matriz de «objetivos del desarrollo versus frentes de expansión de la economía». El esquema es estructuralista porque se relaciona con las estructuras productivas y distributivas, y con la idea de «modelo de crecimiento»; y es «social-desarrollista» porque versa sobre el crecimiento con inclusión social y sostenibilidad ambiental.

La matriz está compuesta de cinco columnas y cuatro líneas. Las cinco columnas se refieren a los «grandes objetivos» o las «grandes misiones» del desarrollo: 1) Inclusión/protección social. 2) Sostenibilidad ambiental y climática. 3) Desarrollo regional y armonía territorial. 4) Sólida transformación productiva (infraestructura, ciencia y tecnología, inversiones en la frontera tecnológica) para las transiciones energética, ambiental y digital. 5) Macroeconomía para el crecimiento con estabilidad de precios y la inclusión social.

Las líneas de la matriz (véase más adelante) corresponden a los «frentes de expansión» de la economía, es decir, a los «motores» del crecimiento. Consisten en el PIB subdividido en cuatro conjuntos de sectores (cadenas productivas), ordenados según la lógica de «modalidades» de dinamización de la economía.

La primera línea es la de las actividades de inversión y de producción asociadas a los bienes y servicios de consumo en masa. La segunda línea es la de las actividades asociadas a los servicios sociales. El argumento es que, además de hacer justicia social, al mover esos motores se está creando abundante empleo y se obtiene un gran crecimiento de la economía. La tercera línea corresponde al motor que supone la inversión y la producción de bienes y servicios intensivos en infraestructura, como transporte, energía, comunicación, etcétera. La última línea es la inversión y la producción asociadas a bienes y servicios intensivos en recursos naturales. Brasil dispone de una gran abundancia de esos recursos, así que se trata de gobernar este motor con mucho cuidado para evitar los desastres naturales y la destrucción del medioambiente.

Véase la matriz en la página siguiente.

Para cada celda, se necesitan políticas que a la vez satisfagan la misión deseada y pongan en marcha la economía por donde se quiere que crezca: por el consumo de masas, por la protección social, etcétera.

Tomemos, por ejemplo, la primera celda de la primera columna: para hacer inclusión y protección social y a la vez mover las actividades de producción de los bienes de consumo popular, uno necesita disponer de ingresos familiares ampliados, por la vía del aumento de los salarios mínimos, la progresividad tributaria, el apoyo a las pymes, etcétera.

En el apartado de servicios sociales, se necesita ampliar los gastos en educación, salud y otras actividades, con las cuales, a la vez, se produce justicia social y se mueve la economía; en infraestructura, la inversión volcada hacia la justicia social es la que permite acceso universal a luz, internet, agua y alcantarillado, así como a la habitación popular y la movilidad urbana. En la última línea, en la celda en que se cruza el objetivo de uso de los recursos na-

Frentes de expansión (cadenas productivas) →	Desarrollo social y garantía de los derechos / Desarrollo económico y sustentabilidad ambiental					
	Inclusión/ protección social, garantía de los derechos	Sostenibilidad ambiental	Desarrollo regionalmente equitativo y armonía territorial	Transformación productiva (inversión fija, en C&T, reindustrialización, transiciones energética, ambiental y digital)	Macroeconomía del crecimiento con estabilidad de precios e inclusión social
PIB dividido en «frentes de expansión»	Producción de bienes industriales y servicios para consumo en masa (con inclusión social) y exportación				
	Actividades de prestación de servicios sociales				
	Infraestructura y actividades intensivas en su uso				
	Actividades intensivas en recursos naturales, para consumo interno y exportación				

Frentes de expansión (cadenas productivas) ↓		Dimensiones estratégicas de desarrollo socioeconómico
		Inclusión/protección social, redistribución del ingreso
PIB dividido en «frentes de expansión»	Bienes industriales y servicios para consumo interno (con inclusión) y exportación	**Objetivo:** aumento del ingreso familiar disponible para la inclusión por consumo **Programas/acciones:** salario mínimo, bolsa familia, progresividad tributaria, apoyo a las pymes, asistencia y previsión, renegociación de deudas
	Servicios sociales	**Objetivo:** protección y justicia social **Programas/acciones:** educación, cultura, salud, «cuidados», derechos humanos, seguridad, habitación, saneamiento
	Infraestructura y actividades intensivas en su uso	**Objetivo:** acceso universal a servicios de infraestructura; seguridad hídrica **Programas/acciones:** luz, internet y agua para todos, modicidad tarifaria
	Actividades intensivas en recursos naturales	**Objetivo y programas/acciones:** agricultura familiar, seguridad alimentaria, sostenibilidad ambiental

turales y la búsqueda de justicia social, lo que sobresale es la necesidad de apoyar la agricultura familiar.

En definitiva, cada una de esas 20 celdas funciona para dar celeridad y virtuosidad a cada frente de expansión y a la vez satisfacer los objetivos estratégicos del proceso de desarrollo. Esta es la idea.

¿Dónde está la industrialización en todo eso? Está en la columna de transformación productiva. No se puede decir ahora en Brasil que la industria vaya a ser un frente de expansión, un motor en sí misma, pero puede volver a serlo si los encadenamientos productivos de cada motor se ponen a funcionar. Si ello sucede y se encadenan avances en la industria y en ciencia y tecnología, se logrará tener una estructura productiva mucho más próxima al progreso técnico que hay en el mundo.

Son tres los pilares de la institucionalidad política que dialogan con esa matriz: la democracia, la inserción soberana y cooperativa en el mundo, y un Estado moderno, transparente y eficiente. Su conexión con los pilares del desarrollo socioeconómico es obvia. El gráfico que sigue sugiere que hay sinergias fundamentales entre esos dos ámbitos. Por un lado, está la institucionalidad que corresponde al ambiente necesario para que el desarrollo económico se haga de manera virtuosa y veloz. Por otro lado, al conseguirse realizar los objetivos fundamentales del desarrollo socioeconómico, se fortalecen la institucionalidad política y el ambiente democrático. Se trata de una tarea sociopolítica a dos manos.

Sinergias entre institucionalidad política y desarrollo socioeconómico

Institucionalidad política	Desarrollo socioeconómico
• Democracia y ciudadanía plenas, derechos humanos asegurados, sociedad participativa. • Paz interna y externa, inserción internacional soberana y cooperativa. • Estado moderno, transparente y eficiente.	• Socialmente inclusivo. • Ambientalmente sostenible. • Igualitario entre regiones y territorialmente armonioso. • Sistémicamente competitivo por infraestructura de calidad, progreso educacional, científico y tecnológico, reindustrialización. • Macroeconómicamente ancorado en responsabilidad fiscal y en baja vulnerabilidad externa.

(⇔ Sinergias)

¿Esquemas útiles también para México?

Por último, una propuesta en favor del uso de la matriz en los programas de gobierno y en la planificación de los países de América Latina. Son dos sus virtudes básicas. El esquema muestra que los grandes objetivos socioeconómicos (las grandes misiones) están en buena medida asociados al movimiento concreto de la expansión de la economía. Muestra que los grandes objetivos se insertan como exigencia en el crecimiento económico deseado, y que las políticas públicas relativas a dicha exigencia confieren velocidad y virtuosismo al proceso de crecimiento movido por los frentes de expansión que existan en cada país.

La segunda virtud es que el PIB está por entero en la matriz, y por tanto se puede utilizar para hacer cualquier tipo de ejercicio, en especial los que utilizan las matrices de insumo-producto.

Una provocación final: ¿no será que esos dos esquemas, el estructuralista cepalino y el social-desarrollista brasileño, sirven de alguna forma para trabajar sobre el futuro de México, reconociendo obviamente las vocaciones mexicanas, sus propias fuentes de expansión, deseadas y viables, así como los problemas a los que se ha de enfrentar?

Hacia la responsabilidad global para una salud planetaria: el caso de México

Arantxa Colchero
Economista de la salud. Investigadora del Instituto
Nacional de Salud Pública

En el campo de la salud poblacional, no cabe duda de que la humanidad está amenazada, por lo que resulta urgente y pertinente preguntarse en quién recae la responsabilidad de diseñar el futuro. Para contestar ambas preguntas explicaré en primer lugar los retos de la salud global; y después me referiré al caso específico de México y los desafíos que enfrenta.

Retos globales de la salud

En los últimos 30 años, la distribución de las enfermedades en el mundo tuvo cambios importantes. Las enfermedades no transmisibles (las crónicas, las cardiovasculares, la diabetes y el cáncer, entre otras) pasaron de representar el 40 % del total en 1990 al 63 % en 2019. En cambio, las enfermedades transmisibles, maternas, neonatales y de la nutrición bajaron de cerca del 50 % al 27 % . Las lesiones se mantuvieron en torno al 10 %.

El aumento global de las enfermedades no transmisibles representa una carga importante para los individuos, para sus familias y para los sistemas de salud, por tratarse, en general, de padecimientos de larga duración y con costos elevados.

Las enfermedades no transmisibles representan cerca del 80 % del total en los países más desarrollados. Los países menos desarrollados tienen mayores prevalencias de enfermedades transmisibles, pero se enfrentan a la doble carga de enfermedad por la presencia creciente de enfermedades no transmisibles y lesiones.

La carga total de enfermedad se distribuye de manera desigual dentro de los países y en el conjunto del mundo. Los países africanos son los más afectados. Por el contrario, la menor carga se encuentra en Japón, Canadá y algún que otro país desarrollado, lo que podría asociarse con sus niveles de desarrollo y crecimiento económico. Sin embargo, en un estudio que contrasta, para una muestra de países, el producto interior bruto (PIB) per cápita con años promedio perdidos por discapacidad debida a enfermedades transmisibles, se observa una relación negativa: a mayor PIB per cápita, menor carga de enfermedad (elasticidad de -0,88). Para enfermedades no transmisibles la relación es mucho menor (elasticidad de -0,13), no es tan clara la asociación. Por ejemplo, países con menor PIB per cápita que Estados Unidos (Japón, Italia, Australia) tienen menor carga por enfermedades no transmisibles. Por lo tanto, aunque el crecimiento económico es importante, existen otros factores que pueden asociarse con menor carga de enfermedad, como podrían ser menor desigualdad económica y sistemas de salud sólidos y de cobertura universal.

Los principales factores de riesgo para enfermedades no transmisibles son: dietas no saludables, consumo de alcohol y tabaco y contaminación ambiental. Estos factores de riesgo son prevenibles y podrían aliviar la carga que tienen estas enfermedades sobre los sistemas de salud.

Además del impacto negativo en la salud, la producción de carne, embutidos y alimentos ultraprocesados tiene un enorme impacto ambiental. Por ello, la comisión EAT-Lancet plantea la necesidad global urgente de reducir al 50 % el consumo de carne, bebidas y alimentos ultraprocesados, y aumentar el consumo de frutas, verduras, leguminosas y semillas. El objetivo global se enfoca entonces hacia la salud planetaria: mejorar la salud de las poblaciones y su entorno para reducir la amenaza que representa el cambio climático para el planeta.

Entre las estrategias de prevención podrían incluirse las siguientes: diagnósticos oportunos para evitar el desarrollo de complicaciones que reducen la calidad y la esperanza de vida, así como los elevados costos de salud que representan; regulaciones que desincentiven el consumo de alimentos y bebidas no saludables; cambios en el sistema alimentario que incentiven la producción, distribución y venta de productos más saludables con menor impacto ambiental.

¿En quién debería recaer la enorme responsabilidad de este cambio? Sin duda, no podría recaer en el individuo. La efectividad de las estrategias de cambio de comportamiento individual es limitada porque, como reconocemos los economistas de la salud, los individuos tenemos sesgos cognitivos que nos llevan a conductas de riesgo al ponderar más la satisfacción inmediata que las consecuencias negativas futuras. El reto de los cambios individuales es aún mayor en sociedades desiguales, con entornos que favorecen el consumo de bienes que dañan la salud y con bajo acceso a servicios de salud.

Los individuos necesitamos políticas de cambio estructural como incentivos. En este sentido, las políticas públicas implementadas por gobiernos de diversos países para desincentivar el consumo de alimentos y bienes que dañan la salud, y promover el consumo de bienes saludables, son importantes, pero insuficientes. En algunos países se han puesto en marcha diversas políticas públicas, como impuestos (al tabaco, al alcohol, a las bebidas azucaradas y a alimentos no básicos y altos en densidad energética), regulación de la publicidad y de la oferta alimentaria en las escuelas, etiquetado frontal a alimentos y bebidas, estrategias para reducir el alcohol en los conductores, y restricciones de las ventas de alcohol y tabaco a menores de edad, entre muchas otras. Los esfuerzos son importantes, pero no se han llevado a cabo en todos los países y, en un contexto global, son insuficientes para alcanzar retos mayores.

En un contexto globalizado es clave alinear los incentivos a la producción, la distribución y la venta de bienes más saludables y de menor impacto ambiental. Los gobiernos pueden implementar políticas para lograrlo; pero una transformación mucho más profunda requiere de acuerdos globales. La responsabilidad de un cambio integral hacia una salud planetaria no solo recaería en los gobiernos de los países, sino que exigiría un esfuerzo mundial.

Acuerdos globales y convenios marco, como el que existe para el tabaco, que registren las estrategias que los países deberían poner en práctica para lograrlo, constituirían el primer paso hacia la salud planetaria.

Retos del sistema de salud en México

En México, la mayor carga de enfermedad para el sistema de salud corresponde a las enfermedades crónicas. En 2022, las principales causas de muerte fueron enfermedades cardiovasculares, diabetes y tumores malignos.

Desde su origen, el sistema de salud en México está fragmentado: por una parte, el financiamiento y, por otra, la provisión. Existen varios subsistemas, como el IMSS, el ISSSTE y otros servicios públicos para empleados de Sedena, Pemex y Marina, con diferentes mecanismos de financiamiento y calidad, además de la heterogeneidad en la calidad y el acceso a servicios en el país. Por otro lado, el acceso a servicios de salud depende de la condición laboral, por lo que más del 50 % de la población que trabaja en el sector informal no tiene seguridad social. Por último, el sistema de salud no dispone de recursos suficientes para garantizar una cobertura efectiva y de calidad para la población más pobre, sin acceso a seguridad social. En consecuencia, una proporción de la población recurre a servicios privados, lo que aumenta el impacto en sus ingresos por los gastos de bolsillo.

Las limitaciones del sector público no son nuevas. Al menos desde los años noventa, según los datos disponibles, la mitad del gasto total en salud es privado y, de este, casi el 85 % es gasto de bolsillo, que es lo que desembolsan las familias para atender sus necesidades de salud. El reto para el sistema de salud fue aún mayor durante la pandemia de COVID-19. Como en el resto del mundo, hubo un desplazamiento de la demanda de otras enfermedades para atender pacientes con COVID-19.

A partir de datos de las Encuestas Nacionales de Salud, podemos conocer la demanda y la utilización de los servicios de salud en el país. La cascada de atención en 2021 muestra que, de la población que tuvo necesidad de salud, el 85 % recibió atención, pero solo el 40 % se atendió en el sector público. El bajo uso de los servicios públicos no es nuevo; al menos desde 2006 (por disponibilidad de datos), no ha superado el 45 %.

La distribución de la derechohabiencia en 2021 muestra que el 54 % no tenía seguridad social, el 37 % estaban afiliados al IMSS, el 7 % al ISSSTE, el 1 % a otros servicios públicos y menos del 1 % tenía seguro médico privado. El uso de servicios privados es más alto en la población sin seguridad social (66 %), pero es extensivo a la población afiliada a servicios públicos (el 39 % de los afiliados al IMSS y el 49 % de los del ISSSTE). Las razones más importantes para no ser atendido en el lugar de su derechohabiencia son de acceso: les dan cita al cabo de mucho tiempo, está lejos la unidad de salud, no tienen el servicio que necesitan o no disponen del servicio en el horario que precisan.

La mayor parte de la oferta privada se concentra en consultorios situados en domicilios de médicos privados o adyacentes a farmacias (CAF). Los CAF, que representan hoy un tercio de la oferta privada, aumentaron exponencialmente a partir del 2010, cuando fue requisito tener receta para comprar antibióticos.

El uso de servicios privados se asocia con gasto de bolsillo, lo que representa una carga económica mayor para los más pobres. El sector privado no está regulado y es un reto hacerlo en un sector tan atomizado y heterogéneo, dada la cantidad de médicos con consultorios particulares. Los CAF, que sí se podrían regular, tienen conflictos de interés cuando los médicos reciben incentivos para prescribir medicamentos que se surten en la misma farmacia y que no siempre necesita el paciente, además de la baja calificación de sus médicos y su pobre infraestructura. Sin embargo, los CAF atienden una parte importante de la demanda, sobre todo enfermedades agudas, pero no están regulados.

Por su parte, el sector público, que debería garantizar cobertura universal gratuita y efectiva, al menos para la población más pobre, que coincide con la población que tiene derechohabiencia, no dispone de recursos suficientes. México gasta en salud menos del 3 % del PIB, cuando debería gastar al menos el 8 %.

Es un reto para México obtener recursos para fortalecer el sector público, dado el espacio fiscal limitado y la presión de pago de pensiones en una población que está envejeciendo, como en muchos otros países desarrollados. Sin duda, una reforma fiscal progresiva ayudaría, así como un aumento de los impuestos al alcohol, al tabaco y a las bebidas azucaradas. Una parte de estos recursos podrían invertirse en el sector de la salud.

Una de las limitaciones del sector público es la oferta insuficiente de unidades de salud y de médicos. Pero también habría que analizar si hay ineficiencias en la provisión y si con los recursos existentes podrían ofrecerse mejores servicios.

En todo caso, a pesar de algunos intentos de implementar políticas para reducir la carga de enfermedades crónicas con impuestos, etiquetado frontal, y regulación de la oferta de alimentos en las escuelas y de la publicidad dirigida a niños, el país debería invertir más en prevención para descargar el sistema de salud.

¿Quién se tendría que hacer cargo entonces del futuro de la salud pública en México? El gobierno debería hacer una reforma urgente en el sector de la salud para ofrecer cobertura universal efectiva, sobre todo a la población sin seguridad social, a fin de reducir las desigualdades de acceso. Hay una iniciativa reciente del gobierno para que la población sin seguridad social sea atendida mediante el programa IMSS-Bienestar; podría ser una solución interesante, pero se desconocen los detalles de su implementación.

En conclusión, la carga de enfermedades no transmisibles representa un reto importante para México y para el mundo en general. Se requieren sistemas de salud sólidos de cobertura universal, que reduzcan las desigualdades. Sería una importante inversión en prevención. Las causas de las enfermedades no transmisibles son prevenibles, pero las estrategias requieren una visión global, integral, de salud planetaria. Marcos de referencia construidos a nivel global que promuevan la salud planetaria serán un primer paso clave.

Preparar el terreno para un futuro de crecimiento en Latinoamérica y el Caribe

Victoria Nuguer
Economista. Departamento de Investigación
del Banco Interamericano de Desarrollo

Voy a explicar en este artículo uno de los informes insignia del Banco Interamericano de Desarrollo (BID), que me tocó coordinar este año. Su objetivo es estudiar el modo de preparar el terreno macroeconómico para un crecimiento renovado, con la idea de ver cómo la región puede enfrentar la actual coyuntura y preparar el inmediato futuro.

Latinoamérica debe asumir retos estructurales de más largo plazo; en este sentido, se enfrenta a un triple reto, que intentaré describir.

Por un lado, tenemos el desafío social, que en este caso es revertir la pobreza, la desigualdad y la inseguridad alimentaria. A este respecto, la pandemia y la invasión rusa de Ucrania no contribuyeron a su mejora; por el contrario, agudizaron la tendencia negativa que estos indicadores venían teniendo.

En segundo lugar, tenemos el desafío fiscal. Desde antes de la pandemia observábamos en la región una alta presión, tanto en el gasto como en los ingresos, lo que se reflejaba en la discusión acerca de la necesidad de llevar a cabo reformas fiscales, no solo para apoyar el gasto en salud, sino para ayudar a la población a afrontar el desafío social.

El tercer reto es el del crecimiento. Antes de la pandemia, la región tenía niveles muy bajos de crecimiento económico: un 2 % de promedio. En el largo plazo, es un crecimiento bajísimo que impide trabajar con buenas expectativas en la solución de los problemas sociales y fiscales.

En consecuencia, necesitamos crear cierto tipo de espacio y pensar en cómo vamos a mejorar esas tasas de crecimiento para disponer de búferes o tener maneras de amortiguar los *shocks* que se van a seguir produciendo.

Al triple desafío mencionado, se suman otros tres problemas transversales: el cambio climático, la diversidad y la inclusión, y el estado de derecho. Todos ellos impactan sobre las condiciones previas y agudizan las crisis.

Escenarios inquietantes

¿Cómo vamos a abordar la perspectiva o la situación económica que hoy enfrenta Latinoamérica? Se precisarán políticas a corto y medio plazo; además, tenemos que lidiar con las fluctuaciones cíclicas y con los *shocks* que golpean la región.

El informe del BID se centra básicamente en intentar pensar en las respuestas destinadas a lidiar con las fluctuaciones cíclicas. Las políticas de medio plazo más estructurales siguen estando ahí y son necesarias para complementar todo lo que expondré a continuación.

En primer lugar, voy a mostrar ciertos escenarios que definen cómo estará la región en los próximos dos o tres años. También a una escala global. Después aportaré una agenda de políticas activas, incluida la citada reforma fiscal.

Empecemos con las perspectivas macroeconómicas globales. En 2022, las tasas de crecimiento terminaron siendo mejores de lo previsto; pero en 2023 se espera que dichas tasas sean aún más bajas que las de años anteriores. Esta impresión vale tanto para el mundo en su conjunto como para las distintas regiones y los distintos bloques económicos.

Se estima que el crecimiento mundial va a ser en 2023 de 1,8 %, casi la mitad del producido en 2022. Estos números son bajísimos —en parte consecuencia del *shock* de la guerra de Ucrania—, con una inflación muy superior a la esperada y tasas de interés más altas. Ello implica una ralentización del crecimiento económico para estos próximos años.

En este entorno global, la situación se puede complicar aún más si se agravan y cronifican los episodios de estrés financiero que vimos en marzo de este año en Estados Unidos u otros episodios financieros que pueden provocar altos costes de financiación.

De todos los bloques económicos, solo se espera un mayor crecimiento en China. Básicamente, este crecimiento se debe a la apertura que se produjo en los últimos meses, una vez superado lo más grave de la pandemia.

La influencia de la reapertura de China y el aumento de la demanda en este país puede llegar a afectar al precio de las materias primas, lo cual, a su vez, incrementará la inflación y nos situará en un círculo vicioso: más inflación, incremento del coste de financiación y un crecimiento más problemático.

En este contexto, se espera que América Latina y el Caribe solo crezcan en 2023 un 1,1 %, que es una tasa bajísima. Sin crecimiento, enfrentar la pobreza y el desafío fiscal será muy difícil.

Los precios de las materias primas son muy importantes para la región; el cobre, la soja y el petróleo crudo fueron bastante volátiles en 2022, principalmente por la invasión rusa de Ucrania. Parecen haberse estabilizado últimamente, pero siguen siendo muy altos. Y si los precios de las materias primas están influenciados por la demanda de China, y dado que esa demanda está aumentando a partir de la reapertura económica pospandemia, nos arriesgamos de nuevo a que aumente la inflación.

Ahora los altos precios de los *commodities* pueden ser una buena noticia para varios países de la región que exportan materias primas. Sin embargo, lo cierto es que, en general, todas esas naciones subsidian sus respectivas materias primas, de tal manera que un aumento de su precio puede también incrementar el coste fiscal de los subsidios.

Obviamente, para los países que son mayormente importadores de materias primas esta no es una buena noticia, ya que, en realidad, puede, estar afectando las perspectivas del triple desafío que mencionaba al principio.

El desafío financiero

Otro de los puntos a tener en cuenta, aparte del aumento del precio de las materias primas y su efecto en la inflación, es que los bancos centrales han incrementado sus tasas de interés, incluyendo a los de los países avanzados. Esto provoca un alto coste de financiación soberana en toda la región.

En el cuadro adjunto dividimos el coste financiero soberano de la región entre dos componentes: el de color más claro es el diferencial EMBI, que se corresponde, por decirlo de alguna manera, con la idiosincrasia de cada país, y la parte más oscura es el rendimiento de los bonos de Estados Unidos.

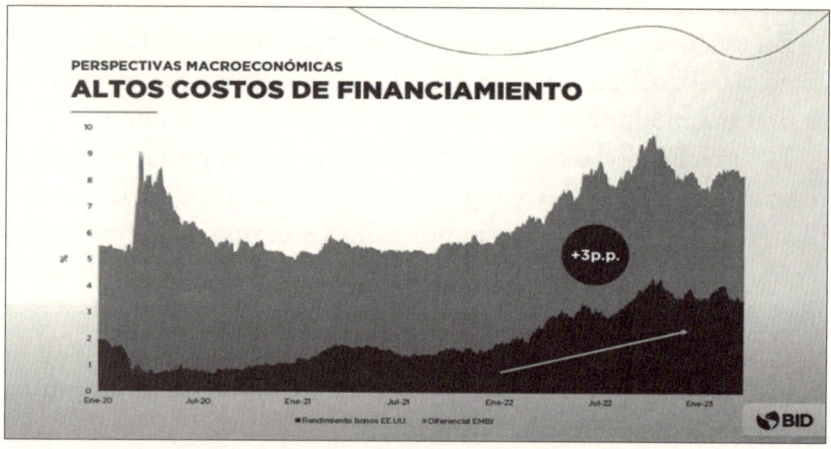

Lo curioso es que, en el último año, la mayor parte del coste de financiación está relacionado con el aumento del rendimiento de los bonos de Estados Unidos. En este país aumentó la tasa de interés, mientras que la parte idiosincrática que corresponde a la región se mantuvo relativamente constante.

Ahora, sin embargo, el coste financiero está casi tan alto como en el peor momento de la crisis del COVID, lo cual genera una mayor presión fiscal sobre las economías.

Así, la pobreza y la desigualdad, que ya tenían unas tendencias relativamente crecientes antes de la pandemia, se han visto exacerbadas por completo en los últimos dos años. Afrontar esta situación es tan complicado como imprescindible.

En este sentido, intentamos ver cuáles son algunos de los posibles escenarios que va a enfrentar la región en los próximos dos o tres años. Para ello usamos un modelo global de vectores autorregresivos y asumimos ciertos supuestos y determinados obstáculos a este crecimiento.

Repito: el crecimiento a largo plazo de la región es del 2 %, que, teniendo en cuenta los últimos 20 años, es una tasa bajísima. Ahora bien, incluso ese porcentaje podría verse afectado a la baja por los posibles choques que pueden materializarse en los próximos años.

Por un lado, tenemos la posibilidad de un crecimiento más bajo en Estados Unidos. Si este país crece menos de lo esperado, la región podría enfrentar una recesión en 2023, y no volver a su crecimiento de largo plazo hasta el 2025. Semejante *shock* se produciría si el crecimiento en los Estados Unidos no superase el 1,6 %, que es una desviación estándar.

En cuanto al área financiera, un aumento de los costes en Estados Unidos puede llevar también a que la región no crezca en 2023 y que no retorne a su crecimiento de largo plazo hasta 2025. Este *shock* está muy relacionado con la tormenta financiera que vimos el pasado mes de marzo en Estados Unidos.

¿Qué pasa si combinamos estos dos *shocks*? Pues que en un escenario tan negativo la región enfrentaría un decrecimiento del 1,5 % en 2023 y en 2024, y no volvería a su nivel de largo plazo hasta finales de 2025.

Estos son posibles escenarios que nos ayudan a entrever cuál podría ser el panorama de la región en los próximos dos o tres años. Dan una idea de cuál es la perspectiva en el porvenir más próximo.

Pasemos ahora a los desafíos más específicos que pueden afectar a los escenarios descritos: la inflación, la consolidación fiscal y las condiciones financieras.

En 2022 la inflación aumentó en todos los países de la región sin importar el régimen monetario. De hecho, llegó a su pico en 2022 con una media del 10 %, frente al 2 % que había marcado su mínimo durante la crisis del COVID en 2020. La buena noticia es que parece que la mayoría de los países ya han alcanzado su pico y la inflación está bajando. Eso da cierta tranquilidad y la sensación de que se está volviendo a una tasa más aceptable.

Sin embargo, que la inflación siga siendo muy alta durante largos periodos de tiempo puede desanclar las expectativas, y tal desanclaje hace más difícil el trabajo de los bancos centrales en lo relativo a la eficacia de la política monetaria.

Buenas y malas noticias

Lo que intentamos hacer con este ejercicio, usando vectores autorregresivos bayesianos, es tratar de explicar cuáles son los componentes que definen la parte estocástica de la inflación. Ello nos ayudará a entender el comportamiento de la inflación, especialmente en los últimos dos años pos-COVID.

Descomponemos el comportamiento estocástico de la inflación en distintos factores. Lo que vemos es que el 75 % de la inflación en el promedio de América Latina y el Caribe, al menos en sus inicios, está determinado por los precios de los combustibles. Esto es algo completamente exógeno a la región.

Lo positivo que vemos en esta figura es que las propias expectativas de inflación, especialmente al principio, estaban jugando un rol amortiguador de su aumento. Las expectativas de inflación seguían ancladas y este efecto se va reduciendo en el tiempo. Ahora el inicial descenso de la inflación se puede llegar a ver afectado por las condiciones de la demanda en China, por el desarrollo de la guerra en Ucrania y por las condiciones financieras globales.

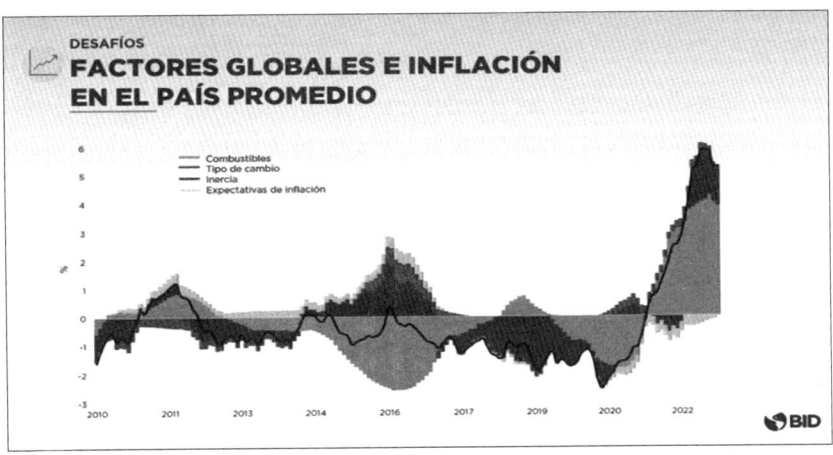

La inflación, y esto se relaciona también con el triple desafío reseñado al principio, afecta directamente a los hogares más pobres. Por eso también intentamos ver cómo se comporta el índice de precios de los alimentos, el índice de precios general y el subyacente. Los alimentos representan el gasto más importante en la canasta de consumo de los hogares más pobres.

Que hayamos visto un 33 % de aumento del índice general de precios de los alimentos desde el inicio de la pandemia nos indica que los índices de pobreza y desigualdad van a seguir empeorando en el medio plazo. En el 2022, la inflación en los alimentos fue cinco puntos porcentuales más alta que la inflación general de precios. Son números altísimos.

A la hora de diseñar políticas es muy relevante el control de la inflación, en especial el control de la inflación de los alimentos, justamente para no exacerbar estas tendencias crecientes que repercuten en los índices de pobreza y desigualdad.

La inflación en el precio de los alimentos empeora los índices de desnutrición y la inseguridad alimentaria que la región ya venía experimentando antes de la pandemia. La desnutrición en América Latina y el Caribe es en promedio más alta que en el resto del mundo. La pandemia solo exacerbó esa tendencia.

Si los países de América Latina y el Caribe tuvieran ahora un *shock* por la inflación en el precio de los alimentos del 20 % —similar a lo que vimos en 2022—, la pobreza aumentaría en 2,3 puntos porcentuales y la pobreza extrema en 2,5. De inmediato, 2,8 y 3 millones de personas entrarían en la pobreza y la pobreza extrema respectivamente. Estos números son alarmantes. Se convierte en prioritario controlar la inflación y ayudar a disminuir su impacto en las familias más vulnerables.

La buena noticia es que, por ahora, los bancos centrales han estado reaccionando de manera congruente ante la inflación. En este sentido, desde los mínimos de las tasas de interés durante el COVID, los bancos centrales de la región han aumentado 600 puntos porcentuales dichas tasas. En esa línea, nuestros bancos centrales reaccionaron de forma más rápida y acelerada que los de los países del G7.

Como consecuencia, y también es una buena noticia, las expectativas de inflación en la región, no para este año, pero sí para el 2024, están relativamente ancladas. Se espera que para finales del 2024 o del 2025, la inflación vuelva a sus niveles objetivos. Esto al menos nos da cierto respiro para pensar que la inflación está siendo temporal en 2023.

El futuro no se presenta demasiado halagüeño, pero al menos tenemos mejores noticias fiscales, y es que el proceso de consolidación fiscal, que empezó en 2021 tras el aumento de gastos que se produjo durante la pandemia, sigue en pie. Ese proceso de con-

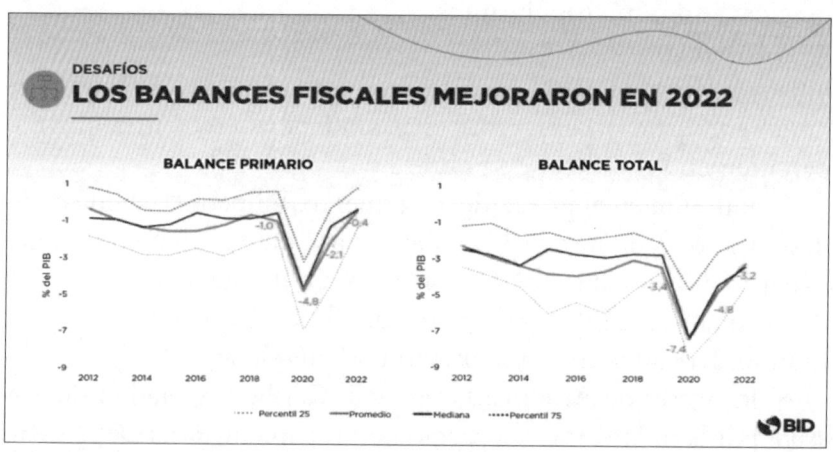

solidación lo vemos tanto en el balance primario como en el balance total promedio de la región: ambos siguen convergiendo por lo menos a niveles más cercanos a los promedios que teníamos antes de la pandemia, y esto también lo vemos en los niveles de deuda, que igualmente disminuyeron.

Llegamos a un 71 % en 2020 por el aumento de la deuda en prácticamente todos los países, a causa de la pandemia, y ahora estamos viendo reducciones de esos niveles.

Uno de los problemas que se aprecian es el elevado pago de intereses. En los últimos tres años, el promedio de tales pagos, atendiendo al promedio del ingreso fiscal de la región, es dos puntos porcentuales de dicho promedio en los siete años anteriores. Además, la región paga en promedio cinco puntos porcentuales por encima de lo que lo hace el G7.

Esto dificulta en gran medida cualquier política que se quiera hacer en términos de crecimiento por los márgenes, lo cual nos ata las manos en lo relativo a los gastos fiscales y a la hora de decidir dónde tienen que ir esos gastos. Además, el aumento del cargo de pago de intereses puede complicarse más si continúa produciéndose un aumento de las tasas de interés.

... Pero sigue habiendo riesgos

La buena noticia de que la consolidación fiscal seguía en pie y continuaba así en 2022 puede estar en riesgo por los escenarios antes descritos. En el cuadro adjunto se ve en azul el escenario de base y en turquesa el escenario negativo de ese *shock* combinado financiero y de crecimiento en Estados Unidos.

Vemos que la deuda pública puede aumentar y llegar a niveles más altos que durante la pandemia, y que tanto el balance primario como el proceso de consolidación fiscal se pueden ver afectados.

En lo relativo al financiamiento externo, intentamos evaluar y comparar la situación actual de la región con dos episodios de estrés anteriores. Uno es el del 2007 y el otro corresponde al mo-

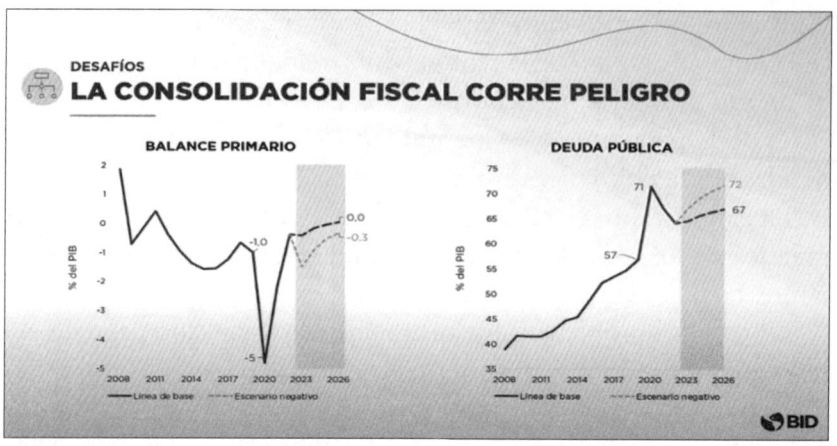

mento previo a la pandemia. Es una forma de entender o intentar ver cuáles son estos indicadores con respecto a los determinantes de los *sudden stops* de los flujos extranjeros de capital. Dividimos los países en distintos regímenes cambiarios, que es similar al cuadro de la inflación. Lo que se aprecia es que, en términos de balance fiscal, la región está hoy en peor situación que en los dos casos anteriores.

El balance de cuenta corriente, a pesar de que es más negativo, implica que en la región hay una menor necesidad de estos flujos.

En cuanto a la dolarización de pasivos, todos los países mejoraron excepto los que implementaron metas de inflación más recientemente. La buena noticia es que las reservas internacionales aumentaron en todos los regímenes. Esto nos obliga a evaluar con cuidado qué puede llegar a pasar si hay un *sudden stop*.

En relación con las condiciones financieras, también tenemos algunas buenas noticias, y es que en el sector financiero no se agravó la situación durante la pandemia. No fue parte de la solución, pero por lo menos no fue parte del problema. De hecho, las provisiones por préstamo aumentaron con la pandemia, debido seguramente a las políticas financieras que se llevaron a cabo, que redujeron las presiones que las firmas tenían en términos financieros. Sin embargo, estas previsiones por préstamos siguen altas y los préstamos improductivos, impagados o no, continuaron básicamente a niveles relativamente históricos: no aumentaron con la pandemia.

Los ratios de adecuación de capital se mantuvieron altos y siguen así. De hecho, la primera figura, las previsiones por préstamos, se mantiene alta. Este dato, combinado con que no estamos viendo un incremento del crédito real bancario, nos hace pensar que este no va a aumentar en el corto plazo.

En resumen: la situación financiera de la región, con relación al sector privado y al bancario, no parece que vaya a recuperarse en el futuro cercano, y esto es un problema justamente porque las firmas no van a tener mayor acceso a la financiación.

Para concluir, algunas recomendaciones, pensando justamente en políticas de corto y medio plazo destinadas a enfrentar el triple desafío evaluando la coyuntura actual, pero también pensando en los factores de inclusión fiscal y de crecimiento que tenemos en mente.

Necesitamos controlar la inflación y proteger la credibilidad de la política monetaria. En ese sentido, asegurar la independencia del banco central es esencial.

Tenemos complejos dilemas fiscales en la región y el diseño de las políticas a corto plazo debe cambiar y adaptarse para incorporar estos complejos dilemas. Hemos de pensar en reformas fiscales y de las instituciones para tener un gasto más eficiente y sistemas tributarios más progresivos.

La consolidación fiscal es esencial en este contexto, especialmente por el aumento de las necesidades. La población está pidiendo mayores ayudas e inversiones. Además, dado el contexto de consolidación fiscal, es imprescindible asegurar también la sostenibilidad de la deuda.

Tenemos que implementar y fortalecer los subsidios focalizados para poder proteger a los más vulnerables. Hacer políticas de subsidios generalizados en un contexto de consolidación fiscal no nos ayuda a controlar el gasto. Volver a las reglas fiscales e implementarlas con determinación también es una muy buena manera de ayudar en el contexto de consolidación fiscal, lo mismo que mejorar la coordinación o la combinación de políticas macroeconómicas. Hay que pensar también en las políticas salariales, no solo en la fiscal y monetaria.

Tener en cuenta las políticas salariales en un contexto de inflación implica no detenerse en la inflación pasada —que genera mayor inercia de la inflación—, sino fijarse en la inflación futura.

Este es un tema complejo políticamente, pero es posible llevarlo a cabo manteniendo una buena comunicación y explicando por qué se está tomando determinada decisión.

Así vamos a poder cerrar las brechas en infraestructuras digitales y físicas que la región necesita superar. Y así vamos a poder diseñar políticas e instituciones para promover el crecimiento de la productividad, que al final es a lo que aspiramos, a fin de que nos ayude a enfrentar los desafíos fiscales, de pobreza y de desigualdad.

Parte V
Política, gobierno y democracia en el siglo XXI
Facultad de Ciencias Políticas y Sociales

El impacto de la globalización sobre la democracia

Josep M. Colomer

Politólogo y economista. Universidad de Georgetown

«¿Quién se hace cargo del futuro?» Para contestar esta pregunta me basaré parcialmente en mi libro *Democracia y globalización* (editorial Anagrama), publicado hace un par de años, que he intentado adecuar y adaptar para la ocasión. Desarrollaré dos partes: la primera, referente a la crisis de la democracia, y la segunda, más cercana a la pregunta inicial, sobre las posibles soluciones o procesos que ya están en curso y que podrían mejorar el funcionamiento real de los sistemas democráticos.

La globalización ha cambiado la escala territorial de muchos temas públicos que eran objeto tradicional de las gobernanzas de los estados. En un cierto periodo los intercambios globales de comercio, de capitales, de migraciones, etcétera, provocaron el deterioro de los tradicionales regímenes autoritarios que venían implementando políticas nacionalistas de economía más o menos autárquica, cerrada al exterior.

En México, por ejemplo, esto tuvo consecuencias positivas. El Tratado de Libre Comercio, los debates sobre las posibles inversiones de capital extranjero en los monopolios estatales de la energía, las migraciones incluso, causaron en parte el deterioro del régimen autoritario tradicional y un impulso hacia la apertura económica. Esa apertura y la liberalización política llevaron a la democracia. Pero al mismo tiempo y por la misma razón, esta globalización ha dificultado, en México y en el resto del mundo, que los gobiernos desempeñen sus tareas con el éxito al que estaban acostumbrados. O sea, ha habido un deterioro de la gestión pública.

¿Y por qué los gobiernos actuales, los gobiernos nacionales tradicionales, no controlan ya muchos temas, como la comunicación? Antes, con correos y el teléfono, que eran también monopolios públicos, la comunicación estaba agotada; pero hoy, con internet, se traspasan las fronteras sin pedir permiso a gobierno alguno. El Libre Comercio de América del Norte, Mercosur, la Unión Europea, las inversiones de capitales, las migraciones; por no hablar de la pandemia reciente, que también ha sido global, y la planetaria crisis del clima, incluso más recientemente algunas revisiones geopolíticas que incluyen guerras de fronteras..., todo ello ha hecho saltar por los aires el ámbito propio de los gobiernos nacionales que ya no pueden gobernar como estaban acostumbrados a hacer. El mayor problema del mundo actual es que la globalización política es inferior, o más débil, que la globalización económica, de comunicación, y en todos los aspectos que he citado.

Fragmentación e inestabilidad política

En estos últimos años, sobre todo los últimos quince, desde la gran recesión del 2008, se han producido fenómenos muy significativos.

Primero: los gobiernos pierden elecciones más que nunca, sean de derechas o de izquierdas. Había una teoría tradicional que decía *incumbent advantage*, los que están en el poder tienen ventaja en las elecciones, porque pueden explicar lo que han hecho y son fiables en la medida en que han cumplido; mientras que la oposición maneja hipótesis, promesas que nunca se sabe si van a cumplir. Pero esta ventaja del *incumbent*, del gobernante, ha desaparecido prácticamente.

Veamos algunos datos. En México no hay reelección personal, pero sí de partido: como se ha comprobado, tras el largo dominio del PRI hubo solo dos períodos consecutivos del PAN y después ha habido un cambio del sistema de partidos en general.

En Europa, durante bastantes décadas, los partidos de gobierno ganaban las elecciones dos o tres veces como media; desde la gran recesión del 2008 hasta la pandemia solo fueron reelegidos una cuarta parte de los gobiernos. En los últimos dos años y medio de pandemia hubo en el mundo 18 procesos electorales convocados en países democráticos. En las tres cuartas partes de los casos, 13 de 18, no fue reelecto el partido de gobierno. En algunos de esos países ya se habían producido reelecciones en anteriores ocasiones; sin embargo, en ocho de los casos, ni siquiera los que buscaban un segundo mandato lo consiguieron.

Si me permiten la comparación, todo esto resulta similar a lo que ha pasado con el fútbol durante la pandemia. Muchos partidos se jugaron sin público; los estadios estaban vacíos y los resultados fueron diferentes de como eran antes. Hubo tantas victorias y tantas derrotas en campo propio como en campo contrario, lo cual quería decir que la ventaja de jugar en casa, de jugar desde el gobierno, desapareció.

Segundo: muchos partidos tradicionales de gobierno han desaparecido en la práctica. Un ejemplo es Francia. Durante la Quinta República hubo alternancia entre dos partidos, el Partido Socialista y los Republicanos, con sucesivos cambios de gobierno en ambos sentidos. En las últimas elecciones, por el contrario, el Partido Socialista obtuvo el 6 % de los votos y los Republicanos un poco más, pero están divididos y no se les ve un gran futuro. Ocurre en muchos otros lugares.

¿Qué significa esto? Que aparecen nuevos partidos, nuevas candidaturas, muchas de ellas nacionalistas, populistas, antiglobalización. El caso más obvio es MAGA, Donald Trump, *Make America Great Again*, que ya es casi una etiqueta electoral, una candidatura que arrastra al Partido Republicano. Ocurre en todas partes. En México llegó Morena. En las últimas elecciones presidenciales en Perú y Chile emergieron partidos nuevos, y la oposición ganó en segunda vuelta. Surgen partidos más bien extremos. En Europa, en Gran Bretaña, el Brexit ha provocado un desastre. Mientras, surgían formaciones de extrema derecha en Italia, en Alemania y en España.

¿Qué significan estos cambios? Que muchos votantes están insatisfechos con los resultados de su Gobierno, con el desempeño de unos órganos ejecutivos acosados por la globalización y otros límites a su gestión. Votan por el malo desconocido antes que por el malo conocido, en contra de lo que hacían antes. Cualquiera menos el que gobierna. En conjunto hay más fragmentación política, más partidos en el terreno de juego institucional. El multipartidismo prolifera. Basta con ponderar y analizar los datos electorales de los 18 países que he citado anteriormente por haber celebrado votaciones en los dos años y medio de pandemia. En esos 18 estados, la media en las tres décadas anteriores era de 4,7 partidos efectivos en votos. En la última convocatoria, ha aumentado a 6,2. Es evidente la fragmentación del sistema.

¿Qué pasa entonces? Que es más difícil formar una mayoría política, una mayoría parlamentaria o una mayoría de gobierno, tanto en un régimen parlamentario como en un régimen presidencial. Una de las consecuencias más llamativas del pluripartidismo en gobiernos parlamentarios han sido las elecciones anticipadas. Como no hay mayoría, es muy difícil formar un gabinete sólido porque ningún partido tiene más del 20 % de los votos o de las curules. Entonces se produce un bloqueo, no se sabe qué hacer y se convocan nuevas elecciones.

En España se convocaron cuatro elecciones seguidas en cuatro años porque ninguna de ellas daba un ganador claro que pudiera formar una mayoría en el Parlamento. En Bulgaria hubo cinco elecciones en tres años y medio y aún no sabemos si el gobierno actual va a durar mucho. Podría extenderme aquí con otros ejemplos, como Irlanda o Rumanía.

Incluso los países mejor gobernados han tenido dificultades. En Alemania, que se supone que es uno de los países con un mejor rendimiento democrático, durante setenta años se habían formado gobiernos de coalición de dos partidos con distintas combinaciones. Incluso se formó tres veces un gobierno de gran coalición con los dos partidos mayoritarios, cristianodemócratas y socialdemócratas. En las últimas elecciones ni siquiera estas dos formaciones sumaban el 50 %. Por primera vez han tenido que coaligarse tres partidos, que además, en algunos temas, no están de acuerdo. Cada uno lleva su propia gestión en su correspondiente departamento.

A Holanda muchas veces se la cita como el país con la mejor gobernanza. Allí están más acostumbrados a formar coaliciones de gobierno de tres o cuatro partidos. En estos momentos han batido su propio récord: en la última convocatoria electoral han necesitado más de nueve meses tras las elecciones para formar una mayoría parlamentaria y elegir un gobierno.

Todo ello significa que hay un aumento de la inestabilidad política, lo cual a su vez genera serios problemas de gobernanza, desarrollando un círculo vicioso: se produce insatisfacción entre la ciudadanía, descontento, voto en contra de los gobernantes, bloqueos... Así, muchos temas no se pueden abordar ni resolver y la crisis persiste sin solución de continuidad.

La democracia no avanza en el mundo

Otro aspecto de la crisis, quizá más grave todavía, es que no ha habido nuevas democracias durante más de veinte años. En el libro que he citado, afirmo que la democracia es como un buen matrimonio, que casi todos dicen que les gustaría tenerlo; algunos lo tienen y otros no, pero muchos de los que lo tienen lo estropean. Esto más o menos ocurre con la democracia. Casi todo el mundo dice que sí, que la democracia es muy buena. Ahí están la República Popular Democrática de Corea del Norte, la República Democrática del Congo; es decir, todo el mundo quiere autodenominarse demócrata, pero en la práctica la democracia solo existe en la mitad de los países con la mitad de la población mundial, aproximadamente. Tal distribución permanece invariable desde el año 2000.

Antes hubo varias oleadas de democratización, en gran parte generadas por cambios y crisis económicas internacionales. La primera oleada se produjo durante los años setenta en el sur de Europa; en orden cronológico: Grecia, Portugal y España, con un tipo de transición relativamente pacífico, distinto de la tradicional revolución o como resultado de una guerra. Luego este modelo pareció contagiar a América Latina en los años ochenta. Posteriormente, a la Europa Oriental poscomunista en los años noventa. Y en cierto modo culminó en México en el año 2000. Durante esas décadas se multiplicó el número de democracias. Siendo generosos podríamos decir que en el mundo hay unos 90 países que tienen un régimen democrático aceptable. Ahora bien, en la actualidad, en el año 2023, tenemos prácticamente el mismo número que en el año 2000. No ha habido progreso.

¿Por qué ocurre esto? Caben las interpretaciones y la discusión. Destacan dos factores: el primero es el mal desempeño de las democracias existentes, las crisis de gobernanza que las hace menos atractivas. Recuerdo muy bien el caso de España. Los españoles querían vivir en «un país normal», como los del resto de Europa; deseaban integrarse porque estaban seguros de que ello les traería importantes beneficios. Actualmente, sin embargo, en otras partes del mundo, especialmente en África y el Oriente Medio, ese ejemplo de la Unión Europea ya no es tan atractivo. Porque ya no funciona tan bien.

Hay otro factor interesante y tiene que ver asimismo con la globalización. Las transiciones democráticas conllevan siempre ciertos costes económicos. Cuando se elabora o se reforma una Constitución, cuando se produce un cambio de régimen político, la gestión del gobierno, la conversación pública y el debate social no hablan de otra cosa. La economía pasa a segundo plano, y eso tiene consecuencias. La política económica queda apartada durante un tiempo, hasta que el nuevo marco político quede más clarificado y establecido. Ahora mismo hay muchos países que no son democráticos, pero que tienen los mismos problemas de gobernanza porque dependen en gran medida de economías internacionales. Son países emergentes que están intentando adaptarse a la globalización. Y no pueden permitirse el lujo de meter en un paréntesis la gestión económica durante unos años mientras llevan a cabo cambios políticos. En todo caso y admitiendo la complejidad de las causas, lo cierto es que no ha habido progreso democrático durante más de veinte años en el mundo.

El caso de la India

Recomiendo ver y analizar algunas encuestas mundiales como las de Pew Research Center, que son interesantísimas. Plantean una pregunta muy clara: ¿cuán satisfecho está usted con el modo como funciona la democracia en su país? Hay cuatro posibles respuestas: muy o bastante satisfecho y bastante o muy insatisfecho. Los resultados llaman la atención porque se comprueba que los países donde más del 50 % de los encuestados dicen que están muy o bastante satisfechos son la excepción. En Estados Unidos solo el 39 % mostró alguna satisfacción.

En la encuesta que cito, el nivel más alto de satisfacción con el funcionamiento de la democracia se daba en la India, con el 73 %. Allí está el 40 % de la población del mundo que vive en democracia. Ignorar ese país sería como hacer un estudio del estado del capitalismo en el mundo y no incluir Estados Unidos. La India es muy importante. Está menos estudiada, pero es muy intrigante. Casi nadie daba un penique por su democracia después de la independencia; especialmente los británicos, pero tampoco el resto del mundo. ¿Cómo podría ser democrático un país tan pobre, analfabeto, religioso, con varias sectas...? Fracaso seguro. Pese a tales pronósticos, en 1952 se convocaron las primeras elecciones generales. Veinte años más tarde hubo un paréntesis autoritario, cuando la primera ministra Indira Gandhi disolvió el Parlamento, suprimió los partidos, persiguió a la prensa, etcétera. No obstante, dos años después convocó de nuevo a las urnas y se restauró la democracia. Hasta hoy existen problemas, naturalmente, como en todas partes; siempre caben imprevistos. Pero la realidad es muy diferente de como se había pensado que podría ser.

Mi hipótesis es que la satisfacción o insatisfacción dependen en gran medida de las expectativas; no del nivel real de bienestar o del desempeño del gobierno, sino de ese desempeño comparado con lo que la gente esperaba. En la India, la población no esperaba nada. Tras la independencia y durante cuarenta años el crecimiento promedio de la renta per cápita fue nulo. Aquello era tomado a broma: *the Indian rate of economic growth*, la tasa de crecimiento india, ja, ja, ja, es cero. Sin embargo, en los últimos treinta años el PIB ha crecido a una media anual del 7 %, en algunos años del 9 o el 10 %, y ahora del 10 %. En treinta años la renta per cápita se ha multiplicado por ocho. Era un país muy pobre, todavía lo es en gran parte, pero ese crecimiento es una magnífica noticia. Los indios no esperaban nada, y cuando se ha dado este resultado la gran mayoría ha quedado satisfecha con el funcionamiento de la democracia en su país.

Mi hipótesis general es que los gobiernos caen cuando fracasan. Esto en inglés suena mejor: *governments fall when they fail*. Suena más poético. En todo caso, lo que cuenta es el desempeño, la *performance*, el resultado de la gobernanza en comparación con las expectativas. Y todavía estamos en una situación en que muchos temas, sobre todo temas internacionales que dependen de la globalización económica mundial, no están bien resueltos.

Además, en muchos países han aparecido problemas nuevos que ahora cobran mayor relieve. En Estados Unidos la agenda es más amplia que nunca. Empezó con la asistencia sanitaria de Obama que ha funcionado a medias, la migración, las tensiones raciales, los temas de género, de sexo, de familia, el papel de las familias en las escuelas públicas, el control de armas, los derechos de voto, la crisis climática... Todo está en discusión. Con los trans, por poner el ejemplo quizá más claro, no se sabe muy bien qué hacer, porque nunca se había hablado de ello. Hay muchos temas nuevos en los que no hay una política pública consensuada que se pueda aplicar de un modo estable durante mucho tiempo.

Despedir al entrenador

¿Qué ocurre cuando se dan estas circunstancias? Pues lo mismo que en el fútbol: se despide al entrenador. Cuando un equipo empieza a perder partidos..., ¿de quién es la culpa? ¡Quién sabe! Los jugadores, la táctica, el público, el tiempo que hacía aquel día... Pero la reacción habitual es simple: cambiemos al entrenador. Él es el culpable, el chivo expiatorio. Bueno, pues esto es lo que hace mucha gente cuando las cosas no funcionan: echar al partido del gobierno. Esto no quiere decir que el nuevo tenga mejores soluciones, como tampoco ocurre en el fútbol. Hay todo un campo de la llamada economía del fútbol que es muy interesante, que se ha desarrollado durante los últimos años en términos académicos. Y dice que esto de echar al entrenador es como un ritual. Se busca un culpable, se focaliza la ira o el desengaño, aunque no cambie nada. Es lo mismo en el caso de los gobiernos, porque no hay alternativa en las políticas públicas y la inestabilidad continúa.

Por supuesto, las expectativas de la ciudadanía están basadas en los resultados anteriores y en la confianza de que todo continúe bien en el futuro. La aparición de nuevos temas en la agenda, especialmente relacionados con la globalización económica y comunicativa, pero también con temas sociales y culturales que no habían sido resueltos previamente, provoca que el desempeño de los gobiernos empeore. Esto genera frustración en los votantes. Votan contra el *incumbent*, contra el gobierno, despiden al entrenador y eso, en realidad, confirma e incluso acentúa las crisis.

La satisfacción de la ciudadanía es difícil de lograr. Ha ocurrido en la India, como se ha visto. En Indonesia también, aunque allí el recorrido es más corto, porque solo ha habido cuatro elecciones democráticas hasta ahora, después de un periodo terrible de dictadura. Pero está creciendo económicamente a buen ritmo y parece que la gente está bastante contenta.

Esperanza en el futuro

Vistos los aspectos más negativos de la globalización, es preciso profundizar más en estas preguntas: ¿quién se hace cargo del futuro? ¿Qué esperanza podemos tener? Carezco de soluciones originales o muy novedosas. No propongo diseñar una nueva constitución o nada parecido. Intento identificar procesos reales que ya están en curso, que pueden mejorar la gobernanza y, por tanto, facilitar la cohesión de los regímenes democráticos.

La idea es desarrollar una gobernanza multinivel, porque los gobiernos nacionales habituales ya no son soberanos. Esta cuestión siempre produce alguna controversia: el concepto de soberanía nacional. Si somos serios y buscamos definiciones precisas en la Ciencia Política o en el Derecho Constitucional, soberanía significa el poder de tomar decisiones finales sobre todos los temas dentro de unas fronteras. El problema es que las fronteras ya no existen para numerosos asuntos. Muchos países no son soberanos en todos los temas. Ante esta evidencia, una salida debería ser articular múltiples niveles de gobierno: nivel local, estatal, nacional, internacional, global. Dicho de otro modo, si la democracia está deteriorada por la globalización, la solución es globalizar la democracia.

Podríamos creer que esto ya está en marcha, al menos como esbozo. Actualmente el número de niveles de gobierno para la mayor parte del mundo oscila entre tres y siete. En casi todas partes hay un gobierno local y otro estatal, miembro a su vez de alguna comunidad o alianza internacional. Además, en muchos países, como en México, existen alcaldías, condados, juntas escolares, áreas metropolitanas, regiones, etcétera. Y acuerdos continentales.

En estos distintos y sucesivos niveles cada uno tiene su especialidad, es una cuestión técnica de escala. Los gobiernos locales, municipales o estatales están a cargo de proveer servicios públicos como educación primaria, agua, parques y jardines, bomberos, cementerios y, sobre todo, planificación urbana. Los gobiernos nacionales o federales son más eficientes en educación superior, carreteras y transportes de larga distancia. Luego tenemos las instituciones globales, que forman una especie de gobierno mundial. Instituciones que, atención, no tienen un propósito general como los estados tradicionales, sino que están especializadas en distintos temas, cada una en su jurisdicción. Hablo de situaciones ya existentes, como la que definen el Banco Mundial o el Fondo Monetario Internacional, organismos que tienen una gran responsabilidad en el desarrollo o en la estabilidad financiera, que eran asuntos fundamentales de la soberanía de los estados nacionales.

Hay que citar a los clásicos: Adam Smith y otros autores fueron muy claros a la hora de vincular la finalidad de los estados con la seguridad y la defensa de las fronteras. Pues bien, las grandes alianzas de seguridad, la OTAN, por ejemplo, ya muestran que el estado no siempre es soberano en lo que a la seguridad se refiere. La justicia es otro gran tema. Porque ahora existe en Europa el Tribunal de Justicia de la Unión Europea y los estados tienen que cumplir sus sentencias. O el Tribunal Penal Internacional. Y qué decir de la moneda. En Europa está el euro. Pero también el Fondo Monetario Internacional regula el valor de las distintas monedas entre ellas. La experiencia de la pandemia nos ha mostrado a todos que la Organización Mundial de la Salud debería ser más fuerte, capaz de generar criterios que puedan ser aplicados en cada país según las circunstancias, pero que tengan una base común. El Acuerdo de París sobre el clima, que fue un jalón en la respuesta al desafío medioambiental, habrá de ir a más. Porque estas políticas o son globales o no existen.

En otro libro que fundamenta este trabajo, *El gobierno mundial de los expertos* (editorial Anagrama), estudio también el Grupo de los Siete y el Grupo de los Veinte. El G-7 es lo más parecido a un gobierno mundial que ha existido nunca, y es extraordinariamente abierto y deliberativo.

El G-7 empezó como Grupo de los Cinco a regular los intercambios monetarios por la crisis del dólar de los años setenta. Posteriormente, ya ampliado, ha tomado decisiones relativas a múltiples aspectos del comercio mundial, las crisis o cualquier otra cosa. Su agenda está muy abierta, y eso viene siendo así año tras año.

Así, por ejemplo, recientemente el G-7 ha fijado un mínimo de impuestos a todas las empresas multinacionales que tienen su sede en paraísos fiscales donde no se pagan impuestos, mientras trabajan en muchos otros países donde en realidad practican la evasión fiscal. Ahora, en consecuencia, los cinco grandes de la tecnología se verán afectados por ese acuerdo, que se transmitió además al Grupo de los Veinte. El G-7 reúne a las siete democracias más grandes, más ricas económicamente. El G-20 incluye a otros tantos países de gran actividad económica, también a China, Rusia, etcétera. De esta forma, una medida fiscal transnacional se está aplicando ya en diversos e importantes estados nacionales.

Repensar la democracia

Siendo un poco más teórico, diría que la democracia es una forma de gobierno que quizá hemos simplificado demasiado. Porque incluye varias dimensiones: la participación, la gobernanza y la responsabilidad. Y estas tareas, estas dimensiones de la democracia, son compatibles con múltiples fórmulas.

La participación de la gente implica tomar decisiones directamente en una asamblea o elegir representantes que tomen decisiones en nombre de la ciudadanía. Son fórmulas diferentes. La gobernanza se refiere a la eficacia a la hora de resolver conflictos sociales y proveer bienes públicos, lo cual puede también requerir la acción de cuerpos independientes con expertos profesionales, no necesariamente electos. Y la rendición de cuentas es el control de los resultados de los gobernantes por lo que han hecho, así como procedimientos para relevarlos si no trabajan satisfactoriamente.

Al mismo tiempo, podemos distinguir estas dimensiones entre gobiernos locales, gobiernos de los estados, gobierno nacional-federal y gobierno internacional o global. La democracia local puede ser más fuerte, más directa, con mayor participación. En ese ámbito, la gente puede tener más información sobre los asuntos colectivos e intervenir más o al menos tener criterios más claros sobre cuál es la fórmula. Por el contrario, la democracia directa o cualquier tipo de fórmulas participativas, incluso los referéndums, no funcionan bien cuando los temas son más complejos en comunidades mucho más grandes.

La democracia representativa a nivel nacional es lo más habitual, pero en muchos países está en declive; no se cumplen las promesas electorales y sobre todo hay poco control de los resultados y poca responsabilidad. Cuando se acaba un periodo de gobierno, normalmente no se rinden cuentas. Se prometen otras cosas para el futuro, se cambian los candidatos o lo que sea, el eslogan, los discursos. Pero no se hace un balance cabal de lo que ha pasado antes, durante el mandato concluido.

Las instituciones globales, en cambio, sí son muy críticas. Pasan revista a los resultados de todos sus programas, rectifican mucho más que los gobiernos nacionales, se autocritican, cambian los programas cuando no funcionan bien. Para comprobarlo basta con entrar en la página web del Banco Mundial. Allí se pueden consultar todo tipo de documentos, los debates, los acuerdos, incluso notas manuscritas de reuniones privadas.

Está todo ahí. Es cierto, no obstante, que los integrantes del Banco Mundial no son elegidos, aunque muchos son enviados indirectamente por gobiernos democráticos. Claro que los no democráticos también mandan a su gente.

Gobernanza a diferentes niveles

La integración y la convivencia de los niveles de gobierno local, nacional y global son las opciones más satisfactorias si se trata de abarcar todas las dimensiones de la democracia: participación, gobernanza y rendimiento de cuentas. La expectativa, la esperanza, es que podamos constituir y formar combinaciones institucionales en distintos niveles de democracia directa, gobierno representativo y gobierno de expertos. Estos ámbitos son complementarios y pueden funcionar en paralelo. Aunque ninguno alcance la perfección, todos y cada uno de ellos aportan sus ventajas.

Es interesante ver otra encuesta del Pew Research Center. En este caso, a ciudadanos de diversos países se les preguntó: ¿apoya la democracia directa, el gobierno representativo o el gobierno de los expertos? La mayoría optó por la democracia representativa, que conocemos por experiencia, y por la democracia directa, menos extendida pero también atractiva. Al tiempo, un poco más de la mitad se adhirió asimismo al gobierno de los expertos. En cambio, se pudo percibir un rechazo muy claro de los gobiernos autoritarios, tanto los personalistas como los militares, lo cual da esperanzas de que esa combinación posible de fórmulas pueda tener un apoyo popular.

La globalización es imparable porque es resultado del cambio tecnológico, que a su vez es resultado de la ciencia, y esto nadie lo puede bloquear. La alternativa a la globalización son los nacionalismos, los aranceles comerciales, los controles económicos, las barreras a la migración, e incluso, ahora mismo, los conflictos de fronteras que llevan a la guerra, como en Ucrania. Al final, la alternativa a la globalización es la guerra.

Hace poco más de cien años, a principios del siglo XX, si se miran los datos, ya se produjo un proceso de globalización. Por ejemplo, en términos de comercio exterior. Tal vez sea un poco dudoso el cálculo, pero, en aquel momento y en proporción al producto interior bruto de los países, el comercio exterior era algo mayor que ahora, probablemente bastante más porque había menos estados nacionales. Tengamos en cuenta que el comercio interior de entonces en algunos países ahora contaría como internacional. Por poner un caso: Checoslovaquia. El comercio entre Praga y Bratislava hace cien años era comercio interior; mas como ahora hay dos países distintos, la República Checa y Eslovaquia, el mismo comercio entre las dos ciudades cuenta como internacional. Además, en la Unión Europea ya no hay aduanas, lo que tal vez dificulte el cálculo en cuestión, pero queda claro que hace un siglo ya había un alto nivel de intercambios. Fue la época en que se generalizaron los telegramas, los cables telefónicos a través del Atlántico. La gente viajaba sin pasaporte; el pasaporte se inventó en la Primera Guerra Mundial como un elemento de control para saber quién era el enemigo y quién el amigo.

Hay un párrafo famoso del economista John Keynes, que, refiriéndose al Londres de los años diez, dice: «Desde mi oficina, por telegrama, podía comprar cualquier producto de cualquier país del mundo, me lo traían a casa, les enviaba mensajes a colegas o gobernantes de otros países, podíamos viajar sin pasaporte, etcétera».

Pero todo eso terminó con la Gran Guerra, como se denominaba la Primera Guerra Mundial. Fue un conflicto más bien absurdo. Nadie sabe todavía muy bien por qué se llegó a producir. Es cierto que ahí estaba Alemania, expandiéndose tras unirse como país; y que por otro lado Gran Bretaña era el mayor imperio de la historia y no deseaba tener rivales. Pero nunca se ha aclarado muy bien por qué empezó esa guerra. Fue un conflicto sin motivos ideológicos, una absurda rivalidad entre imperios que llevó a treinta años de catástrofe, porque después de la Primera Guerra vino el fascismo y el nazismo, y luego la Segunda Guerra Mundial. Así pues, cuando ya estábamos en una situación de globalización creciente, todo se derrumbó y tuvimos que volver a empezar a mediados de los años cuarenta. El propio Keynes fue uno de los que en 1943-1944, como delegado británico, intentó junto a los americanos reconstruir el orden internacional con el Banco Mundial y el Fondo Monetario.

Democracia global

En la actualidad, la democracia se puede concebir como una forma de gobierno con múltiples fórmulas institucionales. Hay muchos ejemplos. En cualquier universidad hay organizaciones de estudiantes que toman decisiones colectivas con métodos democráticos: se discuten las alternativas y luego se vota y lo que se decide es vinculante. Las juntas de facultad o de universidad, igualmente. En otros espacios, las asociaciones de vecinos, los sindicatos, cualquier club u organización cultural... La gente se expresa, da su opinión, discute, participa, y muchas veces quizás los que más hablan no son los más expertos. Pero se acepta que el sistema democrático implica su participación.

Vuelvo a los casos de esos entes globales que son el Banco Mundial y el Fondo Monetario. Vistos desde dentro y analizando sus mecanismos internos, su funcionamiento, se comprueba que en sus juntas se reúnen representantes de los países, algunos de los cuales son permanentes y otros van rotando o se forman coaliciones de varias naciones. Hay diversos puntos de vista, pero esas personas se pasan la vida hablando, viven en entornos similares y discuten cada tema durante mucho tiempo: semanas, meses, hasta que se llega a un consenso y se vota. Y si no hay suficiente apoyo, pues algunos temas requieren la unanimidad, entonces no se decide, se sigue discutiendo. Recuerdo que, cuando estuve allí, había un delegado brasileño que era famoso porque siempre estaba en contra de todo. Todo el mundo le rehuía, nadie quería hablar con él. Y era porque venía a romper un espíritu de consenso, de colaboración, de llegar a soluciones colectivas que todo el mundo pudiera aceptar.

Si nos atenemos a este esquema, podemos pensar que los gobiernos locales, nacionales y globales pueden usar diferentes fórmulas institucionales, y todas pueden ser consideradas democráticas en este sentido general: la democracia como una noción ética que se podría remitir al concepto clásico de gobierno por consentimiento. Si los ciudadanos aceptan las decisiones de todos esos gobiernos locales, nacionales y globales como legítimas, y aceptan que hay que cumplirlas, ¿por qué no llamarlo democracia? Aunque hayan sido resultado de procesos institucionales diferentes y a veces complicados.

En resumen y ante esa pregunta tan directa: ¿quién se hace cargo del futuro? Para mí, idealmente, la respuesta sería: distintos grupos de personas tratando distintos temas por separado, a distintos niveles territoriales; sin que ninguno de los grupos o instituciones tenga el poder de imponer su decisión sobre todos los temas a todos los demás.

Los destructivos amos del mundo

Noam Chomsky
Lingüista, filósofo, politólogo y activista

La humanidad está siendo asediada. Está siendo atacada por un agresor brutal, que no tiene ningún interés por el destino de la gente. La identidad de este agresor es muy clara: es el conjunto de las instituciones dominantes que han sido desarrolladas durante siglos. De hecho, tales instituciones tienen hoy una vocación destructiva. No es una exageración.

Estoy seguro de que todos estamos familiarizados con el Reloj del Apocalipsis (*Doomsday Clock*). Fue creado en 1947, justo después de las bombas atómicas, cuando se hizo evidente que los humanos ya habían alcanzado la capacidad intelectual y técnica para destruirlo todo. El reloj es regulado cada año por un grupo de analistas que buscan evaluar la seguridad actual, la situación sociopolítica, y sus manecillas se ponen a cierta distancia de la medianoche. En este singular cronómetro, medianoche significa el punto final del experimento humano.

La posición original de las manecillas fue a siete minutos de la medianoche. El lapso se redujo a solo dos minutos en 1952-1953, después de la explosión de las primeras armas termonucleares, cuya capacidad destructiva era perfectamente capaz de acabar con la vida en el planeta Tierra. Año tras año el plazo fatídico osciló, dependiendo de la evolución de la situación política durante la llamada Guerra Fría. No volvió a dos minutos de la medianoche hasta los años de Trump. Al finalizar el mandato de dicho presidente, los analistas pasaron de contar en minutos a hacerlo en segundos. El último ajuste fue a 90 segundos de la medianoche. El reloj será regulado de nuevo en enero de 2024, y probablemente sus manecillas quedarán todavía más cerca de la medianoche, o al menos es lo que se espera.

Con esto en mente, veamos cómo hemos llegado a una situación tan desoladora en la historia humana, y cómo podemos escapar de un destino tan funesto. Esto nos lleva a la pregunta que nos ha movilizado: ¿quién se encarga del futuro?

El testimonio profético de Adam Smith

Hay diferentes respuestas a esta pregunta. Empecemos con una que proviene de una personalidad muy respetada y prestigiosa. En su opinión, el futuro está en las manos de los amos de la humanidad, aquellos que se adueñan de la economía y, a través de ella, se convierten en los principales arquitectos de la política de los gobiernos. Usan ese poder para asegurar que sus propios intereses queden bien servidos, sin importar lo graves que sean las consecuencias para la población de su propio país, y menos aún en otros países sometidos a su influencia o control directo. Siempre persiguen su vil máxima: todo para nosotros, nada para los demás.

Esa es una respuesta posible a la pregunta de quién se hace cargo del futuro. Adónde nos lleva es bastante obvio. El personaje que estoy citando es una figura distinguida que escribió hace 250 años el famoso libro *La riqueza de las naciones*, muy venerado, pero poco leído. Me he permitido sintetizar o parafrasear las palabras de Adam Smith en dicho volumen. Él, por supuesto, escribió sobre Inglaterra. Los amos de la humanidad, como los llamó, eran los mercaderes y los fabricantes de Inglaterra. La injusticia que denunció se refería sobre todo al inicio del dominio británico sobre la India, una ocupación que no cesará de incrementar su naturaleza cruel hasta devastar el que era entonces el país más rico del mundo, robando su tecnología superior y asesinando a decenas de millones de personas en un largo reguero de atrocidades. La descripción de Adam Smith de los amos de la humanidad sigue estando vigente hoy en día.

Los amos han cambiado. Ahora son multinacionales, corporaciones, instituciones financieras. Aún son quienes diseñan las políticas de los gobiernos. También creen que sus propios intereses son prioritarios, por encima de toda consideración, y permanecen adictos a la vil máxima que señaló Adam Smith. Si continúan a cargo del futuro, estamos condenados a la extinción, y a no mucho tardar. Sus egoístas e implacables intereses implican que nada se hará para evitar el impacto devastador de la destrucción ambiental. Dicho impacto llegará a puntos irreversibles dentro de unas pocas décadas. Provocará catástrofes a un nivel que no se puede describir con las meras palabras. Emplearán los poderes estatales para maximizar su dominación sobre los demás, que quedarán sujetos a su salvaje injusticia.

Una consecuencia muy probable es la guerra nuclear mortal, que está demasiado cerca, tanto en Europa como en Asia oriental, centrándose en Ucrania y China e incluso en otros lugares. El sur de Asia se está haciendo inhabitable. Campesinos pobres en India están intentando sobrevivir a temperaturas que alcanzan cerca de los 50º. Menos del 10 % de la población tiene aire acondicionado en un país con pequeñas islas de increíble riqueza en un mar de miseria. Al lado, Pakistán acaba de sufrir una inundación devastadora: un tercio del país estaba bajo el agua. Las fuentes de los suministros de agua potable de ambos países son compartidas y están amenazadas al derretirse los glaciares. Ambas naciones poseen extensos arsenales nucleares. Dejo el resto a la imaginación de cada uno.

El sur de Asia no es el único lugar en condiciones críticas. Por lo que parece una maliciosa ironía, la región que es la principal fuente de esos combustibles fósiles que nos están destruyendo se calienta mucho más rápido que el resto del mundo. Se espera que el nivel del mar Mediterráneo aumente de 2 a 2,5 metros a finales de este siglo. Sobran comentarios.

Ante la catástrofe medioambiental

La catástrofe se acerca. Los amos de la humanidad, siguiendo su vil máxima, están trabajando para conducirnos al borde del precipicio. No es que sean personas malvadas. La estructura institucional impulsa este comportamiento; la estructura institucional de los sistemas capitalistas de Estado que nos gobiernan. Así que pongámonos en la posición de Jamie Dimon, el presidente de la junta de J.P. Morgan Chase, uno de los bancos más grandes de Estados Unidos. Él sabe perfectamente que, cuando le presta dinero a ExxonMobil y a otras compañías de combustibles fósiles, está contribuyendo a la destrucción de la posibilidad de una vida decente para sus nietos. No quiere hacerlo. Pero ¿qué opciones tiene? ¿Qué le pasa por la mente? Pongámonos en su lugar y pensemos en ello.

Lo que pasa por la mente de Dimon es bastante simple: si yo no presto dinero a las compañías de combustibles fósiles, que están destruyendo la vida de mi nieto, seré sustituido al frente del banco y quien ocupe mi lugar probablemente no sea tan agradable como yo, quizás ni siquiera le importen estas cosas, y la situación empeorará. Por lo tanto, por el beneficio de la raza humana, seguiré prestando dinero a aquellos que la están destruyendo. Si lo piensas bien, no es un mal argumento. Revela la cuestión fundamental: los problemas son institucionales, no individuales. Eso los hace difíciles de resolver, pero tenemos que ser realistas.

Esta es una respuesta a la siguiente pregunta: ¿quién está a cargo del futuro? No es atractiva, desde luego. Tampoco es la única posible. En realidad, una respuesta diferente es sugerida por los pensamientos de un amigo cercano de Adam Smith, David Hume, en el primer trabajo de lo que ahora se llama ciencia política. Se trata de los primeros principios de gobierno, como se los llamaba hace 250 años. Su primer párrafo da que pensar: «Nada parece más sorprendente a los que consideran las relaciones humanas con un ojo filosófico, que la facilidad con la que muchos son gobernados por pocos, y la sumisión implícita con la que los hombres renuncian a sus propias opiniones y pasiones por aquellas de sus gobernadores. Cuando nos preguntamos por qué vehículo se efectúa esta maravilla, descubrimos que, como la fuerza del número siempre está del lado del gobernado, los gobernantes no tienen nada que imponerles sino solo su opinión. Por lo tanto, solamente por la opinión se funda el gobierno, y esta máxima se extiende tanto a los gobiernos más despóticos y militares como a los gobiernos más libres y populares».

Estos gobiernos «más libres y populares» nos interesan especialmente. Es ahí donde el milagro del sometimiento de los muchos a los pocos es más sorprendente y de mayor importancia. A lo largo de casi tres siglos, desde que David Hume y Adam Smith escribieron acerca de cómo los pocos poderosos logran imponer su voluntad sobre la inmensa mayoría social, Karl Marx, Antonio Gramsci y muchos otros han analizado e informado de ese fenómeno.

También se han producido acontecimientos, experiencias, que demuestran cómo esa situación puede ser superada y revertida por fuerzas populares organizadas. Y ello nos remite a una segunda posible respuesta a la pregunta que nos concita. En este caso, el futuro quedaría a cargo de un público informado que rechaza el reino del amo, que rehúsa aceptar el pacto social suicida que imponen las instituciones manejadas por el capitalismo sin límites. Esa es la esperanza para el futuro, y no queda mucho tiempo para que tal esperanza se materialice en hechos positivos.

El orden mundial que emerge

El diseño del futuro, en cualquier caso, estará relacionado con las características del nuevo orden mundial que está emergiendo en la actualidad. Como sabemos, hay un conflicto de intereses de gran magnitud que se encarna en dos concepciones contrapuestas del orden internacional. ¿Será un orden internacional basado en la ONU y en una gobernanza global compartida, o será lo que se suele llamar un orden internacional basado en las reglas? Esta última opción se corresponde con los Estados Unidos y sus aliados cercanos, y es dominante entre las clases educadas, altamente conformistas. El orden internacional basado en la ONU es apoyado por la mayoría del resto del mundo, en particular el sur global.

El orden basado en la ONU está bien claro. Su origen estaría en la Carta de las Naciones Unidas, el principio fundacional del mundo posterior a la Segunda Guerra Mundial. Incidentalmente, los Estados Unidos consideran que Naciones Unidas no pasa de ser un fastidio menor que apenas molesta; pero en realidad rechazan un orden basado en la ONU en favor de un orden basado en las reglas.

El carácter del orden basado en la ONU está bastante delimitado. Pero... ¿qué es un orden basado en las reglas? Eso resulta más confuso, porque naturalmente todo depende de quién establece tales reglas y sabemos quién es: los amos de la humanidad de los que habló Adam Smith, y los estados en los que esos amos son los principales arquitectos de la política pública. En el mundo existente, eso significa que al mando están los Estados Unidos y el sistema corporativo capitalista. Es en este entramado donde se determinan las reglas que hay que seguir. Actualmente esto es una obviedad, reconocida por las corrientes principales de la ciencia política.

Hago una acotación relevante aquí. Mucho se habla del declive económico de los Estados Unidos respecto de China y otros países. Esta suposición se basa en el PIB, el producto interior bruto, que no es una buena medida, en particular en una era de globalización neoliberal. Una medida más reveladora es cuánto de la riqueza mundial total es propiedad de las corporaciones ubicadas en cada país. Basado en esa medida, el poder económico de los Estados Unidos es espectacular. Las corporaciones asentadas en dicha nación son dueñas de aproximadamente la mitad de la riqueza del mundo. Ocupan el primer lugar, a veces el segundo, en casi todas las categorías. Ningún país se acerca a esto, igual que ningún país se aproxima a la potencia militar de los Estados Unidos.

Volvamos al orden internacional basado en las reglas. ¿Cuáles y cómo son esas reglas? Es un interrogante crucial que merece la pena nuestra atención. Hay una doctrina oficial, que son las reglas de la Organización Mundial del Comercio, la Corte Mundial y otras instituciones similares que se establecieron bajo los auspicios de los Estados Unidos. Pero tal doctrina solo tiene una relación limitada con la realidad. Hay hechos que son comúnmente ignorados en el discurso occidental, pero que vale la pena mirar con más atención. Por ejemplo, tomemos como referente la Corte Mundial. Si hay un país que ha rechazado más olímpicamente sus sentencias, ese no es otro que los propios Estados Unidos.

Crear las reglas... y romperlas

Hace 40 años, la Corte Mundial condenó a los Estados Unidos por terrorismo internacional; en términos técnicos, por uso ilícito de la fuerza. La sentencia se refería a la guerra de los Estados Unidos contra Nicaragua, y la Corte Mundial ordenó que acabase la agresión y se pagaran reparaciones sustanciales a la nación agredida. Los Estados Unidos respondieron pidiéndole a la Corte Mundial que no se metiera en el asunto, impulsaron una verdadera escalada y vetaron una resolución del Consejo de Seguridad de la ONU que emplazaba a todos los estados a observar la ley internacional; en esa resolución no se nombraba a nadie, pero todos entendían a quién se refería. Este es solo uno de muchos incidentes similares.

Volvamos a la Organización Mundial del Comercio y a otras dominadas por los Estados Unidos. Sus reglas se llaman «acuerdos de libre comercio» en las doctrinas estándares. Son todo lo contrario. Son acuerdos de derechos de inversores, con características de protección extrema, sin precedentes en la historia. Lo cierto es que violan radicalmente el libre comercio. Pero dejemos eso de lado y preguntémonos: ¿quién obedece las reglas? Por supuesto, los débiles obedecen las reglas; no tienen otra opción. Pero ¿qué pasa con los poderosos? Especialmente si nos referimos a los más poderosos, los que gozan de una posición hegemónica global desde la Segunda Guerra Mundial, que establecieron las reglas. Los ejemplos concretos son bastante instructivos.

Por ejemplo, Cuba. Durante más de 60 años, casi desde el momento de su liberación en enero de 1959, los Estados Unidos han estado intentando derrocar al Gobierno de la isla, siguiendo un patrón aplicado con éxito en Latinoamérica y más allá. Después del fracaso de la invasión directa, John F. Kennedy lanzó una guerra terrorista en contra de Cuba, que fue el factor principal que desencadenó la crisis de los misiles, calificada como el momento más peligroso de la historia.

Apenas había escapado el mundo de ese peligro extremo, cuando Kennedy regresó de inmediato a la guerra terrorista, al tiempo que aplicaba sanciones de una severidad sin precedentes. Esas sanciones de Estados Unidos obligan a su vez a terceros países: ¡obedece o atente a las consecuencias! El mundo, naturalmente, ha obedecido, aunque se oponga. Lo vemos en los votos anuales de la Asamblea General de las Naciones Unidas. El más reciente, 185 a 2 condenando las sanciones; unanimidad, aparte de los Estados Unidos e Israel, que ha de votar con su amo.

La guerra económica de los Estados Unidos contra Cuba ha sido condenada vigorosamente en casi todos los foros internacionales relevantes. Incluso fue declarada ilegal por la Comisión Judicial de la Organización de los Estados Americanos, que habitualmente se pliega ante la presión de Estados Unidos. La Unión Europea instó a la Organización Mundial del Comercio a condenar el embargo. La respuesta de la administración de Clinton fue instructiva. La cito: «Europa está desafiando tres décadas de la política de Cuba y los Estados Unidos, que se remonta a la administración de Kennedy y cuyo objetivo primordial es forzar un cambio de gobierno en La Habana». La administración de Clinton también declaró que la Organización Mundial del Comercio no tiene competencia para dictaminar sobre lo que llamaron *la seguridad nacional* de los Estados Unidos o para obligar a los Estados Unidos a cambiar sus leyes. Washington se retiró luego de los procedimientos, considerando la materia inútil. No es el único ejemplo.

Otro ejemplo. Recientemente, la Corte Mundial ha dictaminado que el robo, por parte de Washington, de los fondos de Irán depositados en los bancos de Nueva York es ilegal. Es fácil imaginarse el resultado. También lo es imaginar cuánta cobertura se ha dado a este asunto en los grandes medios de comunicación. Básicamente ninguna.

Está claro por qué los Estados Unidos insisten en un orden basado en reglas, en el que ellos son los primeros que establecen las reglas en cuestión y luego las violan cuando les conviene, contando siempre con una clase intelectual conformista y con medios obedientes que hacen la vista gorda.

También está claro por qué los Estados Unidos rechazan el orden basado en la ONU. Basta con leer la carta de la ONU. En ella se prohíbe la amenaza o el uso de la fuerza en las acciones internacionales, con excepciones que son casi completamente irrelevantes. En otras palabras, la carta prohíbe la política extranjera de los Estados Unidos, ya sea la invasión directa, como en Irak, o una campaña de asesinato global usando drones, o sanciones que asfixian a los enemigos, y así sucesivamente.

Ahora mismo, de nuevo, hay un gran conflicto entre estas dos opciones relacionadas con el orden internacional. ¿Será un mundo unilateral, dirigido por Washington, o un mundo multipolar con varios centros de poder? ¿ASEAN en Asia del Este, los países de los BRICS, CELAC en América Latina? ¿Serán ellos, o será la OTAN, que Estados Unidos extendió hace unos meses a la región de los océanos Índico y Pacífico? Es la manera que tienen los Estados Unidos de reclutar a Europa para la nueva guerra virtual contra China.

He relatado una serie de situaciones y de hechos probados que no creo que sean exageraciones. Es la simple y cruda realidad, que a menudo preferimos no ver. Es también mi manera de apuntar o sugerir en qué condiciones se determinará el futuro inmediato. Me detendré aquí.

La confianza en los Gobiernos, clave para pensar el futuro

Pippa Norris
Politóloga. Kennedy School of Government
de la Universidad de Harvard

Se puede entender que el concepto de confiabilidad implica un contrato social informal en el que los principales autorizan a otros a actuar en su nombre con la expectativa de que el agente cumpla con sus responsabilidades, a pesar de las condiciones de riesgo e incertidumbre. El desempeño en la relación agente-principal se conceptualiza como algo que implica competencia —es decir, hacer algo de manera correcta y eficiente—, de modo que los agentes o agencias cumplan con responsabilidades específicas para con sus clientes, mientras que los mecanismos procesales relacionados con los estándares de integridad e imparcialidad hacen rendir cuentas a todos los agentes por cualquier incumplimiento general.

Un extenso cuerpo de estudios empíricos en múltiples sociedades ha buscado comparar la confianza pública con el historial de competencia del Gobierno en el momento de brindar bienes y servicios públicos. Para los Gobiernos, esto se ha medido comúnmente utilizando criterios estándar de resultados de políticas de gestión macroeconómica para lograr objetivos ampliamente acordados, como el aumento de la prosperidad y el pleno empleo. Si los gobiernos cumplen los objetivos y demuestran ser expertos en dirigir la economía y, de manera más general, efectivos en la entrega de un catálogo más amplio de bienes y servicios públicos, como una mejor atención médica, una mejor educación y una seguridad nacional más sólida, se espera que esto refuerce la confianza pública. Sin embargo, al mismo tiempo, los líderes políticos pueden no lograr la prosperidad y el desarrollo por múltiples razones que escapan a su control, como los vientos en contra de los mercados globales, las tasas del comercio bilateral y de la inversión internacional, la productividad y la capacidad de la fuerza laboral, la ocurrencia de problemas específicos, eventos inesperados como el COVID-19 o desastres naturales, y otros factores contingentes, sin olvidar la habilidad del Gobierno para conducir la macroeconomía.

Al evaluar el desempeño del Gobierno, también se puede esperar que los juicios de confiabilidad reflejen la calidad de los procedimientos y las instituciones subyacentes que fortalecen la rendición de cuentas. En particular, los investigadores en estudios organizacionales han teorizado que la confianza está relacionada generalmente con tres criterios de juicio que pueden aplicarse a todos los tipos de agentes y agencias; a saber: reputación de competencia (su capacidad para cumplir consistentemente de acuerdo con las expectativas), integridad (su honestidad y transparencia) e imparcialidad (evitando conflictos de intereses).[1] Esto se ejemplifica en los procesos de gobernabilidad democrática que salvaguardan la competencia entre partidos y la integridad electoral, que se ha demostrado que fortalecen la confianza de los votantes al permitir que los ciudadanos expulsen a Gobiernos incompetentes, corruptos o plagados de escándalos a través de las urnas.[2] De manera similar, se puede esperar que la confianza política se vea fortalecida por la calidad general de la gobernabilidad democrática, incluso a través de instituciones eficaces, que respalden el Estado de derecho, el escrutinio legislativo y la supervisión de las

---

1. Mayer, R. C., Davis, J. H. y Schoorman, F. D., «An integrative model of organizational trust», en *Academy of Management Review*, vol. 20, n.º 3, 1995, págs. 709-734.
2. Norris, P., *Why Electoral Integrity Matters*, Cambridge University Press, Nueva York, 2014.

acciones ejecutivas, y de mecanismos de transparencia, que controlen la veracidad, la ética y la probidad de los funcionarios públicos. En los Estados democráticos liberales, las instituciones que brindan controles y equilibrios efectivos producen salvaguardas contra el abuso de poder por parte de cualquier rama del Gobierno, especialmente el ejecutivo, lo que debería fortalecer la confianza pública.

En contraste, si se demuestra que los políticos, los jueces, los funcionarios públicos o los Gobiernos en ejercicio son corruptos, ineptos o egoístas, o si se considera que lo son y, al mismo tiempo, no pueden ser destituidos fácilmente de sus cargos o responsabilizados mediante procesos regulares como elecciones, despidos o juicio político, se puede esperar que los ciudadanos concluyan que es probable que continúen abusando de su cargo en el futuro. La rendición de cuentas implica que los agentes deben dar razones que justifiquen su conducta, y cualquier deficiencia está sujeta a sanciones formales o informales.[3] Este enfoque teoriza que el público considerará el régimen y sus agencias como más confiables si los ciudadanos expresan su aprobación a los procedimientos que gobiernan el Estado. El argumento de la responsabilidad procesal va más allá del descontento con los resultados de políticas específicas o las decisiones administrativas en casos particulares, para aprovechar percepciones más arraigadas sobre cómo funcionan las instituciones gubernamentales y qué protege en general contra su incumplimiento de los estándares éticos en la función pública. Incluso si, por ejemplo, no se tiene confianza en las decisiones pasadas o el historial económico de cualquier líder político individual, todavía se puede tener fe en los mecanismos electorales y los procedimientos constitucionales y legales que limitan el abuso de poder. Sin embargo, si un número relevante de ciudadanos carecen de fe tanto en sus líderes como en estas instituciones, esto genera riesgos de una gran crisis de legitimidad.

---

3. Bovens, M., «Public Accountability», en Ferlie, E., Lynn, L. y Pollitt, C. (eds.), *The Oxford Handbook of Public Management*, Oxford University Press, Oxford, 2007.

La investigación transnacional empírica previa presta al menos un apoyo parcial a las teorías procedimentales de la confianza. En particular, varios estudios observan que los niveles de corrupción del sector público en un país están fuertemente vinculados con la confianza tanto social como política, en una relación recíproca. Otros han enfatizado que la confianza política se fortalece con aspectos relacionados con el buen gobierno, como la equidad procesal, la transparencia y la honestidad.[4] Uno de los argumentos más completos de Bo Rothstein sugiere que la confianza en el Gobierno está muy extendida en los países nórdicos, porque son sociedades seguras y protegidas que se caracterizan por el acceso universal a servicios públicos completos desde la cuna hasta la tumba y beneficios de bienestar, además de tener sociedades abiertas y sistemas de gobernabilidad democrática que funcionan bien, problemas mínimos de corrupción y estándares profesionales de administración en el sector público.[5] En cuanto al Reino Unido y Estados Unidos, los estudios informan que los escándalos que in-

---

4. Grimmelikhuijsen, S., Porumbescu, G., Hong, B. e Im, T., «The effect of transparency on trust in government: A cross-national comparative experiment», en *Public Administration Review*, vol. 73, n.° 4, 2013, págs. 575-586; Grönlund, K. y Setälä, M., «In honest officials we trust: Institutional confidence in Europe», en *American Review of Public Administration*, vol. 42, n.° 5, 2012, págs. 523-542; Anderson, C. J. y Tverdova, Y. V., «Corruption, political allegiances, and attitudes toward government in contemporary democracies», en *American Journal of Political Science*, vol. 47, n.° 1, 2003, págs. 91-109; Wang, C.-H., «Government performance, corruption, and political trust in East Asia», en *Social Science Quarterly*, vol. 97, n.° 2, 2016, págs. 211-231; Ruder, A. I. y Woods, N. D., «Procedural fairness and the legitimacy of agency rulemaking», en *Journal of Public Administration Research and Theory*, 30(3), 2020, págs. 400-414.

5. Rothstein, B., «Social capital, economic growth and quality of government: The causal mechanism», en *New Political Economy*, vol. 8, n.° 1, 2003, págs. 49-71; Rothstein, B. y Stolle, D., «The state and social capital: An institutional theory of generalized trust», en *Comparative Politics*, vol. 33, n.° 4, 2008, págs. 401-419; Rothstein, B. y Uslaner, E., «All for one: Equality, corruption, and social trust», en *World Politics*, vol. 58, n.° 1, 2005, págs. 41-72; Rothstein, B., *The Quality of Government: Corruption, Social Trust and Inequality in International Perspective*, The University of Chicago Press, Chicago, 2011.

volucran a los legisladores han dañado la confianza en el Parlamento y el proceso político.[6]

Por todas estas razones se puede esperar que los juicios de confianza vayan más allá del historial específico de competencia demostrado por agentes individuales y agencias particulares —como su historial de gestión económica—, para reflejar evaluaciones más amplias sobre la efectividad de las garantías de rendición de cuentas de manera más general.

Este estudio comienza examinando los vínculos a nivel individual entre la confianza y las percepciones subjetivas de cómo funciona el Gobierno —como la satisfacción con la democracia y el sistema político, y las percepciones de corrupción—, utilizando datos de la Encuesta Europea de Valores/Encuesta Mundial de Valores. No es sorprendente que las opiniones subjetivas sobre la calidad del Gobierno se relacionen consistentemente con los sentimientos de confiabilidad. Desafortunadamente, la dirección de la causalidad en esta relación no puede desentrañarse únicamente a partir del análisis de datos de encuestas transversales. Por ejemplo, en una serie de encuestas de Gallup, alrededor de un tercio de los estadounidenses y la mayoría de los republicanos dijeron que creían que el expresidente Trump era honesto y digno de confianza.[7] Esta creencia persistió e incluso aumentó ligeramente con el tiempo, a pesar de su historial de mentiras escandalosas. Los verificadores de hechos estiman que, durante su mandato, el presidente Trump hizo más de 30.000 afirmaciones falsas o engañosas.[8] Esto puede reflejar una evaluación errónea de su carácter por parte de quienes posteriormente deciden votar por Trump, o bien las lealtades partidistas afectivas anteriores, donde

---

6. Bowler, S. y Karp, J., «Politicians, scandals, and trust in government», en *Political Behavior*, vol. 26, n.º 3, 2004, págs. 271-287.

7. Polls, G. Presidential Ratings — Personal Characteristics. https://news.gallup.com/poll/1732/presidential-ratings-personal-characteristics.aspx.

8. Kessler, G., «Trump's false or misleading claims total 30,573 over 4 years», en *Washington Post*, (24 de enero de 2021), https://www.washingtonpost.com/politics/2021/01/24/trumps-false-or-misleading-claims-total-30573-over-four-years/.

los votantes republicanos leales y los activistas del MAGA —Make America Great Again— proyectan esta cualidad sobre el líder de su partido.

Pruebas más rigurosas provienen de correlacionar los juicios de los ciudadanos sobre la confiabilidad política con indicadores objetivos de la calidad del buen gobierno y la democracia liberal en una amplia gama de países y tipos de regímenes en todo el mundo. En general, se debe observar que las estimaciones de confiabilidad en la política están correlacionadas con índices objetivos del desempeño de la democracia y el buen gobierno que fortalecen la rendición de cuentas, la integridad y la imparcialidad, tales como medidas de independencia judicial y Estado de derecho, control de la corrupción, transparencia gubernamental y la calidad general de la gestión del sector público.[9] En contraste, en general, se predice que la desconfianza será mucho más fuerte en los Estados donde los gobernantes manipulan las elecciones, emplean la coerción contra la disidencia, abusan de los derechos humanos, se benefician de la corrupción endémica y el capitalismo de amigos, y no respetan el Estado de derecho y las restricciones constitucionales. Pero se espera que las percepciones públicas difieran en sociedades abiertas y cerradas, y que la información sobre buen gobierno esté disponible para los ciudadanos.

Para actualizar y revisar la evidencia relacionada con estos argumentos, este estudio compara la confianza política entre el público en general con estimaciones de expertos sobre la calidad de la gobernabilidad y la solidez de las instituciones de rendición de cuentas en cada país. Estas medidas se derivan de fuentes como el proyecto *Varieties of Democracy* y los Indicadores de Gobernanza Mundial, que recopilan datos de expertos de múltiples fuentes para estimar los niveles anuales de corrupción política, efectividad del Gobierno y el Estado de derecho en los Estados nación de todo

---

9. Anderson, C. J. y Tverdova, Y. V., «Corruption, political allegiances, and attitudes toward government in contemporary democracies», en *American Journal of Political Science*, vol. 47, n.º 1, 2003, págs. 91-109.

el mundo.[10] Se espera que las orientaciones escépticas (la capacidad de los ciudadanos para emitir juicios informados y precisos sobre la confiabilidad del Gobierno) se fortalezcan a nivel individual mediante las calificaciones educativas y las habilidades cognitivas y de procesamiento de información derivadas de la educación formal, así como mediante la transparencia del Gobierno, la libertad de expresión y el pluralismo mediático en la sociedad. Por el contrario, tanto la confianza crédula (o credulidad) como la desconfianza cínica (sospecha generalizada) son sesgos culturales que se espera que florezcan bajo regímenes represivos que controlan la información en sociedades cerradas a través de la censura oficial de los medios de comunicación e Internet, los límites al periodismo independiente y los comentarios públicos críticos de las autoridades, así como la existencia de información errónea y desinformación generalizada. Por lo tanto, en este estudio, los modelos de nivel micro controlan los niveles individuales de educación, mientras que los modelos de nivel macro de confianza política controlan la libertad de información y expresión y los niveles de educación en cada sociedad.

Percepciones subjetivas de la calidad del Gobierno y la confianza

Se ha observado que las diferentes dimensiones de la demostración de confianza varían sustancialmente tanto en niveles como en trayectorias incluso entre sociedades posindustriales relativamente similares y democracias liberales en Europa, como la confianza política observada en Suecia y Dinamarca en comparación con Italia y Grecia. Las disparidades globales en el desempeño del Estado y los tipos de regímenes en el poder son aún más sustanciales. La evidencia de la teoría se puede probar de manera más

---

10. Varieties of Democracy: https://www.v-dem.net; Worldwide Governance Indicators https://info.worldbank.org/governance/wgi/.

efectiva cuando se compara la confianza pública en el Gobierno en una amplia gama de sociedades en todo el mundo, para maximizar los contrastes entre diversos tipos de entornos y regímenes de información abiertos y cerrados, así como para rastrear las fluctuaciones en la confianza política y el desempeño del Gobierno a lo largo del tiempo dentro de las sociedades. El análisis de nivel micro también proporciona una ventaja para comprender los procesos cognitivos de «caja negra» que la gente común utiliza para llegar a juicios de confianza: de dónde obtienen su información, cómo se tamiza y se valora, qué habilidades de pensamiento, conocimiento previo, valores y atajos heurísticos emplean, cómo utilizan la intuición o la razón para decidir sobre la confiabilidad, cómo los grupos y sectores difieren en sus evaluaciones, etcétera.

Para explorar hasta qué punto las percepciones subjetivas de la calidad del Gobierno están relacionadas con la confianza en él, los modelos de la Tabla 1 utilizan datos de la ola siete de la Encuesta Europea de Valores/Encuesta Mundial de Valores e introducen la satisfacción con el sistema político y el desempeño de la democracia en cada país, las percepciones de corrupción en el país, la participación en la corrupción de las autoridades estatales y locales, así como del servicio civil, y la frecuencia con la que se piensa que la gente común paga un soborno. Los modelos controlan las variables económicas, como los ingresos del hogar y la seguridad financiera, y los factores sociodemográficos, como el sexo y la edad, que comúnmente se han relacionado de manera sustancial con la confianza. La variable dependiente es un resumen del índice de confianza en el Gobierno EVS/WVS estandarizado de 100 puntos, que se suma a partir de elementos que miden la confianza en el Gobierno, el Parlamento, los partidos y la administración pública. Las sociedades «abiertas» y «cerradas» se clasifican con base en el Índice de Libertad de Expresión y Fuentes Alternativas de Información de Variedades de Democracia (V-Dem V10), que coincide con el año del trabajo de campo de la encuesta. Los modelos se analizan tanto para sociedades abiertas como cerradas.

Tabla 1. Calidad percibida de la gobernanza y la confianza política

		Open Societies				Closed Societies			
		B	SE	Beta	Sig.	B	SE	Beta	Sig.
Perceived Quality of Governance	Satisfaction with the political system (low to high)	1.50	0.04	0.22	***	2.02	0.05	0.28	***
	How democratically this country is being governed today	0.67	0.04	0.09	***	0.67	0.05	0.09	***
	Perceptions of corruption in the country (low to high)	−0.85	0.04	−0.11	***	−1.15	0.04	−0.14	***
	Involved in corruption: State authorities (low to high)	−2.84	0.15	−0.12	***	−4.58	0.16	−0.18	***
	Involved in corruption: Local authorities (low to high)	−1.80	0.16	−0.08	***	−1.60	0.17	−0.06	***
	Involved in corruption: Civil service (low to high)	−1.36	0.15	−0.06	***	−0.61	0.16	−0.02	***
	Frequency ordinary people pay a bribe (low to high)	−1.54	0.11	−0.08	***	1.09	0.11	0.05	***
Economic Characteristics	Income scale (low to high)	−0.30	0.05	−0.04	***	−0.44	0.05	−0.04	***
	Currently unemployed (0/1)	−0.76	0.33	−0.01	*	−0.46	0.35	−0.01	N/s
	Lived poverty Index (low to high)	0.09	0.01	0.08	***	−0.04	0.01	−0.03	***
	Feel financially secure (low to high)	3.27	0.11	0.15	***	1.19	0.12	0.05	***
	Household financial security (low to high)	0.35	0.10	0.02	***	0.78	0.11	0.03	***
	Satisfaction with financial situation (low to high)	0.24	0.04	0.03	***	0.10	0.04	0.01	*
	Standard of living compared with your parents (Worse/Better)	0.66	0.12	0.03	***	2.10	0.13	0.08	***

Los resultados demuestran que una gama notablemente similar de actitudes hacia la calidad del Gobierno está vinculada con la confianza política de los ciudadanos que viven en sociedades tanto abiertas como cerradas. Por lo tanto, tal vez no sea sorprendente que la satisfacción con el sistema político y con el desempeño de la democracia en su país se asocie positivamente con una mayor confianza política, mientras que las percepciones de corrupción generalizada se relacionen de manera significativa con una menor confianza en el Gobierno. De estos factores, la satisfacción con el sistema político estaba más estrechamente relacionada con la confianza, que resultó ser el predictor único más fuerte en los modelos.

Para explorar la base de los juicios de confianza en la sociedad cerrada con más detalle, los datos de la séptima ola de la Encuesta Europea de Valores/Encuesta Mundial de Valores incluyeron una batería especial de preguntas que fueron diseñadas para monitorear la confianza y las evaluaciones de las cualidades de competencia, integridad e imparcialidad en el desempeño de los parlamentos, los gobiernos y las Naciones Unidas. Estas preguntas se incluyeron en el cuestionario estándar en casos seleccionados de sociedades cerradas y Estados autocráticos, incluidos Kirguistán, Tayikistán, Filipinas, Myanmar, Vietnam, Nicaragua, Zimbabue, Kenia, Etiopía e Irán. Los modelos de regresión a nivel individual examinan el impacto de las percepciones de integridad, competencia e imparcialidad en cada agencia sobre la confianza en los parlamentos, los gobiernos y las Naciones Unidas. Los modelos controlan las variables sociodemográficas estándar asociadas con la confianza en las tablas anteriores, incluidos el sexo y la edad, así como las habilidades cognitivas de la educación, el uso de las noticias y las redes sociales, y los ingresos del hogar.

Los resultados de la Tabla 2 confirman que la confianza en cada uno de estos órganos estaba fuertemente correlacionada con las percepciones subjetivas de su competencia y eficiencia, imparcialidad y ausencia de corrupción. En general, todos estos factores demostraron ser fuertes y significativos predictores de la confianza, lo que explica un alto nivel de variación en la confianza en estas instituciones. Las percepciones de corrupción se confirmaron

Tabla 2. Criterios asociados a la confianza en sociedades cerradas

	Parliament				Government				United Nations			
	B	SE	Beta	Sig.	B	SE	Beta	Sig.	B	SE	Beta	Sig.
COMPETENCY: The agency is usually competent and efficient	0.31	0.01	0.36	***	0.29	0.01	0.33	***	0.26	0.01	0.29	***
IMPARTIALITY: The agency usually wants to serve the country/world	0.19	0.01	0.22	***	0.22	0.01	0.25	***	0.22	0.01	0.24	***
INTEGRITY: The agency is usually free of corruption	0.11	0.01	0.13	***	0.08	0.01	0.10	***	0.08	0.01	0.10	***
Sex (male)	−0.01	0.02	0.00	N/s	−0.01	0.02	0.00	N/s	0.00	0.02	0.00	N/s
Age (years)	0.00	0.00	0.05	***	0.00	0.00	0.05	***	0.00	0.00	0.02	*
Education 3-categories low to high	0.00	0.01	0.00	N/s	−0.03	0.01	−0.02	***	0.00	0.01	0.00	N/s
Income 10 pt scale low to high	0.00	0.00	0.01	N/s	0.01	0.00	0.03	***	0.01	0.00	0.01	N/s
Use of news media	0.01	0.00	0.04	***	0.02	0.00	0.06	***	0.02	0.00	0.06	***
Use of social media	0.00	0.00	−0.01	*	0.00	0.00	−0.02	N/s	0.01	0.00	0.05	***
Constant	0.40	0.05			0.51	0.05			0.44	0.05		
Adjusted R2	0.38				0.37				0.29			
N.	11089				11626				10403			

como fuertes predictores de confianza, como han informado muchos otros estudios previos, si bien los ciudadanos que viven en estas sociedades priorizaron la competencia y la imparcialidad aún más como criterios asociados con la confianza. Por lo tanto, incluso en sociedades cerradas, muchas personas ofrecen razones plausibles para su confianza en estas agencias, lo que sugiere coherencia interna en su pensamiento deliberativo. Las personas que viven bajo tipos de regímenes sorprendentemente diferentes en todo el mundo parecen desear las mismas cualidades en la forma en que funcionan sus gobiernos.

A modo de conclusión

Los estudios mostrados alcanzan resultados interesantes. En primer lugar, a nivel micro, las percepciones subjetivas de los ciudadanos sobre la calidad de la gobernabilidad suelen estar estrechamente asociadas con la confianza política, y esta relación resultó similar en sociedades tanto abiertas como cerradas. Las expresiones de confianza en el Parlamento, el Gobierno y las Naciones Unidas se asociaron constantemente con el cumplimiento de los criterios de competencia, imparcialidad e integridad. Cuanto más consistentes internamente sean las razones asociadas con la confianza en cada una de estas instituciones, más se puede entender que esto refleje creencias genuinas. El hecho de que muchas personas afirmen que confían en agencias que consideran más competentes y eficientes u honestas e imparciales no puede sorprender, y el análisis de las percepciones subjetivas por sí solo no puede distinguir las razones auténticas de la confianza de racionalizaciones *post-hoc*.

Para obtener evidencia más convincente, el estudio compara indicadores de desempeño objetivos en una amplia gama de países para ver en qué medida los juicios públicos sobre la confiabilidad de las instituciones políticas centrales se correlacionaron con medidas independientes de la calidad del Gobierno, y analiza en qué medida dichas relaciones son condicionadas por el tipo de sociedad de la información y los niveles de educación de cada sociedad. Los indicadores basados en las evaluaciones de expertos fueron seleccionados del proyecto *Varieties of Democracy* y las medidas relacionadas del Instituto del Banco Mundial de las seis dimensiones de la buena gobernabilidad.[11] Los resultados del análisis confirman los llamativos contrastes observados por el tipo de entorno de información, tal como se teoriza. En las sociedades abiertas, la confianza en el Gobierno se correlacionó significativamente con indicadores objetivos, como el control de la corrupción, la eficacia del Gobierno, el Estado de derecho y la democracia liberal. Cuanto mejor sea la calidad real del Gobierno en estas sociedades, según estimaciones independientes, mayor será la confiabilidad percibida de las instituciones. Pero en sociedades cerradas no se observa una relación tan significativa que vincule la confianza con índices de buen gobierno, al ser la confianza política más fuerte en los Estados más autoritarios, no en los países más democráticos.

¿Qué explica el desajuste observado entre el desempeño y la confianza, generando juicios demasiado cínicos o demasiado crédulos? Se pueden explorar varias explicaciones alternativas, incluidas las preferencias de valor cultural sobre lo que constituye un desempeño de políticas públicas efectivo o una buena gobernanza, el papel del sesgo de respuesta en preguntas delicadas realizadas en encuestas sociales y el impacto del contexto informativo.

Una posible explicación sugiere que muchas personas que viven en Estados autoritarios absolutos, como China, Tailandia y Vietnam, y ciudadanos en autocracias electorales, como Rusia, Etiopía y Egipto, pueden expresar una confianza política relativamente alta en su régimen si esto refleja sus valores autoritarios subyacentes y su preferencia por cómo debe ser gobernado su país. Por ejemplo, los ciudadanos de Estados inestables, como Afganistán, Haití y Myanmar, con experiencias recientes de violencia po-

---

11. Varieties of Democracy: https://www.v-dem.net; Worldwide Governance Indicators https://info.worldbank.org/governance/wgi/.

lítica, crisis económicas profundamente perturbadoras, desastres humanitarios o conflictos armados, pueden preferir ser gobernados por líderes fuertes si creen que esto conducirá a condiciones de mayor seguridad, desarrollo económico y orden social, al tiempo que rechaza la inestabilidad y la agitación asociadas con las transiciones defectuosas y estancadas a la democracia electoral. El deseo de crecimiento material y prosperidad en las sociedades en desarrollo puede superar las preferencias públicas por la democracia y la libertad. Este punto de vista sugiere que las expresiones de confianza hacia los líderes observadas en Estados autoritarios y sociedades cerradas, como China y Vietnam, pueden, por lo tanto, reflejar auténticas preferencias públicas en estas culturas políticas. Esto plantea cuestiones complejas al interpretar la evidencia sobre la legitimidad de los regímenes autoritarios y la relación entre la cultura y las instituciones, que merecen una mayor atención en investigaciones futuras, pero que no se pueden desglosar por completo aquí.

Por otro lado, la evidencia de este estudio demuestra que los valores deseables asociados con la confianza política entre los ciudadanos que vivían en Estados represivos, como China y Rusia, eran muy similares a los que se encuentran en sociedades abiertas y democracias liberales, como Suecia y Canadá. En ambos contextos los ciudadanos consideraban que los gobiernos eran más dignos de confianza si se los percibía como competentes, honestos e imparciales. De manera similar, se constató que la confianza subjetiva en el Gobierno se fortalecía entre los ciudadanos en situación de prosperidad económica y seguridad. A partir de esta evidencia se puede afirmar que estos son los valores compartidos sobre lo que la gente quiere de sus líderes en muchas sociedades del mundo, independientemente de los tipos de régimen en el poder.

Otra posible explicación sugiere que el sesgo de respuesta en las encuestas podría ser, al menos en parte, el culpable de los casos no congruentes y, por lo tanto, de los errores aparentes en los juicios. Las personas que viven en un Estado autoritario represivo pueden expresar una confianza relativamente alta en el Estado y las autoridades políticas en respuesta a las preguntas directas de la encuesta, a pesar de estar gobernadas en la práctica por líderes gubernamentales corruptos e incompetentes, si los encuestados ocultan su desconfianza genuina hacia quienes están en el poder por temor a represión, en caso de que alguna crítica pública llegue a conocimiento de las autoridades. Los experimentos documentados en otros lugares sugieren que el apoyo a los líderes políticos se infla a menudo considerablemente al usar preguntas directas en sociedades represivas. Se observaron disparidades sustanciales entre la expresión directa de confianza en su líder y los niveles estimados de confianza utilizando el formato de pregunta indirecta. Los ciudadanos que viven en los Estados más represivos del mundo que carecen de libertad de expresión, como Irán, China y Myanmar, pueden, por lo tanto, informar que confían en las autoridades en respuesta a las preguntas de la encuesta, ya que recelan en expresar críticas honestas a su Gobierno en público registro. Dada esta evidencia, es probable que el sesgo de respuesta sea parte de la respuesta, con la autocensura generando respuestas no auténticas en encuestas que contienen preguntas políticamente sensibles sobre la confianza en las autoridades.

El argumento final sugiere que las creencias subjetivas sobre la confiabilidad están poco correlacionadas con la evidencia objetiva del desempeño real del Gobierno debido al entorno de información más amplio. Las personas que viven en sociedades cerradas, como China y Vietnam, pueden expresar una confianza relativamente alta en su Gobierno y sus líderes porque reciben información errónea unilateral, incluida la propaganda estatal que elogia los logros positivos y el historial de las autoridades mientras silencia las críticas. Estos mensajes se ven reforzados por la experiencia real de la población de un crecimiento económico notablemente rápido en estas sociedades. Por el contrario, la cobertura mediática de los gobiernos en las democracias liberales y las sociedades abiertas proporciona información de dos caras, tanto de los partidarios como de los críticos de las autoridades. En las sociedades cerradas, es probable que el público considere que el Gobierno es digno de confianza, aun cuando esto entre en conflicto con el registro objetivo de corrupción e incompetencia, después de una larga exposición a la propaganda estatal, la desinformación y la información errónea, que presenta una imagen positiva de las autoridades, tal como se transmite a través de los principales canales de comunicación masiva y social.

Por lo tanto, al igual que los índices generales de desempeño macroeconómico, los juicios sobre la calidad de la gobernabilidad también están constantemente mediados por el tipo de sociedad abierta o cerrada. En otras palabras, los ciudadanos de todo el mundo parecen confiar más en los líderes si creen que son competentes, honestos y desinteresados, como se teoriza. Ahora bien, en entornos de información con pluralidad de medios y libertad de expresión, los juicios de los ciudadanos se correlacionan más estrechamente con medidas objetivas que estiman la calidad real de las instituciones políticas, lo que sugiere que el público en este contexto tiene la capacidad de hacer evaluaciones relativamente informadas y bien informadas de sus líderes. En Estados que carecen de libertad de expresión y de prensa, sin embargo, los ciudadanos también confían más en los gobiernos si se cree que las autoridades tienen cualidades similares de competencia, integridad e imparcialidad, pero estas percepciones subjetivas resultan estar relativamente poco correlacionadas con los indicadores objetivos de la calidad de la gobernabilidad. En general, por lo tanto, los resultados confirman la tesis de que, en los Estados autoritarios que carecen de libertad de prensa y libertad para disentir, es más probable que los ciudadanos sean engañados al evaluar a los líderes que no son confiables, o que se autocensuren en sus expresiones públicas de disidencia. En este contexto, los ciudadanos son más susceptibles a errores de juicio crédulos o cínicos, dependiendo del legado de la cultura social predominante.

Resumen del encuentro desde la visión de las y los Directores

La humanidad esperanzada: hacerse cargo del futuro

Mary Frances Rodríguez
Directora de la Facultad de Filosofía y Letras
de la UNAM

La pregunta central de este Primer Coloquio Internacional «La humanidad amenazada: ¿quién se hace cargo del futuro?», planteada en un marco universitario lleno de estudiantes, podría interpretarse como un pase de estafeta a las nuevas generaciones para la búsqueda de soluciones en un contexto en el que los problemas actuales y futuros, como el cambio climático, la crisis económica, la violencia y la corrupción, manifiestan la complejidad como común denominador. Sin embargo, nada más lejos de la realidad. Ponentes, conferencistas, participantes y público representaban a todos los grupos de edad y todos ellos expresaron un profundo compromiso e interés por comprender, cuestionar y proponer alternativas que nos ayuden a resolver algunos de los problemas que enfrenta la humanidad a distintas escalas espaciales y temporales. El coloquio mostró, entre muchas otras cosas, que el futuro es un asunto relevante para todas las generaciones, también para aquellas que quizá deberían asumir más responsabilidad que otras por el deterioro de las condiciones de vida a las que pareciera abocado el planeta. En este sentido, la diversidad y cantidad de personas que se reunieron y se encontraron en las diferentes instituciones de la UNAM para tratar el tema del futuro en el marco del coloquio podría considerarse, si no una muestra suficientemente representativa, sí lo bastante relevante como para dar a entender que el futuro es un asunto que nos concierne a todos. Esto pone de manifiesto la necesidad de colaborar y generar conocimiento compartido para responder de mejor manera y globalmente a muchos de los retos que enfrentamos: desde la creación de estrategias para encarar las crisis, como la que provocó la pandemia por COVID-19, hasta alternativas para evitar el cortoplacismo y la corrupción que caracteriza a muchas instituciones de gobierno. La conformación de una agenda común, por tanto, se hace más necesaria que nunca para desarrollar procesos y luchas que nos permitan avanzar hacia la satisfacción de ese objetivo colectivo que es convivir en democracia, salvaguardar los derechos y promover la justicia y la igualdad. No obstante, la condición de posibilidad de esta agenda reside en la elaboración de un diagnóstico serio, realista y riguroso de la realidad y el presente en el que nos encontramos.

Las participaciones del evento nutrieron el análisis con sugerentes ideas que nos permiten comprender la relación entre nuestra situación de crisis presente y las formas posibles de hacernos cargo del futuro. Por ejemplo, Edgar Morin centró su intervención en una reflexión sobre el modo en que nuestro presente vislumbra el porvenir. Para el gran teórico de la complejidad, el carácter incierto de todo futuro hace que se desarrollen dos tendencias en la actualidad. La primera, que puede ser denominada desastrosa o catastrófica, presenta como dominantes los elementos negativos y terribles de los problemas actuales, sin visibilizar o infravalorando los rasgos positivos. Por otro lado, está la perspectiva científica o tecnológica, que ofrece a su vez dos alternativas antagónicas: la primera, centrada en la posibilidad de controlar todo tipo de procesos por medio de la inteligencia artificial, así como en la instauración de un modo de vida transhumanista en la que una élite mejorada tecnológicamente impondría su poder en una sociedad sumida en la pobreza y la miseria; la segunda, puesta al servicio de la solidaridad entre seres humanos y no humanos y generadora de conocimiento que posibilita una conciencia global de destino común. Ante estas alternativas, la propuesta de Edgar Morin es la de *observar* para poder ver la multiplicidad de riesgos que afrontamos —también los que entrañan nuestras fantasías utópicas de mejora y progreso— y pensar la complejidad de todos los procesos y los cambios para poder estar en condiciones de encontrar alternativas para *resistir*.

La intervención de Clarissa Ríos es un buen ejemplo de observación crítica y detenida de algunos de los riesgos que nos acechan. Su análisis, en concreto, nos permitió comprender un tipo de riesgos, los existenciales, que refieren a la posibilidad de ocurrencia de eventos que podrían llevar al colapso de la humanidad, como una guerra biológica, las consecuencias imprevistas e indeseables de la inteligencia artificial, el agotamiento de un recurso necesarísimo como el agua, o la erupción de un supervolcán que bloquee la luz solar durante meses, provocando la destrucción de cultivos y la muerte de múltiples especies. Aunque la probabilidad de ocurrencia de estos eventos pueda ser muy baja, su concretización implicaría la pérdida de más del 10 % de la humanidad. Para dimensionar el impacto de estos riesgos existenciales, podríamos compararlo con los efectos de una crisis sanitaria tan grave y profunda como la del COVID-19, que supuso el fallecimiento del 0,1 % de la población. Trabajos como el de Clarissa Ríos nos permiten conocer y divulgar los avances en el estudio de este tipo de riesgos para tenerlos en el horizonte de las decisiones políticas y económicas y así estar en condiciones, como proponía Morin, de resistirlos y soslayarlos.

Ramón Ramos, por su parte, planteó un vínculo interesante entre pasado, presente y futuro. Para él vivimos en una especie de *síndrome posmoderno*, que es resultado de los excesos que la humanidad ha vivido y la raíz de muchos de los problemas a los que nos enfrentamos. Este síndrome se manifestaría en forma de una atemporalización del mundo social, que da prioridad al presente acortando dramáticamente nuestras perspectivas de futuro. En este contexto, Ramos ubica uno de los problemas más urgentes que enfrentamos, el del cambio climático, como un problema total, civilizatorio, cultural, social, ético y estético, que nos vincula con las generaciones futuras y que genera una concepción de futuros en disputa.

Los cinco futuros climáticos que presenta Ramos describen las diferentes posturas que existen ante la crisis ambiental que indudablemente ya vivimos. En primer lugar, la de los negacionistas, para quienes no disponemos de evidencia que pruebe que hay cambios drásticos en las dinámicas planetarias y que continúan afirmando que las actividades humanas no son responsables de ningún cambio digno de tener en cuenta. La segunda postura es la reactiva, en el sentido de ir atendiendo los problemas conforme surjan, utilizando la tecnología y concibiendo las capacidades disponibles como una esperanza colectiva de supervivencia. La tercera, que Ramos llama reformista, refiere a la respuesta política internacional y a las negociaciones entre instituciones medioambientales que generan modificaciones en términos económicos, políticos, culturales y sociales. La cuarta manera de comprender el cambio climático, la radical, asume que las actividades antropogénicas que constituyen la base de nuestra sociedad y nuestra cultura son las que generan los desastres. Para sus defensores, la construcción de una relación de hermandad entre los seres humanos y la madre naturaleza sería la base para enfrentar el cambio climático. Por último, la visión catastrófica plantea que la gravedad e irreversibilidad de la situación trasciende nuestra capacidad de encarar el problema, por lo que el colapso de la civilización humana, si bien no la naturaleza, es inevitable. El futuro apocalíptico que presenta esta perspectiva condena la acción climática al fracaso.

Estas distintas perspectivas con las que contemplamos el futuro reflejan la complejidad y la incertidumbre del problema más relevante en la actualidad, el del cambio climático. Desde esta óptica, el trabajo que realiza el IPCC en la generación de escenarios, si bien parte de una visión institucional o reformista, tiene por objetivo generar compromisos e interés, al plantear algunas certezas futuras en medio de tanta incertidumbre, permitiendo así visualizar algunos conjuntos de futuros posibles que se derivarían de las distintas decisiones posibles que podrían ser tomadas en el presente. No obstante, el problema con esta estrategia es que se percibe la incertidumbre como un enemigo que se puede combatir a partir de la investigación, la construcción de modelos y la generación de datos. En este sentido, pretender convertir toda situación de incertidumbre en una de riesgo implica considerar el cálculo probabilístico como el único modo de racionalidad que debería guiar las decisiones humanas. Para evitar esto, Ramos sugiere buscar soluciones diferentes a las que conocemos y nos invita a pensar el futuro de una forma novedosa en el contexto del cambio climático. Porque si las predicciones científicas basadas en evidencia y los imaginarios sociales predominantes nos llevan recurrentemente a plantear escenarios venideros de profundas crisis a todos los niveles, que pondrían en riesgo la existencia de la especie humana y del mundo tal como lo conocemos, se abren muchas interrogantes que resultan impostergables: ¿es posible cambiar el futuro que presentimos y al que creemos estar dirigiéndonos? Si así fuera, ¿de qué manera podríamos modificar las actitudes y conductas, tanto individuales como colectivas, que parecen abocarnos al desastre? ¿Dónde encontrar la motivación para cambiar el porvenir cuando este se presenta como algo inevitable?

Durante el coloquio encontramos respuestas muy sugerentes a estas preguntas, que se centraron en dos grandes temas. El primero tiene que ver con la capacidad de las sociedades democráticas para hacernos cargo de un futuro que inevitablemente todos los habitantes del planeta Tierra, humanos y no humanos, habremos de compartir. El segundo, con la capacidad de nuestra imaginación para multiplicar los futuros posibles y detonar visiones deseables de la existencia, que nos impulsen a transformar las prácticas del presente y las subsiguientes consecuencias venideras.

Sobre la democracia, la jornada dejó muy interesantes reflexiones que nos permiten vislumbrar algunas posibilidades de acción colectiva con las que asegurar y construir un futuro humano mejor. Tawakkol Karman, galardonada con el Premio Nobel de la Paz, comenzó su participación haciendo referencia a algunos factores internacionales que han exacerbado los conflictos de la humanidad, como el recrudecimiento de los enfrentamientos entre Ucrania y Rusia, las tensiones con China, la sombra de una guerra nuclear o el auge de los autoritarismos y las tiranías. Esta realidad violenta, sin embargo, no debería llevarnos, a ojos de Karman, a la desesperanza política. Al contrario, nos conmina a defender con más ímpetu la democracia y los valores resultantes de las luchas por la igualdad, la justicia y la participación ciudadana. El compromiso de la «madre de la revolución» yemení con los derechos humanos es un ejemplo para quienes defendemos que se garantice el derecho de todas las personas en una verdadera democracia global. Ahora bien, ¿qué entender por verdadera en la expresión «una verdadera democracia»? Porque tenemos motivos para pensar que la democracia realmente existente, con sus defectos e imperfecciones innegables, forma parte del conglomerado de factores que han detonado la situación de crisis en que nos encontramos.

Las participaciones de Daniel Innerarity y Donnatella Di Cesare pusieron sobre la mesa algunos de los defectos potenciales de la democracia. En este sentido, sus diagnósticos y reflexiones no solo nos motivan a reforzar nuestro compromiso con formas políticas capaces de afrontar los retos del futuro y del presente, sino que nos permiten comprender que la modificación del futuro depende de una transformación radical de la democracia.

Innerarity parte de la idea de que las sociedades actuales están consumiendo el futuro de manera insostenible, ya que nos enfocamos en el beneficio inmediato descuidando las consecuencias y los efectos perniciosos a largo plazo de nuestras acciones. Esta falta de consideración por el porvenir ha llevado al triunfo de las democracias presentistas, donde se prioriza el cortoplacismo y el provecho inminente sobre el bienestar e incluso sobre las condiciones de vida mínimas de las sociedades futuras. La situación es tal que la vida política ha quedado reducida a la puesta en marcha de mecanismos electorales basados en ciclos políticos de muy corta duración, que dificultan la adopción de medidas que aborden los desafíos a largo plazo. Esta democracia cortoplacista es, de hecho, un autoritarismo de largo alcance, pues las consecuencias indeseables y predecibles de muchas acciones del presente serán, probablemente, recibidas por generaciones futuras que sufrirían los daños sin gozar de las ganancias. Ante esta injusticia distributiva en la que, como nos enseñó Ulrich Beck, lo que se reparte de manera inequitativa ya no es solo la riqueza, sino los riesgos y beneficios, Innerarity propone que la democracia incorpore en sus agendas un interés profundo por el futuro a largo plazo y sugiere la implementación de una «gobernanza intertemporal». Aplicar este modelo implicaría establecer metas que se sostengan en el tiempo, diseñar políticas que tengan un alcance temporal superior al de las legislaturas y limitar las decisiones discrecionales gubernamentales con el fin de proteger los objetivos a futuro de los intereses partidistas y cortoplacistas.

Las ideas de Innerarity permiten imaginar una democracia centrada en el futuro que evite hacer realidad escenarios catastróficos derivados de aquellos de nuestros comportamientos y acciones presentes que hipotecan el porvenir en aras de un beneficio inmediato. No obstante, queda por determinar si esa democracia intertemporal habría de quedar reducida a la búsqueda de mecanismos con los que se puedan tomar decisiones responsables para tratar de evitar los peores escenarios previstos reduciendo los riesgos y contemplando el bienestar de las generaciones futuras. Porque, si bien estos cambios constituirían una mejora sustancial de los sistemas democráticos presentistas actuales, cabe preguntarse si deberíamos limitar nuestros criterios de decisión a evitar la concretización de las peores posibilidades. Una política que solo implementara medidas de protección y salvaguarda acarrearía otro tipo de riesgo no menos grave que aquellos que queremos evitar: el de limitar nuestro futuro al del aseguramiento de las condiciones de existencia, olvidando la importancia de hacer emerger políticamente proyectos basados no solo en el miedo, sino en la esperanza.

Sobre este asunto, el propio Innerarity es consciente de que la democracia intergeneracional ha de transformarse para ser ella misma transformadora, o sea, capaz de generar cambios sociales que, además de evitar situaciones perniciosas, produzcan una nueva subjetividad política con la fuerza y la motivación suficientes como para tomar e implementar decisiones que nos dirijan a un futuro deseable. En este sentido, tomarse en serio las amenazas y comprender que vivimos en una sociedad del riesgo global no implica asumir una política del miedo. Más bien se trataría de encontrar formas de articulación de nuestras aspiraciones y nuestros deseos colectivos con los que desbloquear los sistemas de decisión actuales que parecen estar atenazados por temores paralizantes.

Para seguir explorando esta idea de una democracia propositiva y transformadora, merece la pena detenerse en las ideas que compartió Donatella Di Cesare. Su ponencia, titulada «Democracia de inmunidad o el rechazo al migrante», planteaba que nuestra democracia tiene un predominante carácter inmunitario, pues pone el foco de atención en elementos considerados peligrosos para el sistema que acaban siendo intencionalmente excluidos y discriminados. La tesis de Di Cesare nos muestra que hacer del miedo el factor determinante de la democracia genera situaciones de violencia e injusticia. Bajo la lente del temor, el desconocido o el diferente se perciben y convierten en enemigos a confrontar en lugar de otredad que nos otorga la oportunidad de comprender las múltiples posibilidades en que se expresa la vida. Es esta la forma política predominante de la modernidad. Se busca protección, que deriva en exclusión, en lugar de participación incluyente y propositiva. La democracia inmunitaria, en este sentido, prioriza la seguridad individual por encima de la comunidad y genera una sensación anestésica que nos hace insensibles al dolor ajeno y acaba convirtiendo a los ciudadanos en espectadores pasivos e impasibles ante las injusticias que se cometen contra todo aquel, diferente a nosotros, que es percibido como peligroso. Di Cesare, en definitiva, critica la falta de comunidad en la democracia actual y muestra cómo la política inmunitaria, o sea, basada exclusivamente en el miedo, los peligros y el riesgo, rechaza la alteridad y ve al extranjero como una amenaza. Por eso, cuando Innerarity propone una analogía entre política y medicina al defender la necesidad de construir una inmunidad social y cultural para enfrentar futuras crisis, al igual que hemos hecho con nuestra inmunidad biológica para combatir el coronavirus, no debemos olvidar que la función de la democracia en esta época de crisis ha de ser, además de evitar los riesgos que entrañan las acciones presentes, también la de hacer emerger posibilidades de futuro que satisfagan los deseos colectivos. En definitiva, una política que se haga cargo del futuro ha de implementar medidas de protección que se ajusten a los principios de precaución, pero siendo conscientes de que el miedo puede resultar paralizante y represor. El mayor reto democrático de este mundo en crisis es equilibrar el principio de responsabilidad, que nos permite utilizar el miedo como una emoción que nos desvía del curso que nos arrastra hacia los peores males, con el principio de esperanza, que nos da la motivación suficiente para transformar radicalmente la realidad actual y orientarnos hacia un futuro donde se puedan realizar los ideales de justicia, igualdad y libertad.

Las ideas que compartió con nosotros Ramón Ramos Torre constituyen una oportunidad para pensar en cómo transformar el futuro o, mejor dicho, cómo multiplicar los futuros para salir del determinismo en el que parecen instalarnos las imágenes de catástrofes, crisis y apocalipsis con las que imaginamos recurrentemente el porvenir. Porque la propuesta que compartió Ramos fue la de pensar los futuros en plural, ya que, de no hacerlo así, careceríamos realmente de futuro. Su participación, en este sentido, se centró en tratar de superar la concepción lineal y unidimensional del tiempo en que vivimos. El presente, al igual que para Innerarity, es predominantemente presentista, es decir, un lugar en el que nos encontramos encerrados con una sola ventana, por la cual vemos el único futuro al que nos aboca una realidad que no podemos o que nos negamos a cambiar. Futurizar el mundo, o sea, pluralizar las posibilidades del porvenir, implicaría cambiar el presente, transformando las condiciones de posibilidad de la realidad misma y haciendo emerger alternativas diferentes a las prescripciones que nos conminan a actuar de la forma en que lo hacemos. En este sentido, Ramos coincide con propuestas como las de Bifo Berardi, para quien hacerse cargo del futuro significaría desocultar las posibilidades inscriptas en la actualidad para dirigirlas hacia escenarios no determinados.

Asumir esta tesis tiene una implicación política y metafísica de carácter radical que conecta presente y futuro. Si queremos cambiar o pluralizar los futuros hemos de modificar el presente. Si queremos cambiar el presente, debemos producir novedosas imágenes del futuro. Por eso, la manera en que actualmente vinculamos el presente y el porvenir mediante la noción de progreso ha de ser sometida a crítica. Porque el progreso, o sea, la mirada unidireccional que orienta a la comunidad política desde la modernidad, piensa en términos deterministas el tiempo humano venidero y comprende la experiencia humana como estructurada por una única matriz que nos guía de manera indefectible hacia un único escenario posible. Es decir, para hacer frente a los retos del mundo en crisis que habitamos, tenemos que salir tanto del presentismo, que no piensa en el futuro, como del ideal del progreso, que bloquea la emergencia de porvenires alternativos.

En definitiva, el coloquio «La humanidad amenazada: ¿quién se hace cargo del futuro?» nos hace llegar a dos conclusiones provisionales. La primera, que la humanidad que se siente amenazada estará en mejores condiciones de resolver los retos, riesgos e incertidumbres, que afronta mediante la producción de acciones, actitudes e ideas novedosas y esperanzadas. La segunda, que el sujeto político que habría de hacerse cargo del futuro es una comunidad política plural, capaz de imaginar posibilidades múltiples y heterogéneas que nos alejen de imposiciones, autoritarismos, prescripciones, automatismos y profecías apocalípticas autocumplidas.

Tomarse en serio el futuro: las formas de relacionarnos con la humanidad futura

Raúl Contreras Bustamante
Director de la Facultad de Derecho
de la Universidad Nacional Autónoma de México

A mediados del siglo pasado, algunos zoólogos llegaron a afirmar que los animales, a diferencia del ser humano, vivían en un perpetuo presente: sin conciencia del pasado y mucho menos del futuro. En tal sentido, aseveraban que la especie humana se distingue de otras en que tiene una clara idea del futuro y le intriga su propio pasado.

Aunque la investigación científica posterior —sobre todo de la etología— relativizó esas teorías, se sabe ahora que numerosas especies de aves, reptiles y sobre todo mamíferos se anticiparon con mucho al desarrollo de habilidades tradicionalmente consideradas solo humanas, tales como el empleo de herramientas, la creación de protolenguajes y la enseñanza de patrones conductuales a sus crías, incluido un rudimentario sentido de futuro, acaso basado más en el instinto de conservación y la procreación (Dawkins, 1976).

Pese a esas evidencias, es indudable que la especie humana se apoderó en muy poco tiempo de todos los nichos ecológicos del planeta, gracias a lo que suele identificarse como *evolución cultural*. Su éxito ha sido tal que, en la actualidad, mantiene en la marginación y en precaria existencia a gran número de especies animales y vegetales que le antecedieron millones de años en la línea evolutiva biológica. Es más, la existencia misma de la humanidad está cuestionada en buena parte como producto de ese éxito.

Los biólogos, los antropólogos y demás científicos incluyen en la noción de evolución cultural el surgimiento de la conciencia. La conciencia, dicen, es un conjunto de habilidades, sobre todo mentales, muy difíciles de definir. Entre ellas, los neurobiólogos incluyen una clara noción del pasado y una insólita, firme y clara idea del futuro: los seres humanos indagan permanentemente sobre sus orígenes más remotos no solo históricos, sino prehistóricos, para saber de dónde vienen, y cómo eran y actuaban en el pasado; además, sus acciones siempre están «impregnadas» de futuro. Se trata de aquello que pensadores como Max Weber (1922) denominaron *teleología*; es decir, las acciones humanas siempre apuntan hacia el futuro y se preguntan por su finalidad no solo en cuestiones inherentes a lo biológico, — la supervivencia y la preservación de la especie, como ocurre en otras especies—, sino acerca de la construcción de formas nuevas de convivencia, producción y organización social.

En su gran mayoría, los actos humanos están determinados por objetivos, metas y propósitos que simplemente aún no existen en el momento de ser integrados en un plan, una política o una estrategia... porque están en el futuro. Aunque esos planes no se cumplan cabalmente, determinan en buena medida las empresas, las búsquedas, las innovaciones y las luchas que emprende el ser humano. El futuro ha sido siempre un motor para el desarrollo de las civilizaciones.

Sirva esta mínima introducción para justificar ampliamente las vigorosas y productivas discusiones que tuvieron lugar en el seno de la Universidad Nacional Autónoma de México (UNAM), en el Coloquio Internacional que tuvo lugar la primavera del 2023, denominado «La humanidad amenazada: ¿quién se hace cargo del futuro?». Como es evidente por el título del encuentro, el futuro no solo nos ha ocupado como especie, sino que ahora nos preocupa. Y bastante.

En la segunda jornada de ese encuentro, organizada por la Facultad de Derecho de la UNAM, se dieron cita numerosos estudiantes, docentes e investigadores, para analizar y debatir sobre ese futuro distópico previamente anunciado. ¿La humanidad se encuentra en peligro? ¿Quién o qué la amenaza? ¿Hay respuestas para esta encrucijada?

Discutido el tema desde una visión multidisciplinaria, interdisciplinaria y transdisciplinaria, a la Facultad de Derecho —a la cual acudieron notables pensadores de otras latitudes— correspondió abordar el dilema planteado desde su particular perspectiva, situación que no fue óbice para arribar a sugerentes resultados y conocer novedosas propuestas —no necesariamente ceñidas al mundo de las leyes y los derechos de las personas—; proyecciones en las que el debate no estuvo ausente.

El convulso contexto internacional

Enmarcar las discusiones y los asuntos vinculados con la pregunta del rótulo inicial correspondió al doctor Juan Ramón de la Fuente, quien aportó, de entrada, una visión panorámica de la convulsa situación del mundo actual, plagada de conflictos, la mayoría de los cuales apenas son del conocimiento del público en general. Se trató de una disertación que tempranamente ayudó a focalizar las interrogantes apuntadas con anterioridad.

Cuando nos preguntamos por quién está la humanidad amenazada o de quién hay que defender los derechos humanos de las personas, la respuesta es la misma: de los propios seres humanos, pero, de manera especial, de aquellos que ejercen el poder y mantienen no solo a países, sino a regiones enteras del globo en un permanente estado de conflicto.

Numerosos ejemplos de lo dicho fueron aportados por el doctor De la Fuente, quien, al esbozar el complejo escenario de la diplomacia internacional —que suele verse obstaculizada por las naciones que ejercen su autoridad o su «derecho de veto» dentro de organismos como el Consejo de Seguridad de la ONU, por encima de la voluntad de naciones menos influyentes, política, económica y militarmente hablando—, destacó que es prioritario aumentar la participación de países tradicionalmente marginados de las discusiones sobre la paz, el desarme y la armonía internacional, dado que las soluciones militares no pueden hacerse cargo del futuro.

En tal sentido, al resaltar los conflictos poco publicitados y conocidos de regiones como el Sahel, Burkina Faso, Chad, Guinea o Mali, donde la inestabilidad política, los conflictos civiles o intervencionistas y *les coups d'État* han sido recurrentes en los tiempos recientes, De la Fuente hizo notar que no por distantes esos territorios dejan de tener importancia para el equilibrio mundial. Al decir de Edgar Morin, todo está interconectado y nada está lejos de nada.

Juan Ramón de la Fuente subrayó el papel pacifista de México, función que ha asumido pese a las constantes agresiones y menoscabo de su superficie que ha sufrido a lo largo de su historia como país independiente. La agenda pacifista mexicana, de hacer sinergia, permitiría arribar gradualmente a una *diplomacia preventiva*: aquella que posibilitaría analizar y brindar atención oportuna a temas que gravan a las naciones: la corrupción, la desigualdad y la exclusión como causas subyacentes y catalizadoras de los conflictos, *inter alia*.

Antes de este bien documentado panorama, Juan Ramón de la Fuente insistió en la importancia de los encuentros multidisciplinarios para discurrir sobre las grandes preguntas de la humanidad, no con la pretensión ingenua de darles respuesta, sino con la de analizarlas y, como parte de ese ejercicio intelectual, encontrar ideas que pudieran convertirse en acciones, en proyectos tangibles y viables para tratar de encarar mejor el futuro.

El derecho humano al futuro: una nueva conceptualización

Hablar del derecho humano al futuro significa reflexionar sobre un concepto nuevo y provocador, desarrollado desde hace algunos años en la Facultad de Derecho de la UNAM y la Universidad de Salamanca, e implica aceptar que las generaciones venideras, aun las no nacidas, tienen el derecho a que las actuales generaciones les garanticen un mundo que ofrezca condiciones plenas para una vida digna.

El derecho humano al futuro no se limita a procurar un desarrollo sustentable, a la promoción de la preservación y el mejoramiento del medio ambiente, a que haya agua limpia y suficiente, al cuidado de los bosques o a atender la amenaza del cambio climático. Tiene que ver, además, con estudiar y proponer respuestas a las recurrentes crisis económicas, sanitarias y humanitarias, como la migración, las guerras, la pobreza extrema, el crimen organizado internacional y, desde luego, la falta de educación suficiente y de calidad, la cual es un derecho habilitante y un elemento que puede contribuir a la solución radical de los demás problemas.

¿Qué avances se han hecho al respecto? ¿Cómo se puede enraizar transversalmente este concepto en el mundo académico y aun en la sociedad? La intervención en el coloquio del doctor Ricardo Rivero Ortega discurrió por esas vertientes, al abundar en una línea de investigación que, como lo detalló y ejemplificó en su exposición, se nutre con la indagación del *pasado del futuro*, el *presente del futuro* y el *futuro del futuro*.

Como se argumentó al inicio de este artículo, el futuro ha sido un asunto central de todas las civilizaciones, acaso por su deseo de trascendencia o de permanencia en el tiempo. Son inherentes a todas las culturas las siguientes preguntas de rango filosófico: ¿Quiénes somos, de dónde venimos, hacia dónde nos dirigimos? ¿Cómo se han contestado? Ricardo Rivero disertó sobre la tradición clásica de la futurología, aquellas raíces profundas y ancestrales vinculadas con la idea del *pasado del futuro*, narración a través de la cual, en muchas civilizaciones, se discurría sobre el futuro y se interpretaba el devenir. Habló de esas raíces ancestrales, así como de la interpretación del futuro.

En el rápido recorrido histórico de esa futurología, ofrecido por Rivero Ortega, se apuntó que ha estado signada por la magia y la superstición; y si bien ha tenido momentos en los cuales se han empleado métodos más sofisticados, como la estadística o las distintas tecnologías, siempre ha tenido una evolución lineal, predictiva, marcada por una concepción apocalíptica que ha condicionado las lecturas sobre lo que va a pasar o habrá de ocurrir. Hay, en consecuencia, una tendencia recurrente a equivocarse en el pronóstico, incluso cuando se cuenta con información de gran calidad, acceso en tiempo real a datos y conocimiento del terreno.

La arrogancia, el exceso de confianza y, tal vez, la falta de consideración de otros factores son la base de lo que Ricardo Rivero denomina «el error del previsor». El conocimiento y la predicción del futuro están plagados de fracasos o equivocaciones.

El estadio del *presente del futuro*, en el cual se encuentra la humanidad —señala Rivero—, nos hace conscientes de problemas actuales que apuntan hacia la necesidad de un derecho al futuro. Se ha de reconocer que el problema no está en el futuro, sino en el presente. Este se vive en una especie de ceguera parcial que impide ver más allá del presente inmediato, un *sesgo presentista*, de corto plazo, el cual impide pensar en el largo plazo, es decir, en el futuro.

¿De dónde surge este sesgo presentista? Es muy probable que se encuentre profundamente enraizado en la ansiedad por la disponibilidad de recursos o la posibilidad de su pérdida. Esto lleva a las sociedades y a los individuos a pensar en su consumo, en su agotamiento inmediato, lo cual impide mirar más lejos, pensar en los sujetos y las sociedades del futuro.

Al respecto, la investigación de frontera, desarrollada en la Universidad de Salamanca y en la Facultad de Derecho, ofrece buenos augurios: cada vez es más sinérgica. Ya son evidentes los esfuerzos en distintas regiones en materia de creación de leyes de futuro. Esta tendencia va generando una doctrina constitucional y de derecho público en torno a los derechos de las personas que aún no han nacido, e instituciones preocupadas de anticiparse a los diseños de políticas públicas con miras a ese porvenir de largo plazo.

Sin embargo, no hay que equivocarse ni incurrir en el error del experto —enfatiza Ricardo Rivero—. Es preciso evitar el *presentismo*, esa inclinación a interpretar el futuro desde nuestra situación actual, esto es, desde el momento presente, que nos induce a equivocarnos de manera drástica. La anticipación de las sociedades precedentes debe ser sustituida por vías novedosas para la gestión del derecho al futuro de las sociedades más avanzadas.

Tales metodologías deben considerar formas de previsión, de almacenamiento inteligente y de educación preventiva ante lo inesperado o ante la catástrofe, anteponiendo siempre la modestia acerca de nuestras verdaderas oportunidades de anticiparnos al futuro, porque el factor aleatorio de la acción humana —que ni la inteligencia artificial es capaz de anticipar— no puede menospreciarse. Entre esas novedosas formas, destacan esfuerzos que ya realizan algunos países, como la figura del *ombudsman* de las futuras generaciones, inaugurada en 2008 en Hungría y que gradualmente han copiado otras naciones. Una posibilidad más es la creación de organismos independientes, neutrales y propositivos con capacidad para corregir el sesgo cortoplacista de las decisiones de política pública. Otra posibilidad es modificar el concepto de calidad de vida tal como se entiende ahora y se defiende a ultranza; es necesario replantearlo y alentar a los gobiernos a considerar la reducción o limitación de ciertos excesos que garanticen a las futuras generaciones el disfrute de los mismos satisfactores de que disponemos hoy.

Todas ellas —concluyó Rivero Ortega— son instituciones o procedimientos inherentes al derecho que nos ayudarán a enfrentar de manera distinta el futuro.

No existe futuro sin pasado

Una visión poética, pero no por ello menos cruda y certera del dilema que supone el análisis del derecho al futuro, fue la ofrecida por la doctora Rigoberta Menchú, quien señaló que, *si quieres ser protagonista del futuro, tienes que mirar al pasado*, porque el pasado educa, enseña y ayuda a prepararse para el futuro o para todos los futuros posibles.

Al evocar la idea de la cultura maya vinculada con la plenitud de la vida, la profesora Menchú enfatiza conceptos que no suelen ser considerados: plenitud significa diversidad en el planeta, pluralidad multicolor de la vida que nos habla en una forma multilingüe y que considera la existencia como algo cíclico y pleno de tiempos o momentos diversos, consecuentes unos con otros porque «hoy somos presente, pero no existe ni puede existir una humanidad presente que no tenga historia».

En tal sentido —señala—, la historia es la gran maestra: conocer la historia de nuestros pueblos, incluso de nuestros apellidos, ayuda siempre a revelar el trasfondo profundo y a menudo doloroso en que el poderoso ha impuesto su voluntad por la fuerza y ha determinado el presente.

«No comparto la idea de que hoy se deban legislar los derechos de los jóvenes del futuro», polemiza Menchú al afirmar que es más proclive a pensar que tener memoria de los esfuerzos pasados, que nos han dado un presente, es lo que garantizará a la humanidad un futuro. Eso, y no las reglas, será lo que armonice el desarrollo futuro de los pueblos.

¿Qué debo yo cambiar para prever mi futuro? La respuesta que da Rigoberta Menchú a esa pregunta es lapidaria: no somos dueños de nada, salvo de la preservación, el resguardo y el cuidado de todo aquello que me servirá mañana, pero también de los que me siguen y seguirán. Ella ve el futuro aquí mismo y piensa que solo podemos ser constructores del futuro aprendiendo del pasado y actuando en el presente según lo aprendido.

Es importante, entonces, luchar hoy por erradicar la pobreza, contener las drogas y los vicios, la violencia contra las mujeres, los crímenes de lesa humanidad, la explotación de la madre tierra, el uso excesivo de químicos y productos que dañan a otras especies. Eso, y solo eso, nos dará garantía de futuro.

¿Quién se hará cargo de los derechos humanos?

En un ingenioso giro de tuerca, y muy en congruencia con las ideas discutidas en la segunda jornada del coloquio, la doctora Fernanda Gil Lozano reformuló la pregunta en los siguientes términos: ¿quién se hará cargo de los derechos humanos? Revisar y replantear los derechos humanos es una vía para encarar los múltiples problemas del presente, para no heredarlos en el futuro.

Se deben poner en marcha ahora, en tal sentido, no solo acciones inmediatas y concretas, o propuestas académicas de avanzada, sino reivindicaciones de luchas del pasado, porque los retos son novedosos, pantagruélicos; en general, carecen de un agente o responsable humano directo y están produciendo tensiones generalizadas en los Estados y en las sociedades, así como disturbios que podrían ser devastadores.

¿Cuáles son esos retos en materia de promoción y defensa que hacen tan urgente y prioritario replantear los derechos humanos tal y como los entendemos ahora? Así como los genocidios y el *apartheid* definieron el siglo anterior —nos comenta Gil Lozano—, el actual está rubricado por novedosas formas de control, de intromisión en la intimidad, de dominio político virtual y de otras fórmulas que no pueden pasarse por alto si deseamos transmitir una herencia civilizatoria viable.

Los retos van desde atender las perturbaciones globales propiciadas por la pandemia del COVID-19, que reveló en numerosos países la debilidad inducida de los sistemas de atención médica, hasta el uso de las tecnologías de la información y la comunicación en acelerada propagación que, sin menoscabo de su potencial y utilidad, colisionan con el derecho al trabajo, a la propiedad individual y colectiva. La inteligencia artificial, esa panacea en la cual muchos tienen puestas sus esperanzas, no remediará gran cosa, pues su distribución es desigual dentro de los países y entre ellos.

La movilidad humana, causada por fenómenos climáticos (o no) que devastan su lugar de residencia, están generando serios efectos demográficos y plantean la necesidad del acceso a la justicia y la educación de un gran número de individuos. En este contexto es preciso revisar e investigar la eficacia de los actuales marcos de la gobernanza más distributiva y comprensiva. Es curioso: en la actualidad, en el orden internacional, podemos mover capitales a todas partes, pero las personas tienen cada vez mayor problema para trasladarse de un país a otro. Paradójicamente, a medida que el mundo ha progresado en cuanto a conectividad, ha dividido y fragmentado a personas y países.

No menos importantes —abunda Fernanda Gil Lozano— son las guerras judiciales o *lawfare*: prácticas cada vez más recurrentes en el mundo moderno para legalizar y legitimar hostilidades y sesgar la opinión pública. Intromisiones jurídicas injustas que permiten a los poderes fácticos alcanzar objetivos de colonización sin los costes de las operaciones militares del siglo pasado; usadas para explotar las vulnerabilidades de los Estados y menoscabar la soberanía laboral, territorial y natural de los pueblos.

En el rápido recuento de la doctora Gil Lozano, no se excluyen los asuntos de la desigualdad de género, materia pendiente en buena parte del mundo, que vergonzosamente sigue dando carta de naturaleza a la falta de acceso de las mujeres y las disidencias a la educación, la representación política, los derechos reproductivos, las oportunidades económicas y otros factores que contribuyen a la disparidad. La lista es larga y, en consecuencia, son muchos los retos que se entrecruzan y muy probablemente se reproducirán en efecto cascada, en formas difíciles de prever.

¿Quién se hará cargo de los derechos humanos? Está claro que defender los derechos humanos y los principios democráticos es un ejercicio colectivo, no un empeño personal —puntualiza Fernanda Gil—. Acaso la respuesta a esa pregunta es un renovado sentido de colectivismo: nuevos contratos sociales, nacionales, regionales, interregionales e internacionales; elaborados con la participación de gobiernos, el sector privado, organizaciones políticas y no gubernamentales, religiosas, de la sociedad civil y, sobre todo, de comunidades locales para asegurar y asumir un rol protector de quienes seguirán nuestro camino... para lograr, en suma, un ámbito de justicia intergeneracional.

Defensa de logros pasados para garantizar los futuros

La intervención de la doctora Julieta Morales resultó ser, en este punto, de gran ayuda para afinar y agudizar más las ideas expuestas por Menchú, Gil Lozano y Ricardo Rivero, al traer a la discusión una nueva y provocadora pregunta: ¿hay que codificar los derechos de generaciones futuras? Su respuesta: NO. ¿Por qué?

La doctora Morales argumenta, no sin razón, que los derechos *ya están* expresados en las constituciones y en las normas internacionales vigentes. El problema es que los derechos, cuidadosa y meticulosamente registrados en las legislaciones del mundo —y México no es una excepción—, son en realidad, en buena medida, catálogos de buenos deseos y expectativas sociales incumplidas en pleno siglo XXI.

Estas «utopías del derecho positivo» están acompañadas de una realidad obcecada, en la que derechos básicos, como la vivienda universal, así como el acceso a la alimentación, al agua o a la salud, siguen siendo meras aspiraciones incumplidas y, al no cumplirse, comprometen cualquier intento de codificar derechos para las generaciones futuras.

Además de revisar efectivamente para todos los grupos y estratos sociales la idea de «calidad de vida» (porque no tienen la misma calidad de vida los poseedores del 90 % de la riqueza mundial, un puñado de grupos en el mundo, que el resto de la población global), conviene vivificar la lucha por defender y hacer efectivos esos derechos humanos ya asentados en las legislaciones actuales. Asumir esa defensa generacionalmente equivale a preparar el acceso a una vida plena de los sujetos del futuro.

El esfuerzo actual como noticia del porvenir

A través de una metáfora naval, el doctor Sergio García Ramírez dio natural continuidad a la contestataria postura expuesta por los especialistas anteriores. Ciertamente, la mejor perspectiva de futuro para la humanidad está centrada en el trabajo cotidiano: «hacernos cargo de los derechos humanos y convertir muchas declaraciones y proclamaciones en realidades: que quede en nosotros como noticia del porvenir».

La humanidad debe proseguir ahora la travesía emprendida por generaciones anteriores, esa larga navegación americana y universal por los derechos humanos. Hoy somos nosotros, los aquí presentes y otros muchos que nos miran a distancia —enfatizó Sergio García Ramírez—, mañana serán las generaciones que nos releven, pero somos nosotros quienes tendremos que hacernos cargo de doblar el autoritarismo del Estado y de exaltar nuestros derechos y los derechos de nuestros semejantes.

No es una navegación a ciegas por el borrascoso mar de la realidad actual. Afortunadamente hay faros, hay brújulas. El doctor García Ramírez recuerda una frase plasmada en la casa-museo donde vivió recluida Ana Frank en Amsterdam. La frase es de su padre, Otto: «Es importante conocer la verdad, lo que ocurrió en el pasado, para poder conocer la verdad sobre lo que pudiera ocurrir en el futuro».

Sobre las reflexiones colectivas y multidimensionales

Respecto de las ideas vertidas durante la jornada, Diego Valadés resaltó un hilo conductor en casi todas las ponencias: en definitiva, hace falta «conquistar» la paz. Es notable que, pese a la vigencia de más de ocho años de la *Agenda 2030*, plena de compromisos ya suscritos por numerosos países, enunciados como «reducir significativamente todas las formas de violencia y las correspondientes tasas de mortalidad en el mundo» (artículo 16.1 de la referida agenda) sigan siendo una quimera.

Mientras no convirtamos las proclamas retóricas de las Naciones Unidas en normas jurídicas vinculantes para todos los Estados que las suscriban —enfatizó el doctor Valadés—, seguiremos como con las constituciones antes de 1921. Así pues, en la agenda del derecho humano al futuro, algo muy práctico y muy sencillo que se debe hacer es avanzar en la *construcción del derecho*. Así como hemos avanzado en la judicialización de la norma constitucional —señaló—, avancemos en la judicialización de las múltiples disposiciones internacionales que ya están ahí, pero que solamente están esperando ser convertidas, de *meras declaraciones retóricas*, en normas jurídicas. Esa es una misión que adeudamos al futuro.

Al cierre de la jornada, el doctor Diego Valadés se mostró prolijo acerca del valor divulgativo de lo discutido y analizado en el foro. El quehacer universitario —dijo— adquiere sentido cuando de manera pública, abierta, se discuten todo tipo de posibilidades que nos aproximen a soluciones o vías para construir juntos las opciones del porvenir.

Estos foros, estos coloquios, tienen un valor central, pues no solo se dirigen a las estructuras de gobierno y a quienes hacen políticas públicas y legislan, sino que contribuyen a propagar ideas novedosas, originales, entre la sociedad; enriquecen la opinión pública al divulgar aportes y reflexiones colectivas multidimensionales.

Referencias

Dawkins, R. (2006 [1976]). *The Selfish Gene*, Oxford University Press, Nueva York.
Weber, M. (1990 [1922]). *Economía y sociedad*, FCE, México D.F.

Cambio climático y desarrollo local sustentable

Manuel Martínez Justo
Doctor en Ciencias Políticas y Sociales por la UNAM

El tercer día, las actividades del coloquio continuaron en el Teatro Javier Barros Sierra, en la Facultad de Estudios Superiores Acatlán, donde, desde temprana hora, se dieron cita ponentes, directivos y público interesado en el tema: «cómo satisfacer las necesidades de la población, que son crecientes y son dinámicas, respetando el ecosistema, sin que esto amenace a la humanidad».

Se apuntó que hay que impulsar esta conservación desde la perspectiva local, pues, si bien los grandes acuerdos y cumbres son importantísimos, se debe ir construyendo de abajo hacia arriba y corregir culturalmente el comportamiento de la población y de los actores económicos y políticos. Si no lo hacemos, corremos el riesgo de no tener un sitio donde vivir, de no tener, por lo tanto, humanidad. Esta amenaza hay que corregirla y trabajarla desde abajo.

Correspondió a Teresa Ribera Rodríguez, vicepresidenta tercera y ministra para la Transición Ecológica y el Reto Demográfico del Gobierno de España, iniciar el primer bloque de participaciones. A través de un vídeo que se proyectó, mencionó que uno de los factores más importantes para combatir el cambio climático es el aspecto cultural. Además, argumentó que el debate público es determinante ante estos asuntos, pues mezcla los valores éticos, el estado de conocimiento y las soluciones técnicas que pueden aportar alternativas reales. Insistió en la necesidad de dedicar recursos económicos para poder contar con alternativas sustentables dentro de algunos años, lo cual también requiere una implicación en torno a los mismos objetivos de los actores públicos y privados, así como de los propios países y de la concertación global.

Ribera Rodríguez afirmó que el sector energético es en gran parte responsable del problema ambiental, por lo que se deben transformar los sistemas energéticos y gestionar los usos del suelo, que también permanece en estado crítico. La vicepresidenta cuestionó las capacidades profesionales de la sociedad actual para cambiar el modo de producción y consumo, ordenar las ciudades y transformar el sistema energético.

Asimismo, animó a no caer en la desesperanza; al contrario, se debe incentivar la imaginación, la audacia y la voluntad de cooperar para poder resolver esta cuestión en la que la humanidad se juega su futuro. Evidenció la necesidad de una buena capacitación, de ahí que los debates en entornos universitarios sean importantes, porque, a través de los enfoques de las distintas disciplinas, se puede obtener una mirada más completa de la realidad.

De igual forma, señaló que es necesario priorizar un elemento de equidad y justicia entre las generaciones presentes y futuras, así como entre países que conviven en este momento y que tienen una capacidad distinta de reacción frente a los fenómenos meteorológicos extremos. Explicó que existen elementos injustos entre las sociedades de una misma generación, pues su capacidad de abordar las respuestas frente al cambio climático varía sustancialmente y algunas no tienen recursos para afrontar los costes de una transición.

Por último, insistió en que la cooperación regional y global puede establecer la diferencia para pensar en el futuro de forma constructiva y optimista, afrontando con valentía los problemas heredados por la desigualdad y la confrontación entre los distintos países y personas.

En conexión a distancia desde Chile, la embajadora de nuestro país, Alicia Bárcena Ibarra, destacó la importancia que tiene el cambio climático, el cual es resultado de un modelo de desarrollo desigual e insostenible basado en el extractivismo, que ha dejado de lado a enormes contingentes de población, pues «si bien hemos avanzado en materia de pobreza, no así en términos de desigualdad».

Este modelo de desarrollo —aseguró la diplomática mexicana— requiere cambios. En ese sentido, sostuvo que el eje de la negociación internacional y de las políticas nacionales es luchar por repartir, transferir, minimizar, eludir y dimensionar la carga de la externalidad negativa que causa el cambio climático.

Subrayó la necesidad de adaptación, particularmente del sector agropecuario, en el cambio del uso del suelo, identificando políticas y sectores estratégicos que contribuyan a reducir emisiones y, al mismo tiempo, sean capaces de crear empleos que potencien inversiones, lo cual debe ir de la mano con la igualdad, porque la desigualdad es ineficiente desde la perspectiva económica.

La embajadora mexicana habló del aumento de 1,5 o 2 grados centígrados en la temperatura, el incremento del nivel del mar, el derretimiento de los glaciares y la reducción de la criosfera. Asimismo, consideró insuficientes las acciones individuales, de ahí la necesidad de acciones masivas, colectivas y simultáneas, y de la cooperación internacional, donde el rol de los Estados resulte fundamental con decisiones basadas en la ciencia.

Explicó que la pandemia por la COVID-19 y los efectos de la emergencia climática «son males públicos globales que derivan del abuso de la naturaleza, que nos muestran una inacción con costos irreversibles y que evidencian la verdad del valor estratégico de los bienes públicos».

Sin embargo, acotó que en la crisis de la COVID-19 hubo un sentido de urgencia y decisión política para actuar, mientras que para el cambio climático no existe ese sentido de urgencia y hay mucha indecisión, a pesar de que ya se han sobrepasado cuatro de los nueve límites ecológicos; se han rebasado las concentraciones atmosféricas, existe un verdadero problema de adicción al fósforo y al nitrógeno en cultivos y ecosistemas, ha aumentado la deforestación por el cambio de uso del suelo, la emisión de aerosoles, la acidificación de los océanos y el reto hídrico. Por otro lado, se está volviendo al extractivismo energético y minero debido al aumento de precios de los combustibles.

Con respecto a la región, América Latina ha sido golpeada por la pandemia con altos niveles de endeudamiento, menor espacio fiscal, gran inflación y amplia heterogeneidad productiva. Todo ello redunda en el aumento de la desigualdad, con baja innovación, inversión y productividad, combinadas con crisis alimentaria, como consecuencia de la escasez alimentaria a nivel global.

Respecto al aumento de la pobreza, explicó que en la región hay 180 millones de pobres, 80 millones de ellos en condiciones de pobreza extrema. Además, después de la pandemia, aumentaron las dudas, las deudas, el desempleo y la informalidad económica, por lo que el rol del Estado es fundamental para implementar políticas fiscales, monetarias y sociales, pero, sobre todo, ambientales, todas ellas coordinadas entre sí, además de explicitar estrategias de recuperación con énfasis en la inversión, apuntó la diplomática.

No obstante, mencionó que la región cuenta con el segundo sistema de arrecifes más grande del mundo, una cuarta parte de los manglares mundiales, el 23 % de los bosques del mundo y el 20 % del territorio ocupado por Pueblos Indígenas, que suelen conservar los bosques.

Retomando el medio ambiente, la embajadora señaló que alrededor del 70 % de los ciudadanos de América Latina y el Caribe consideran que la crisis climática es un riesgo serio, y el 56 % apoya una agenda verde; en el caso de México, más del 70 %; en Chile, el 85 %. En todos los países aumenta la importancia de dicha preocupación, debido a que la ciudadanía desconfía de las instituciones, lo que debilita el apoyo a la democracia.

Otro de los desafíos enumerados en su exposición es la inversión y la productividad, desafíos estructurales que condicionan la recuperación. La región de Sudamérica, —detalló— destina el 16,1 % del Producto Interno Bruto (PIB) a inversión pública y privada; en cambio, las economías emergentes invierten el 33 % del PIB.

Destacó que el problema del agua será uno de los más graves del futuro y que se requiere más energía renovable, masificada, sostenible y diversificada. En América Latina y el Caribe —agregó—, el 33 % de la oferta energética es renovable, ya que la región produce el 61 % del litio, el 39 % del cobre, y el 32 % del níquel y la plata, por lo cual nuestra región tiene oportunidades para avanzar hacia la energía renovable y la electromovilidad.

A pesar de ello, 17 millones de personas carecen de electricidad, por lo que se debe universalizar esta con energía renovable. En el mismo sentido, estimó que se deben mitigar los efectos sociales y económicos de la COVID-19, donde la inversión es clave, sobre todo en los sectores estratégicos, pues es el puente entre el corto y el mediano plazo.

Por otra parte, destacó la regulación del Estado para incentivar la inversión privada en cuanto a la descarbonización, la innovación y el desarrollo de capacidades con sectores que generen empleo. Como ejemplos, Bárcena Ibarra citó sectores que promueven el cambio técnico, generan empleo, reducen la restricción externa y la huella ambiental, y favorecen la transición energética hacia recursos renovables, así como la inversión en servicios básicos como la electrificación universal con base en la energía renovable y el acceso al agua potable. También habló de concretar la electromovilidad sostenible en las ciudades mediante la transformación de los actuales autobuses de diesel en eléctricos; invertir en infraestructura física, equipamiento y capacitación, así como optar por la autosuficiencia sanitaria y la transición agroecológica para restaurar ecosistemas terrestres y marinos.

Entre las prioridades mencionadas por la canciller, enfatizó los instrumentos «para lograr una fiscalidad realmente verde», como el impuesto al carbono, así como incentivos fiscales correctos, considerando los subsidios, las transferencias, la inversión pública y un presupuesto que atienda la emergencia climática con mecanismos de transferencia de riesgos: seguros catastróficos, seguros sectoriales y mecanismos financieros como los bonos verdes.

La también bióloga agregó que se requiere inversión en planes de recuperación que favorezcan la creación de empleo y las soluciones basadas en la naturaleza. Por último, refirió los costos de inversiones heterogéneas, los cuales deberían calcularse para cada estado y región. «La emergencia climática, bien gestionada, nos ofrece una oportunidad para cerrar las brechas sociales y culturales, redireccionar los flujos financieros, e ir hacia un desarrollo económico sostenible, socialmente inclusivo, descarbonizado y resiliente», acotó Bárcena Ibarra.

Por su parte, Cristina Monge Lasierra, socióloga y politóloga de la Universidad de Zaragoza (España), comenzó su intervención mencionando que en determinado momento se veía la revolución digital, la revolución tecnológica y la transición ecológica como elementos de una alianza natural; sin embargo, cuando se profundizaba en el debate, se apreciaban enormes contradicciones. Nos invita a pensar en las contradicciones que existen en el diagnóstico de la crisis climática y en las preguntas, inquietudes e interrogantes que se nos plantean cuando abordamos esta crisis en clave política.

Detalló que, en un principio, la crisis climática fue entendida desde la perspectiva de las ciencias naturales, después llegaron los economistas «a decir una cosa que todavía nos cuesta reconocer, y que es fundamental para entender el desafío: que la economía es una variable dependiente de la biosfera. Nuestro modelo de desarrollo considera que la economía y la ecología son contradictorias. Nada más lejos de la realidad», comentó la socióloga y agregó que una biosfera enferma pone en riesgo la economía.

Destacó que la verdadera amenazada ante la crisis es la humanidad, no el planeta, ya que este ha demostrado tener una gran capacidad de resiliencia. De igual forma, describió que el último informe del IPCC (el Grupo Intergubernamental de Expertos sobre el Cambio Climático) asegura de forma tajante que sí se está produciendo un incremento de temperaturas, un cambio climático ocasionado por el actual modelo de desarrollo.

Monge Lasierra mencionó que, a pesar de esa problemática, aún se está a tiempo de evitar «las peores repercusiones, las peores consecuencias de la crisis climática. Efectivamente, en función de lo que hoy hagamos, esas previsiones pueden ser todavía más peligrosas o pueden aplacarse», sentenció.

La también analista política en medios como *El País*, en su natal España, comentó que el cambio climático, desde el punto de vista social y político, es un agravante de problemas preexistentes como la desigualdad económica, la desigualdad de género y el incremento de conflictos, que ya se están produciendo en todo el planeta. Lo anterior —dijo— es contradictorio porque los países que se industrializaron más tarde son los que más sufren las consecuencias de esta crisis, porque carecen de medios y de tecnología para hacerle frente.

Asimismo, evidenció otras contradicciones en cuanto a la lucha contra el cambio climático, el cual pone en peligro a los que ya son vulnerables; por ejemplo, en 2019, de 25 millones de desplazamientos, 24 estaban directamente relacionados con la crisis climática; en 2020, de 40 millones de desplazados, 30 millones lo eran por dicha crisis; y en 2022, de 38 millones de desplazados, unos 35 millones tenían que ver con la emergencia climática.

La especialista acotó que no se debe ver la transición ecológica en clave de renuncia, como algo negativo, sino, más bien, en clave de estabilidad, contando con alternativas y exigiendo que cada uno cumpla con sus responsabilidades. «La mejor manera de predecir el futuro es crearlo. O nos ponemos todos a construir el futuro o nos lo construirán. Probablemente nos lo están construyendo ya y quizá no nos estamos enterando», dijo.

El segundo bloque de actividades fue moderado por la maestra Nora del Consuelo Goris Mayans, secretaria general académica de la FES Acatlán, quien estuvo acompañada por los comentaristas Laura Bertha Reyes Sánchez, presidenta de la Unión Internacional de la Ciencia del Suelo; Jorge Zavala Hidalgo, director del Instituto de Ciencias de la Atmósfera y Cambio Climático de la UNAM, y Enrique Provencio Durazo, director del Programa Universitario de Estudios del Desarrollo (PUED) de la UNAM.

La primera participación del bloque la abrió Sheila Watt-Cloutier, activista inuit canadiense, quien habló sobre la importancia del Ártico para su comunidad. A través de videoconferencia, detalló parte de la historia de su pueblo, el cual se vio orillado a dedicarse al comercio de pieles; después, cuando este mercado se derrumbó, fueron olvidados por su gobierno, y muchos de sus integrantes fueron obligados a asistir a escuelas donde olvidaron su idioma, como es su caso.

Mencionó que su población sufre las consecuencias del adelgazamiento del permafrost (terreno congelado durante muchos años) y de los efectos de los contaminantes, que, incluso, están presentes en la lecha materna de las mujeres de su comunidad. Además, cuentan con la tasa de suicidios más alta de América del Norte. «El cambio climático es un trauma más en esa ola de cambios tumultuosos que han impactado sobre el Ártico y sus moradores», expresó. La activista también destacó la relevancia del «derecho al hielo», sostén de la vida de su pueblo al ser un medio de transporte y de alimento.

Watt-Cloutier subrayó que el Ártico es el sistema de refrigeración del planeta, su aire acondicionado, y se está estropeando. Señaló que algunos de los problemas que afectan al mundo, como los huracanes, los tornados, las inundaciones, las sequías y los incendios, están relacionados con la ruptura de ese aire acondicionado, formado por el hielo del Ártico y los glaciares.

En el pasado —rememoró—, trabajó con científicos en la Evaluación del Impacto Climático en el Ártico, dando una dimensión humana a estos problemas. «Tenemos que entender que estas conexiones son realmente importantes para el resto de nosotros. Vivas donde vivas, el Ártico nos importa a todos, porque lo que ocurre en el Ártico no se queda en el Ártico, repercute en el resto del mundo», comentó.

De esta manera —indicó—, «estamos ahora en estos lugares en los que podemos conectar con lo que realmente nos importa. Y eso es lo que he estado diciendo, especialmente desde la pandemia, para que la gente comprenda mejor las lecciones que esta pandemia está tratando de enseñarnos, porque los virus que están aquí ahora y los que están por venir han sido impulsados por el cambio climático».

Ante tales circunstancias, la especialista se preguntó: «¿Cómo nos cambiamos a nosotros mismos? ¿Cómo valoramos los cambios que tienen que producirse?». Su respuesta fue que «los modelos de gobernanza tienen que cambiar, y no ver a los indígenas o a los inuit solo como víctimas de la globalización, del cambio climático, sino como maestros de la sostenibilidad».

Acotó que, cuanta más gente entienda el contexto histórico de su pueblo, más comprensión profunda que venga del corazón y que ayude a construir relaciones de confianza habrá. «Y ahí es donde se produce la verdadera reconciliación. La reconciliación es ahora un gran movimiento o una palabra de moda en nuestro país y quizás, incluso, más allá; pero no puede ser real si no construimos esa relación de confianza a través de la comprensión, a través de la empatía. Y así, aquí estamos. La pandemia es ahora un sombrío recordatorio de lo interrelacionados e interdependientes que estamos todos en este mundo. Y en el Ártico hemos comprendido que no estamos tan alejados del resto del mundo, lo sabemos desde hace tiempo, pero creo que la pandemia ha destapado aún más los problemas sistémicos no resueltos del racismo y las injusticias sociales, no solo en las comunidades indígenas, sino también en las comunidades negras», explicó.

Hacia el final de su intervención, destacó que no se puede culpar a un solo país o a un virus: «Se trata realmente de cómo hemos tratado a nuestro planeta, a la Madre Tierra, y al hábitat de toda la vida salvaje durante décadas y décadas».

Explicó que muchos países han quedado expuestos por sus políticas anticuadas y sus enfoques racistas, que ponen en riesgo a los más vulnerables, pues están lidiando con sistemas sanitarios deficientes y malas condiciones sanitarias. «La pandemia nos ha dado tiempo para hacer una pausa. Como he dicho antes, llevo 27 años haciendo esto, intentando enseñar al mundo lo interconectados que estamos todos, y que debemos unirnos como humanidad común para abordar estas cuestiones de los cambios climáticos», destacó.

Por su parte, el doctor Antonio del Río Portilla, Investigador del Instituto de Energías Renovables de la UNAM, comenzó su intervención hablando sobre la importancia de «darles herramientas a las personas que se van a encargar del futuro», y habló de los indicadores entrelazados de sustentabilidad.

El investigador describió que los indicadores son razones entre dos cantidades, el resultado de dividir dos cantidades para poder comparar. Puso como ejemplo el uso de energía per cápita contra la intensidad de energía (la energía utilizada para producir un dólar de riqueza), y detalló que estos indicadores muestran, por ejemplo, que, en comparación con México, Uruguay es un país que produce más riqueza con menos energía. Insistió en que se debe mirar hacia la sustentabilidad, y para eso necesitamos indicadores que ayuden a ver qué pasa con cada acción que llevemos a cabo.

Definió el desarrollo sustentable como aquel que respeta el ambiente y promueve la equidad con las generaciones actuales y las futuras. Asimismo, habló sobre la brújula de la sustentabilidad, la cual ayuda a ilustrar la complejidad de dicho concepto, y explicó que dicha brújula define cuatro dimensiones de la sustentabilidad: la naturaleza, la economía, la sociedad y la organización. Acotó que entre estos cuatro ámbitos existen interacciones; por ejemplo, la educación y la salud producen tensiones entre la economía y la sociedad. «Debemos tener indicadores para medir todas estas relaciones. Nosotros podemos tratar de definir algunos indicadores que pudieran medir esta complejidad, esta situación compleja. Les puedo decir que la ONU ha definido más de 128 indicadores de sustentabilidad», apuntó.

El ponente presentó un modelo matemático que muestra los indicadores compitiendo por representar la sustentabilidad en un entorno específico. «En un trabajo que publicamos hace algunos años, definimos un espacio de indicadores que se parece mucho a vectores [...], donde en cada uno de los componentes pusimos la parte ambiental, la parte económica, la parte social o la parte organizacional. [...] Entonces, lo que aquí podemos decir es lo ambiental que es un indicador o lo apegado que está a la naturaleza. Así, contamos con estas posibilidades, y la verdad es que tengo la opción de disponer de 256 indicadores diferentes, donde puedo meter fácilmente todos los indicadores que ha definido la ONU», describió.

El investigador explicó que habían construido una matriz de interacción para determinar qué indicador era más adecuado para medir una dimensión de la sustentabilidad. Esa matriz de interacción la vamos a definir por medio de un cuestionario a personas que saben de sustentabilidad en el punto específico». Gracias a lo anterior —dijo—, se definió un conjunto paretiano, entendiendo este como el grupo de indicadores que tiene el 80 % de la fortaleza y son menos del 20 %; por ejemplo: de un grupo de 120 indicadores obtener 24 de ellos con una fortaleza del 80 %.

Del Río Portilla afirmó que los indicadores permiten revisar el camino hacia el futuro que deseamos de una manera cuantitativa. «Creo que eso es muy importante. Debemos tener la capacidad de hacer un monitoreo de forma cuantitativa. Necesitamos definir los indicadores para cada región, para cada localidad, y eso puede llevar tiempo. Por eso, herramientas como la que tenemos aquí podrían ayudarnos», señaló.

Desigualdad social, financiamiento y políticas públicas para el desarrollo duradero

Eduardo Vega López
Profesor y director de la Facultad de Economía (UNAM)

Introducción

Para preparar la cuarta sesión del Primer Coloquio Internacional de Primavera, «La Humanidad amenazada: ¿quién se hace cargo del futuro?», sopesé, con Veronique Deli, diversos abordajes a partir del análisis económico. Después de considerar acontecimientos experimentados durante este ya casi primer cuarto del siglo XXI, más sus proyecciones de cara al futuro, en relación con la amplia y persistente pobreza, los profundos cambios de los mercados de trabajo, los muy adversos impactos de la pandemia COVID-19 o los desafíos planteados por los vertiginosos procesos de innovación tecnológica, más recientemente expresados en la inteligencia artificial, decidimos centrarnos en los siguientes tres énfasis temáticos: la inocultable y lacerante desigualdad social, los requerimientos de financiamiento productivo y provechoso a fin de crear las condiciones para un crecimiento económico más dinámico y duradero, y la reconsideración de ambos acentos analíticos para reconfigurar las políticas públicas imprescindibles que, de manera genuina y eficaz, promuevan el desarrollo económico y social ambientalmente sustentable, a diferentes escalas territoriales. Por ello, la sesión que llevó a cabo la Facultad de Economía en el Coloquio Internacional mencionado se tituló: «Desigualdad, financiamiento y políticas públicas para el desarrollo». Partiendo de estas preocupaciones, pretendimos identificar algunas de las principales realidades, ominosas y amenazantes, que continúan agobiando hoy a la humanidad, al tiempo que se ofrecían argumentos y evidencias acerca de quiénes y por qué deben hacerse cargo del futuro.

Aprovechamos al máximo esta oportunidad universitaria de reflexión y deliberación públicas sobre los asuntos referidos, al contar con extraordinarias participaciones de Ricardo Bielschowsky (Universidad Federal de Río de Janeiro), Arantxa Colchero (Instituto Nacional de Salud Pública) y Victoria Nuguer (Banco Interamericano de Desarrollo), las cuales fueron complementadas de manera ilustrada con los comentarios de Leonardo Lomelí (Secretario General de la UNAM), Rolando Cordera (Profesor Emérito de la Facultad de Economía) y Carlos Urzúa (exsecretario de Hacienda y Crédito Público y Profesor Invitado de la Facultad de Economía).

De manera sucinta, las líneas que siguen expresan las argumentaciones conceptuales planteadas en tal sesión, las evidencias de la realidad amenazante que documentan los diagnósticos presentados, y las propuestas que se ofrecieron como salidas urgentes y viables mediante el compromiso y la participación de la sociedad organizada, sus representaciones institucionales y sus gobiernos a escalas local, estatal, nacional y global (diversos organismos multilaterales).

Preocupaciones iniciales

Las graves amenazas que enfrenta hoy la humanidad están relacionadas con desarreglos sistémicos de la economía global y conflictos geopolíticos que conjuntamente se expresan, entre otros agobiantes procesos, en los siguientes:

- Las tensiones no solo comerciales entre Estados Unidos y China.

- La invasión rusa en Ucrania y sus muy adversas consecuencias tanto humanitarias como sobre los mercados de granos, alimentos, energía primaria fósil y otras materias primas.
- Las tribulaciones de la Unión Europea y el distanciamiento del Reino Unido que debilitan el liderazgo de esa región en el escenario global.
- El narcotráfico y el tráfico ilegal de armas y personas a gran escala.
- Las migraciones masivas por doquier, sea por razones de sobrevivencia ante el incremento de la violencia, la inseguridad pública, el autoritarismo y la represión política, o sea por la búsqueda de mejores oportunidades de ocupación, remuneraciones y bienestar general o de refugio humanitario.
- Los menores presupuestos públicos para enfrentar la cooperación multilateral, las enfermedades crónicas y las pandemias súbitas generalizadas con devastadoras consecuencias.
- La vertiginosa innovación tecnológica que desplaza a las personas y los formidables desafíos éticos, jurídicos y económicos que impone la inteligencia artificial.
- El ascenso de liderazgos y gobiernos patrimonialistas que erosionan la democracia y sus instituciones nacionales, provinciales y locales.
- Las graves realidades del cambio climático con sus significativos y crecientes costos sociales y económicos (sequías, inundaciones, olas de calor, ascenso del mar).
- La debilidad estructural de las economías de América Latina y el Caribe, y la pérdida de las rutas que pudieran acercarlas a la recuperación de la idea y las políticas para el desarrollo nacional y regional sustentable.

Tales procesos pueden repensarse y debatirse, en clave local, nacional, regional y global, a partir de los tres énfasis propuestos por la Facultad de Economía:
  i) La desigualdad social como preocupación primera por razones éticas, políticas y económicas.

ii) El financiamiento directamente productivo (crédito e inversión), la presupuestación de gastos públicos imprescindibles (salud, educación, cuidados, pensiones, alimentación y vivienda), la gestión transparente y eficaz de los recursos públicos recaudados mediante la tributación progresiva y otros instrumentos contributivos y no contributivos.

iii) El rediseño de políticas públicas para recuperar la idea prioritaria del desarrollo económico y social duradero.

Diagnósticos y propuestas coincidentes: mayores brechas de desigualdad, mayores presupuestos y mejores políticas

Las tres conferencias magistrales, impartidas por Ricardo Bielschowsky, Arantxa Colchero y Victoria Nuguer, con énfasis distintos, preocupaciones diferenciadas y aproximaciones conceptuales y metodológicas contrastantes, coincidieron en que en el siglo XXI se han profundizado y ensanchado las brechas de desigualdad social a escala global, también en América Latina y el Caribe, así como en el interior de cada una de las realidades nacionales. Coincidieron igualmente en la urgencia de fondear recursos adicionales mediante diferentes fuentes de financiamiento para estar en condiciones de ejercerlo, poniendo en vigor políticas públicas que enfrenten de manera eficaz las amenazas y consigan que los gobiernos asuman las responsabilidades públicas del presente y el futuro.

Ricardo Bielschowsky inició su intervención planteando dos provocaciones. En primer lugar, mencionó que, mediante la recuperación del pensamiento económico estructuralista cepalino y el social-desarrollista brasileño, en lugar de aprovechar las importantes y sofisticadas metodologías para construir escenarios de futuro con distintos supuestos y desenlaces probables que no agotaban la incertidumbre, basaría su argumentación en las hipótesis histórico-económicas fundamentales de la CEPAL, bajo la influencia de las obras de Prebisch, Furtado, Sunkel, Pinto, Tavares, Fajnzylber, Lessa, Barros de Castro, Urquidi y Noyola. En segundo lugar, se preguntó si acaso las contribuciones teóricas sobre las raíces estructurales del subdesarrollo en general, y del latinoamericano y caribeño en particular, habían dejado de ser pertinentes para hacer un análisis económico y social de la actualidad, así como de sus proyecciones a futuro.

Como extraordinario historiador de las ideas económicas y sociales del pensamiento cepalino, teórico y normativo, Bielschowsky hizo un recuento de las principales contribuciones estructuralistas, neoestructuralistas, desarrollistas y neodesarrollistas, para preguntarse si los problemas diagnosticados por tales contribuciones ya han sido hoy solucionados, o si su pertinencia analítica prevalece en la enorme mayoría de los países latinoamericanos y caribeños:

- La estructura productiva débil, con baja diversidad y pocos encadenamientos dinámicos.
- La especialización productiva y exportadora de bienes primarios (agropecuarios y/o mineros).
- La abundante fuerza de trabajo con bajos ingresos, en sectores de escasa productividad e innovación rezagada.
- La inserción económica en los mercados externos mediante una adversa relación de los términos de intercambio.
- Los rezagos tecnológicos y la baja capacidad para generar divisas suficientes a las requeridas para fomentar procesos reiterados y ampliados de inversión endógena directa y de fortalecimiento del mercado interno.
- El sistema centro-periferia, con sus asimetrías y reacomodos contemporáneos de la economía global.

Señaló con vehemencia que la gran heterogeneidad productiva estructural continuaba hoy correspondiéndose con los elevados niveles de subempleo, informalidad económica y condiciones precarias de ocupación, que, junto con la abismal distribución de la propiedad, la riqueza y los ingresos, ocasionaba que la desigualdad social continuara siendo uno de los rasgos más amenazantes de la humanidad contemporánea y, en particular, de la que habita en América Latina y el Caribe. Estas realidades de ayer —dijo—, caracterizadas por las brechas de divisas, de productividad, de patrimonio y de ingresos, lamentablemente también son realidades de hoy; por lo tanto, arguyó que las teorías cepalinas son viejas, sí, pero no están obsoletas.

Expuso con claridad la capacidad de adaptación y transformación del pensamiento cepalino a las nuevas realidades de la economía global y regional, en el transcurso de la inmediata segunda posguerra y durante el último cuarto del siglo XX, así como durante el casi ya primer cuarto del siglo XXI. Por ello, la industrialización sustitutiva de importaciones como política pública estratégica para enfrentar los seis rasgos estructurales mencionados con anterioridad; la promoción de reformas agrarias donde no se hubieran producido; la necesidad de la participación deliberadamente activa de los Estados nacionales, apoyados por la organización empresarial nacional y trasnacional, para crear y madurar las condiciones de desarrollo económico con inclusión social explícita y, más recientemente, con consideraciones ambientales y ecológicas que lo convirtieran en un desarrollo económico y social ambientalmente duradero...; todo ello fue presentado como parte tanto de las reflexiones retrospectivas como de las formulaciones prospectivas en la primera parte de dicha sesión.

Para Bielschowsky, por lo tanto, la humanidad está amenazada por problemas similares (no iguales), crisis estructurales (con énfasis actual en la preponderancia del capital financiero, sus flujos especulativos y su capacidad de presión sobre mercados interconectados) y reacomodos geopolíticos (antes los característicos de la Guerra Fría y hoy los correspondientes al ascenso innegable del poderío de las economías de la República Popular de China y de la Federación de Rusia frente a la aún hegemónica economía de los Estados Unidos y la debilitada UE), que pueden seguir siendo analizados con las trascendentes contribuciones del pensamiento económico y social neoestructuralista y neodesarrollista de la CEPAL. Las inspiraciones keynesiana, schumpeteriana y neorricardiana de las formulaciones cepalinas le otorgan una capacidad de mímesis analítica (dicho esto en el mejor de los sentidos), que le han permitido pasar de sus planteamientos originales Prebisch-Furtado, siempre heterodoxos, contradictorios y creativos, y resistir a las presiones convencionales del análisis económico ortodoxo de los noventa y los primeros años del siglo XXI, para arribar a los más recientes informes que enfatizaron, entre 2008 y 2022, la centralidad de la igualdad social como una propuesta crítica de la cultura del privilegio de las élites conservadoras y sus propensiones rentistas. La cultura teórica y el bagaje histórico de Bielschowsky merecen ser pensados, reflexionados y discutidos.

Habiendo expuesto las amenazas y las oportunidades que enfrentan hoy la mayoría de las economías latinoamericanas y caribeñas, en particular la brasileña, Bielschowsky respondió la pregunta de quién debe hacerse cargo del futuro, al plantear su matriz de 5 × 4:

- Cinco columnas (aunque pueden ser más o menos columnas) que representan las dimensiones estratégicas de las políticas públicas, que deben ponerse en vigor como «pilares del desarrollo socioeconómico y ambiental deseado».
- Cuatro líneas o renglones (también pueden ser más o menos y diferentes, según el país o alguna región subnacional) que representan los «frentes de expansión productiva», agrupados en cadenas productivas especializadas que se convierten en los motores del crecimiento económico.

Esta matriz de desarrollo —para abatir la desigualdad social, procurar el financiamiento necesario y poner en marcha políticas públicas eficaces de cara a las prioridades económicas, sociales y ambientales que se definan— es tarea inobjetable del Estado nacional.

Por su parte, Arantxa Colchero abordó de manera directa y sin anestesia, desde la perspectiva del análisis económico de la salud, por qué la humanidad está amenazada hoy y en quién recae la responsabilidad de mejorar esta situación en el futuro inmediato y mediato. Expuso con claridad cómo en los últimos 30 años (finales del siglo XX y lo que va del XXI) han cambiado de manera sustancial los patrones de morbilidad y mortalidad en el conjunto del mundo y, en concreto, en América Latina y México. Presentó un interesante panorama global y regional de las enfermedades infecciosas o transmisibles frente a las enfermedades crónicas o no transmisibles, así como de los costos agregados de los sistemas nacionales de salud para enfrentar de manera exitosa unos y otros padecimientos, más los relacionados con lesiones y accidentes.

¿Quién pone en duda que el bien público más importante es la salud de la población? Sin salud nadie puede realizar tareas básicas, domésticas, escolares, laborales, productivas, culturales, privadas o públicas; perder la salud genera sufrimiento personal o individual, además de significativos costos familiares y sociales. Atender a una persona enferma pareciera ser solo un asunto obvio de solidaridad familiar o social, pero también involucra costos de oportunidad y costos explícitamente expresados en montos pecuniarios. En realidad, según lo expuesto por Colchero, se trata de serias afectaciones directas al bienestar tanto de personas y familias como de la sociedad en su conjunto, lo cual está correlacionado con la capacidad institucional de los sistemas nacionales de salud vigentes, en términos de cobertura (derechohabiencia), acceso, fragmentación, provisión de servicios públicos y privados, calidad, eficiencia, prevención, curación, infraestructura hospitalaria, personal profesional de la salud, y lugares efectivos de atención y financiamiento.

Arguyó que, lejos de ser un nivelador eficaz, el sistema de salud en México profundiza y amplía la desigualdad social preexistente, derivada de la pobreza estructural, la distribución abismalmente inequitativa de la propiedad y los ingresos, así como del subempleo, la informalidad laboral y la fragmentación de los servicios públicos de salud. Más de la mitad de quienes demandan servicios de salud, se encuentran inmersos en la informalidad económica, subocupados o en condiciones adversas de contratación (mercado laboral flexible, a destajo, por horas, de manera temporal). Lo cual —continuó su argumentación—, al no ser derechohabientes, les excluye de tales servicios de salud, debido a que el acceso a ellos depende de la contratación laboral y de las prestaciones sociales allí establecidas (IMSS, sector privado y contribuciones tripartitas; ISSSTE, sector público y contribuciones bilaterales). Incluso —añadió Colchero—, quienes están afiliados y son derechohabientes de servicios públicos de salud (IMSS, ISSSTE, otros del sector público), debido a su fragmentación y mala calidad general (dilación en el otorgamiento de citas, por ejemplo), prefieren realizar gastos de bolsillo y acuden a los consultorios adyacentes a las farmacias (CAF), a los consultorios de hospitales privados e incluso a los que se encuentran en centros comerciales. Esto expresa tanto la falta de financiamiento como la mala organización institucional de los servicios públicos de salud, al tiempo que se traduce en gastos de bolsillo excesivos que afectan más, proporcionalmente a sus ingresos, a las personas y familias más pobres, es decir, al grueso de la población mexicana.

Otras amenazas derivadas de la arraigada desigualdad social existente —según dijo— son los factores de riesgo de contraer enfermedades no transmisibles o crónicas, asociadas a bajos o muy bajos ingresos, dietas no saludables, ingesta de alcohol, consumo de tabaco y exposición a la contaminación ambiental (aire, agua, suelo, ruido). Por ello, según Colchero, la desigualdad social, afianzada por los malos y costosos servicios de salud vigentes en el país, tiene un vínculo directo con formidables desafíos de financiamiento y de formulación de mejores y eficaces políticas públicas en materia de salud. Esto es debido —esgrimió— a que tales padecimientos crónicos pueden prevenirse con políticas, incentivos económicos y financiamiento, siempre y cuando unas y otros tengan un buen diseño, fortaleza institucional, mayores presupuestos y certidumbre de largo plazo. Así podrían evitarse y/o regularse a la baja el consumo de alcohol y tabaco, por ejemplo, al tiempo que se fomenta la ingesta de alimentos orgánicos, ambientalmente favorables y con valores nutritivos convenientes. De hecho, en este punto, Colchero insistió en que la gradual sustitución de productos ultraprocesados y ambientalmente inconvenientes por otros de mejor calidad nutricional traería beneficios netos no solo a la salud humana, sino también a la salud ambiental, que denominó salud planetaria.

Con estas consideraciones, explicó que recuperar el crecimiento económico importa pero no basta, no es suficiente, pues interesa aún más la calidad de dicho crecimiento. Al comparar sistemas de salud de diferentes países, expuso que sí hay una correlación general entre mayor crecimiento económico por habitante y menor frecuencia de enfermedades transmisibles o contagiosas, pero que no necesariamente existe tal correlación cuando se abordan las enfermedades no transmisibles o crónicas. Puso los ejemplos de Canadá y Japón frente a otras economías tanto de desarrollo similar como de menor desarrollo relativo en términos de crecimiento económico por habitante. Su conclusión es que la gran diferencia se encuentra en los sistemas nacionales de salud canadiense y japonés, al tener cobertura universal, solidez presupuestal y efectividad en la atención preventiva y curativa de sus respectivos servicios públicos de salud.

De esta manera, habiendo expuesto el carácter estructural de la desigualdad social en México y comparado diferentes situaciones nacionales, Colchero reiteró el carácter desnivelador del sistema nacional de salud vigente en México y la urgencia por transitar hacia otro, donde la cobertura sea universal, y la afiliación, la derechohabiencia y la atención sean efectivas; donde los cuidados y las pensiones sean considerados de manera congruente con esta preocupación central y donde la salud pública se convierta en una prioridad indiscutible de cualquier política que promueva el desarrollo duradero. Estas acciones debe asumirlas, organizarlas y promoverlas el Estado nacional, con lo cual dio respuesta a la pregunta de quién debe hacerse cargo del futuro.

Finalmente, Victoria Nuguer presentó el Informe macroeconómico de América Latina y el Caribe 2023, publicado recientemente por el BID bajo el título «Preparar el terreno macroeconómico para un crecimiento renovado». Expuso que esta región enfrenta hoy un triple desafío:

- El desafío social: ¿cómo revertir las propensiones crecientes de la pobreza, la desigualdad y la inseguridad alimentaria,

aceleradas por la pandemia de COVID, los efectos de la guerra en Ucrania y la inflación importada?
- El desafío fiscal: ¿cómo enfrentar las considerables presiones de gasto corriente y de gasto financiero por el incremento de la contratación de deuda externa?
- El desafío de crecimiento: ¿cómo trascender el umbral de los dos puntos porcentuales, ante las oscilaciones a la baja de las economías de Estados Unidos y de la zona euro, en el corto plazo?

Añadió que a estos tres desafíos había que agregar otras tres preocupaciones no menores, las relacionadas con las consecuencias de las realidades del cambio climático, la diversidad y la inaplazable inclusión social, así como con el fortalecimiento del Estado de derecho. Sin crecimiento económico superior a los dos puntos porcentuales y durante un periodo prolongado, será muy difícil crear las condiciones favorables para lidiar de manera adecuada con los primeros dos desafíos; y para crecer a tasas superiores al umbral referido, habrá que enfrentar las fluctuaciones no dinámicas y proinflacionarias de la economía global, entre otros choques externos. Ante este panorama, insistió en que se requieren políticas fiscales y monetarias congruentes de corto y mediano plazo.

Dado el ascenso de los precios de los alimentos y las materias primas a escala global, refirió que un énfasis indubitable de corto plazo era continuar con las acciones antiinflacionarias mediante los ajustes al alza de las tasas de interés promovidos por los bancos centrales, al tiempo que se mantenían los procesos de consolidación fiscal para evitar mayores costos financieros por los ya muy significativos cocientes deuda/PIB en la mayoría de las economías latinoamericanas y caribeñas. En el mediano plazo, arguyó, convendrá insistir en la eficiencia del gasto público, en la entrada en vigor de sistemas tributarios progresivos y en la promoción de políticas que reduzcan la informalidad económica.

Preocupada por los altos precios de las materias primas, por su volatilidad y por las graves consecuencias sobre los tres desafíos mencionados en sus economías importadoras y exportadoras, explicó los casos relacionados con el cobre, la soja y el petróleo crudo. Para los importadores de estos bienes, no hay manera de que sus altos precios no les infrinjan costos crecientes en su balanza comercial y presiones inflacionarias adicionales, mientras que para quienes exportan tales bienes, las «buenas noticias» pueden dejar de serlo al verse obligados a subsidiar su consumo interno para evitar las presiones inflacionarias, lo cual incrementa el costo fiscal de tal situación.

La inflación global general, asociada al desplome productivo derivado de la crisis sanitaria en 2020 y 2021 —que desarticuló mercados y cadenas de valor aquí y allá, expresándose en la denominada «crisis de los contenedores», fue aún más grave a partir de febrero de 2022 debido a la guerra entre Rusia y Ucrania. La caída del comercio de agroquímicos, combustibles fósiles y cereales ucranianos impactó al alza los precios en general, pero de manera señalada los de los alimentos.

Con estas evidencias, Nuguer insistió en que la pobreza y la desigualdad social se habían tornado en realidades todavía más amenazantes por la inseguridad alimentaria y la mayor desnutrición, derivadas de los choques externos aludidos. Por ello —reiteró—, es necesario mantener las políticas para controlar la inflación y proteger la credibilidad de la política monetaria, lo cual ciertamente reduce en gran medida los márgenes disponibles para pensar que la reactivación económica regional será muy significativa en el corto plazo.

Palabras de cierre

Los comentarios de Leonardo Lomelí, Rolando Cordera, Carlos Urzúa y de quien esto escribe, además de expresar algunas críticas o matices a lo presentado por nuestros tres panelistas, tuvieron en general las siguientes coincidencias:

- La situación que enfrentan las sociedades y economías latinoamericanas y caribeñas, señaladamente la mexicana, no

es halagüeña, pero sí hay márgenes para rediseñar institucionalmente el rumbo económico hacia el crecimiento y el desarrollo duradero.
- Las amenazas no son pocas: pobreza, desigualdad, presupuestos magros de cara a las prioridades debatidas en el coloquio, gobernanza territorial en entredicho y pérdida de capacidades institucionales inocultables. No obstante, la actualización y el contraste de los diagnósticos, la identificación de los requerimientos de financiamiento y el diseño de políticas públicas centradas en las urgencias aquí expresadas permiten cifrar aún esperanzas en posibilidades tangibles y viables para recuperar el desarrollo.
- Aunque el futuro es responsabilidad de todos, es el Estado nacional quien debe orientar, convocar, promover, organizar y tomar acciones para la reconfiguración de las prioridades nacionales, las políticas y los instrumentos de desarrollo regional y nacional, así como para otorgar certidumbre institucional a los agentes privados y públicos, nacionales y globales.
- Un buen inicio será inducir una reforma fiscal progresiva para fondear e impulsar procesos reiterados de inversión directamente productiva y provechosa, para financiar políticas redistributivas que reduzcan los graves niveles de pobreza y desigualdad social, para crear frentes de expansión productiva mediante el diseño y la entrada en vigor de un nuevo sistema nacional de salud, cuyos énfasis sean la cobertura universal, la afiliación y la derechohabiencia efectivas, la calidad inobjetable de los servicios de prevención y curación, así como el mantenimiento y la ampliación de la infraestructura hospitalaria y el aprovechamiento cabal de las capacidades del personal profesional de la salud.

Todo esto traería beneficios netos y duraderos en términos económicos, sociales, ambientales y de inserción global, y renovado prestigio para México.

Reflexiones. Primer Coloquio Internacional: «La humanidad amenazada: ¿Quién se hace cargo del futuro?»

Carola García Calderón
Facultad de Ciencias Políticas y Sociales de la UNAM

A lo largo de la historia, la humanidad se ha enfrentado a una serie de acontecimientos que han desencadenado preguntas fundamentales sobre su futuro. Estos momentos críticos han surgido en diferentes períodos y contextos, lo que nos ha llevado a reflexiones profundas sobre el destino de nuestra especie. Algunos de esos períodos clave han influido en la forma en la que nos percibimos y en cómo hemos abordado la incertidumbre del porvenir.

Uno de los momentos en los que la humanidad se ha preguntado sobre su futuro ha sido durante la Revolución Industrial. A medida que las máquinas comenzaban a reemplazar la mano de obra humana, iban surgiendo temores sobre el impacto en el empleo y el equilibrio social. La pregunta que se planteaba era: ¿qué papel desempeñará el trabajo humano en la nueva era de la tecnología? Sin embargo, a pesar de las preocupaciones iniciales, la humanidad logró adaptarse y encontrar nuevos caminos.

Entre numerosos puntos de inflexión, otro momento crucial surgió durante la Guerra Fría, cuando las superpotencias nucleares amenazaban con la destrucción masiva. La carrera armamentista y la posibilidad de una guerra nuclear dieron pie a una sensación de inseguridad y miedo generalizado sobre el futuro de la civilización. En medio de esta incertidumbre, se levantaron voces que abogaban por el desarme y el diálogo, destacando la importancia de encontrar vías pacíficas para resolver los conflictos internacionales.

Si lo analizamos en retrospectiva, ni los miedos ni las preguntas han cambiado. Tras superar la pandemia provocada por el COVID-19, seguimos inmersos en una crisis mundial de desigualdad económica, de sobreexplotación de los recursos naturales, de guerras armamentísticas y comerciales. En este contexto, surge nuevamente una ola de preocupaciones por el futuro de la humanidad. A medida que se han ido observando los efectos del calentamiento global y las potencias económicas se han ido moviendo en el tablero geopolítico, la sociedad y la ciencia han comenzado a replantearse su relación con el poder, con sus formas de gobierno y de consumo, con las instituciones, con el medio ambiente y con la tecnología.

Ante el título del coloquio, «La humanidad amenazada: ¿quién se hace cargo del futuro?», identifico al respecto una carga distópica implícita, lo cual me parece interesante, ya que tanto las utopías como las distopías se inspiran en la realidad para hacer una crítica de ella. Funcionan como puntos de referencia, son retos a enfrentar por las reformas políticas y por el pensamiento, nos invitan a replantearnos lo que se daba por hecho. Es en estos escenarios donde se reflejan los fantasmas, los anhelos y las inquietudes del tiempo que le toca vivir a una determinada sociedad. Los conocimientos y las reflexiones que se derivan de este ejercicio tienen una gran carga subversiva. Nos advierten que urge dudar de las antiguas convicciones que perduran aún en el presente; es decir, urge cambiar.

El futuro se lega y se hereda, por eso resulta fundamental hacer una reflexión con respecto a dos preguntas: ¿de dónde venimos en la historia? y ¿dónde nos encontramos? Ambas nos muestran que muchas de las preocupaciones humanas son generadas y dependientes del factor tiempo: el estrés, el arrepentimiento, la angustia, la urgencia, la impaciencia, la nostalgia. En la incertidumbre y la inquietud que nos provoca el paso del tiempo como humanidad, logro identificar cuatro temas centrales de la discusión correspondiente a la jornada que se llevó a cabo sobre «Política, gobierno y democracia en el siglo XXI»: la incertidumbre que tenemos como ciudadanía con respecto a los gobiernos y el poder; los grandes flujos de información gracias a las tecnologías de la comunicación; el conjunto de instituciones globales que nos dominan, y la crisis medioambiental.

Así, la presión se centra en las universidades, que, por antonomasia, se asocian con el futuro, con la formación de los futuros adultos y tomadores de decisiones, así como con la tarea de guiar a las generaciones a quienes legaremos el mundo. Es en las universidades donde los científicos sociales reflexionamos sobre nuestro tiempo y hacemos prospectiva con respecto a las posibilidades de lo que puede venir. Las universidades son uno de los espacios privilegiados para hacer extensivo el proyecto de la modernidad. Todo esto ejerce una gran carga que debemos deconstruir para poder hacer propuestas.

Sobre el primer tema de la incertidumbre que tenemos como ciudadanía con respecto a los gobiernos, existe una clara angustia relacionada con el impacto que estos producen en las personas. Josep Colomer y Pippa Norris reflexionan sobre la crisis de las democracias y su complejidad ante un mundo cada vez más interdependiente y con gobiernos menos soberanos, así como sobre la importancia de confiar en ellos. Por lo tanto, cuestionan los discursos y los sistemas de organismos internacionales que las sostienen o las hacen tambalear a partir de los tratados internacionales y el cumplimiento o el incumplimiento de lo que se promete y se maneja en los discursos.

Josep Colomer (2023) afirma que «si la democracia está deteriorada por la globalización, la solución es globalizar la democracia». Actualmente, identifico que, por momentos, nos encontramos en caminos de retorno a lo que ya conocíamos, a los patrones más cómodos guiados por un romántico y peligroso recuerdo de lo que fue el pasado, como el regreso a los nacionalismos. Consideramos que es la forma de virar el timón frente a una vorágine de información, de toma de decisiones políticas y crisis de distintos tipos, las cuales nos rebasan como humanidad porque desconfiamos de nosotros mismos.

Al respecto, Pippa Norris (2023) nos advierte que «la confianza y la legitimidad son siempre importantes, son valiosas, porque lo que hacen es inducir la obediencia. Nosotros nos unimos a los que confiamos, aceptamos su autoridad». Para la académica existen distintos niveles de confianza: la social, en el gobierno, en la sociedad civil, la confianza que tenemos en otros países y otras naciones, la confianza en gobiernos globales como las Naciones Unidas, y la de todas estas entidades de manera interrelacionada.

La confianza es un valor fundamental en cualquier sociedad, y esto se aplica especialmente al ámbito político. Tener confianza en un gobierno es esencial para el funcionamiento efectivo de una nación. La confianza en las instituciones gubernamentales no solo promueve la estabilidad social, sino que también fomenta una vida mejor y el bienestar de los ciudadanos. Por eso, la confianza es un factor fundamental tanto para la cooperación social como para la cohesión y las formas de interacción que se dan dentro de las sociedades, sobre todo para vislumbrar el futuro. Cuanto más confías en tus vecinos, en tu gobierno y en los organismos internacionales, más fácil es trabajar en las problemáticas y los riesgos que se perciben para los tiempos venideros. Pero ¿cómo lograrlo? Al final se ha convertido en una utopía poder llegar a una confianza absoluta.

Norris afirma que la baja confianza es reflejo de consecuencias mayores, como una escalada de la violencia. En el caso mexicano, pero también en las democracias en general, resulta interesante el papel fundamental que tienen las tecnologías de la comunicación y el flujo de información en la confianza, ya que confiar en el gobierno es esencial para garantizar la igualdad y la justicia social. Sin embargo, cuando las tecnologías de la comunicación median a niveles masivos y bajo determinados intereses particulares la relación entre ciudadanos y gobierno, se corre el riesgo de que los primeros dejen de confiar en que el gobierno actuará de manera imparcial y tratará a todos los individuos por igual.

Cuando la confianza en el gobierno se erosiona, existe el riesgo de que aumente la discriminación, de que haya corrupción y abuso de poder.

Las afirmaciones de José Woldenberg (2023) en este contexto resultan fundamentales, al advertir que «los ciudadanos dispersos, atomizados, sin organización, tienen muy escaso peso político en las decisiones públicas. De tal suerte que para influir en las mismas se hace absolutamente necesaria la organización». Esto, sin duda, tiene que ver con la búsqueda de los gobiernos y de grupos de interés para romper la confianza entre los ciudadanos y dividirlos con el objetivo de ver a un enemigo en el que piensa de manera diferente. En este sentido, las tecnologías y la abundancia de información han jugado un papel fundamental. Nos han desquebrajado: dudamos de todo aquello que se nos presenta y no concuerda con lo que creemos. Así, la polarización cumple su objetivo a favor de los poderes autoritarios, ya que estos, como afirma el académico, «piensan que todo aquello que fortalezca las organizaciones de la sociedad civil tiende a debilitarlos» (Woldenberg, 2023).

Al respecto, Raúl Trejo Delarbre (2023) nos invita a reflexionar al advertir que hemos dejado de creer a quienes creíamos antes. Considerábamos confiable la autoridad académica, la universidad, pero se ha producido un deterioro, no solo de esta, sino de otras instituciones. El efecto ha sido las constantes descalificaciones que se dan entre grupos de interés, que, lejos de ganar poder, desorientan para generar mayor desesperanza con respecto al futuro. Esto es alimentado por la avasallante cantidad de información, sin distinción, que surge diariamente y a la que tenemos acceso en cualquier lugar y momento gracias a la tecnología móvil. En medio de ese océano de información omnipresente es difícil discernir entre lo que queremos que sea real y lo que en realidad es.

El debate público se encuentra viciado y, dentro de esta marejada, existen numerosos intereses en los que se utilizan las tecnologías digitales de la comunicación para desinformar. Antes también sucedía, pero ahora se han intensificado la rapidez y la abundancia, y existen menos filtros con los que se lleva a cabo. Ante esto, me pregunto: ¿a quién estamos creyendo ahora? ¿A nuestra intuición? ¿A nuestras pasiones?

Como bien afirma Raúl Trejo, ni siquiera creemos a los investigadores universitarios. Por lo tanto, ¿hasta dónde tomamos en serio y somos capaces de advertir la crisis ambiental, aun cuando la vemos en nuestro día a día? Por eso, aunque el cambio climático lleve décadas generando estragos en nosotros, la falta de confianza no nos hace partícipes de la manera en que nos estamos haciendo daño con un ideal de progreso que ya no es sostenible. Mucho menos somos capaces de ver y proponer soluciones que realmente impacten a fondo sobre lo que entendemos por *vivir mejor*.

Al respecto, Daniel Innerarity considera que la perspectiva «negativa del presente y del futuro procede fundamentalmente de la severidad del juicio ecológico sobre la modernidad. El proyecto moderno (racionalidad tecnológica, globalización, homogeneización cultural, instrumentalización de la naturaleza) se manifiesta como incompatible con la existencia de un planeta habitable». Es una constante contradicción frente a la utopía de que la mayoría de los seres tengan una vida digna.

Esto se hizo evidente durante la etapa más crítica de la pandemia por COVID-19. Creíamos que nos daríamos cuenta, que cambiaríamos la forma de hacer las cosas, llegamos a considerar que comprendíamos el daño ecológico que generamos. Sin embargo, a tres años de este evento no ha sido así; por el contrario, regresamos buscando subsanar las pérdidas económicas, fomentamos una mayor explotación. Pareciera que regresamos con más rabia contra la misma humanidad como especie y contra el planeta. Nuestro sueño de mayor poder y «progreso» a costa de la desigualdad sigue estando tan vigente como siempre.

Noam Chomsky nos advierte que estamos en manos de los grandes intereses institucionales, los cuales se encuentran al servicio de pequeñas élites de tomadores de decisiones que condenan la existencia de la mayor parte de la humanidad y de los seres vivos. Me pregunto: ¿acaso no se dan cuenta de que el mundo que están destruyendo es el mismo que ellos habitan? Aun cuando puedan pagar por vivir en otra realidad, tarde o temprano la relación causa-efecto les impactará. Entonces, ¿cómo detener la velocidad y el rumbo con los que estas poderosas instituciones van devastando todo lo que encuentran a su paso? ¿Existen formas alternativas de organizarnos que realmente acaben con la desigualdad? ¿Qué tiene que suceder para que nos replanteemos lo que estamos haciendo al planeta y a nosotros mismos? ¿Seguiremos generando desconfianza y desconfiando para que el poder de esta inercia global nos siga autodestruyendo?

Las ciencias sociales tienen un gran reto. Judit Bokser Liwerant (2023) considera que «nos une de algún modo este compromiso [...] con la verdad, con el conocimiento y con nuestras sociedades». Pero no se trata solo de las disciplinas sociales; las demás ramas del conocimiento lo tienen por igual. Todas las aportaciones para conseguir un futuro mejor son importantes; un futuro mejor no solo como humanidad, sino para todo el planeta. Nuestra obligación académica es trabajar para lograrlo, hacer escuchar nuestras voces, llevarlas y acercarlas a la sociedad civil, a los gobernantes en un voto de confianza, a los múltiples actores que estamos inmersos en esta realidad.

Tras dilucidar las cuatro temáticas abordadas a lo largo de la intensa jornada llevada a cabo como parte de este coloquio, podemos advertir que existe un eje central que las atraviesa, y es un urgente cambio de valores sociales. Los valores sociales son los principios éticos y morales que guían el comportamiento de los individuos en una sociedad; es decir, aquello que es valioso para la comunidad. Estas guías de acción son determinantes para que se den interacciones menos desiguales.

La honestidad, el respeto y la solidaridad establecen las normas de comportamiento que promueven el entendimiento mutuo y la empatía, no solo entre la misma especie, sino en el entorno en general. Cuando los individuos internalizan y practican estos valores en sus relaciones diarias, se fomenta un ambiente de confianza y colaboración. Los valores compartidos en una sociedad actúan como unión entre las personas y promueven el sentido de pertenencia. Cuando en las sociedades se comparten y respetan los mismos valores, se genera comunidad, se produce la sensación de formar parte de un todo mayor, nace la confianza y se está dispuesto a trabajar juntos para alcanzar metas colectivas.

Valores como la responsabilidad, la justicia y la sostenibilidad ambiental promueven la toma de decisiones éticas y conscientes. Son la base de una ciudadanía activa y comprometida, que busca el equilibrio entre el crecimiento económico, el bienestar social, la reducción de la desigualdad y la preservación del medio ambiente. Los valores sociales y el análisis sobre su complejo impacto en la sociedad y en el planeta se transmiten mediante la educación, la familia y las instituciones sociales. Generan identidad y determinan la ética personal de los individuos. Cuando los valores sociales se cultivan y se transmiten de generación en generación, se preservan las tradiciones, se moldean ciudadanos y habitantes responsables del planeta.

Es aquí donde considero que se responde la pregunta eje del coloquio: ¿quién se hace cargo del futuro? Somos nosotros, todos los que actuamos en el presente, los que tenemos poder de decisión, educamos, enseñamos a las generaciones que vienen detrás a cuestionarse y a dar otras respuestas a los problemas viejos, los que estamos formando a niños, adolescentes y jóvenes. Es un nosotros colectivo, cómplice, en el que se intensifica nuestra capacidad de agencia. Nosotros estamos a cargo del futuro y solo nosotros podremos hacer de él un buen lugar para todos.

Por eso, cada uno de los valores y las actitudes que rigen nuestras acciones son valiosos. Dejemos de exaltar el enorme valor que tienen en la sociedad moderna la inmediatez, la competencia despiadada, el ego individualista que lleva al ejercicio desmedido del poder y la búsqueda excesiva del dinero. En respuesta, reivindiquemos aquellas cosas que fortalecen a la comunidad y, sobre todo, que el derecho a una vida digna, de cualquier especie, se encuentre por encima de todo, sea el valor máximo.

En conclusión, la apuesta por un futuro más sostenible y menos desigual tiene su respuesta en el presente y en un análisis crítico del pasado. Tal como sostenía Daniel Innenarity en su contribución final al coloquio, una parte del pensamiento progresista ve hoy el futuro con preocupación, principalmente por la amenaza medioambiental, y, por ende, añora cierta visión del pasado. El supuesto de recursos ilimitados alrededor del cual se estructuró el proyecto de la modernidad ya no se sostiene más. Por ello, hoy es probablemente el punto más elevado de la agenda, ya que en sus palabras, «la naturaleza fue considerada como entorno y ahora debemos concebirla como medio». De ahí que la recuperación de esa imagen prometedora del futuro solo será posible «si respetamos las condiciones para que este tenga lugar, para que el futuro tenga lugar en el espacio terrestre común».

Por ello, es muy importante hacer énfasis en que los momentos en los que la humanidad se ha preguntado sobre su futuro han servido como catalizadores para la introspección y la acción en su momento histórico. En algunos de estos momentos, hemos sabido reaccionar como humanidad y efectuar correcciones. Estas etapas críticas nos han llevado a reflexionar sobre el papel de la tecnología, la paz mundial, el combate contra la desigualdad y, hoy con particular atención, sobre la sostenibilidad ambiental.

A través de la historia, como seres humanos, hemos demostrado una capacidad notable para adaptarnos y encontrar soluciones a los desafíos que se nos presentan, de modo que tengo la esperanza de que volverá a ocurrir. Aunque el futuro siempre estará rodeado de incertidumbre, nuestra capacidad de imaginar y construir un mundo mejor nos brinda esperanza. A medida que avanzamos hacia el mañana, es esencial que sigamos enfrentando los desafíos con valentía y determinación, aprendiendo de la historia y trabajando juntos para moldear un futuro más justo para el planeta y para las distintas especies que lo habitamos.

Referencias

Bokser Liwerant, J. (2023, 28 de abril), *Diálogos*, Conversaciones temáticas: Política, gobierno y democracia en el siglo XXI, Ciudad de México, México, https://www.youtube.com/watch?v=wRyuXU4ZKy8&t=19373s.
Chomsky, N. (2023, 28 de abril), *La humanidad amenazada*, Conversaciones temáticas: Política, gobierno y democracia en el siglo XXI, Ciudad de Mé-

xico, México, https://www.youtube.com/watch?v=wRyuXU4ZKy8&t=19373s.

Colomer, J. (2023, 28 de abril), *Democracia y globalización*, Conferencia magistral: Política, gobierno y democracia en el siglo XXI, Ciudad de México, México, https://www.youtube.com/watch?v=wRyuXU4ZKy8&t=19373s.

Innerarity, D. (2023, 28 de abril), *Reflexiones finales*, Evento de clausura: Política, gobierno y democracia en el siglo XXI, Ciudad de México, México, https://www.youtube.com/watch?v=wRyuXU4ZKy8&t=19373s.

Norris, P. (2023, 28 de abril), *Confianza mundial en el gobierno, ambientes informativos y habilidades cognitivas*, Conversaciones temáticas: Política, gobierno y democracia en el siglo XXI, Ciudad de México, México, https://www.youtube.com/watch?v=wRyuXU4ZKy8&t=19373s.

Trejo Delarbre, R. (2023, 28 de abril), *Diálogos*, Conversaciones temáticas: Política, gobierno y democracia en el siglo XXI, Ciudad de México, México, https://www.youtube.com/watch?v=wRyuXU4ZKy8&t=19373s.

Woldenberg, J. (2023, 28 de abril), *Diálogos*, Conversaciones temáticas: Política, gobierno y democracia en el siglo XXI, Ciudad de México, México, https://www.youtube.com/watch?v=wRyuXU4ZKy8&t=19373s.

Clausura

Dr. Leonardo Lomelí
Secretario General de la UNAM

Como apuntó el doctor Juan Ramón de la Fuente, exrector de nuestra universidad, este Coloquio recupera una tradición de la universidad que en el pasado se llevó a cabo en varias facultades y que después se celebró en coloquios de invierno. Creo que el simple hecho de que se haya optado por convocar a un coloquio de primavera puede ser visto como una señal de optimismo, de optimismo responsable.

La humanidad enfrenta muy serios problemas que nos llevan a cuestionarnos quién se hace cargo de su futuro. La universidad refrenda su confianza en la capacidad que tiene la mente humana, el espíritu, como dice nuestro lema, el espíritu entendido como las creaciones de dicha mente para poder encontrar soluciones a los problemas partiendo de diagnósticos claros y siendo conscientes de todas las restricciones.

Como bien decían quienes me han antecedido en estos días, no nos hemos hecho cargo por mucho tiempo de una restricción evidente, que es la restricción que el planeta mismo nos impone, lo que hoy se traduce en una contradicción entre el modelo económico que hemos seguido en los últimos siglos y las repercusiones que ha tenido sobre el planeta, siendo el cambio climático el más visible de todos ellos. Esto nos obliga a repensar cómo está organizada la sociedad, cómo lleva a cabo aquellas tareas que están encaminadas a su reproducción material —que es básicamente lo que estudia la economía—, pero que también nos lleva a plantearnos temas muy serios de gobernanza global y nacional.

¿Cuál es el estado actual de la democracia en nuestros países? ¿Cuál es el estado actual de la cooperación a nivel internacional? ¿Cuál es el malestar de las sociedades que las lleva frecuentemente a apostar por soluciones autoritarias?

El descrédito que tienen no solo la democracia, sino también la ciencia y el conocimiento en nuestras sociedades, nos lleva a plantear soluciones desde las universidades y en este caso desde la Universidad Nacional Autónoma de México, siempre comprometida con la atención de los problemas nacionales para poder estar a la altura de los desafíos que enfrentamos.

Por eso celebro la realización de este Coloquio de Primavera, celebro también el evidente éxito que tiene la colaboración entre cinco facultades de nuestra universidad. Que hayamos podido organizar un coloquio de estas características convocados por un programa universitario recupera lo mejor de una apuesta que ya inició nuestra universidad hace más de tres décadas: crear los programas universitarios como instancias de coordinación de los esfuerzos de nuestras entidades académicas, de sumar los aportes que en cada una de ellas se hacen en torno a un problema, en este caso el problema de la gobernanza que, como hemos visto, tiene múltiples aristas económicas, políticas, sociales, ambientales, y que atañen también a la filosofía política.

Quiero agradecer a todas las personas que han participado en la organización, a todas las universidades que nos acompañaron, algunas de manera presencial, otras de manera remota, a sus rectores, a la Asociación Nacional de Universidades e Instituciones de Educación Superior por su apoyo; por supuesto también agradezco el apoyo que hemos recibido de Tv Unam, de la Dirección General de Comunicación Social, de todas las dependencias de nuestra universidad que apoyaron la realización de este coloquio. Hago votos para que se institucionalice este coloquio y que año con año podamos tener este espacio para reflexionar juntos.

Por mi raza hablará el espíritu.

Epílogo
Recuperar el futuro

Daniel Innerarity
Catedrático de Filosofía Política, investigador Ikerbasque en la
Universidad del País Vasco y titular de la Cátedra de Inteligencia
Artificial y Democracia del Instituto Europeo de Florencia.
Premio Nacional de Investigación en Humanidades 2022.
Acaba de publicar el libro *La libertad democrática* (Galaxia Gutenberg)

Si la modernidad se afirmaba como un presente superior a su pasado, hoy nos encontramos con un estado de ánimo que da por sentado que el futuro será peor que nuestro presente. No solo los reaccionarios defienden que el pasado fue mejor; también piensan así quienes desde la izquierda presagian un futuro catastrófico. Tenemos, por un lado, la nostalgia reaccionaria y, por otro, en una curiosa coincidencia formal, una izquierda que predica el decrecimiento e incluso otra que ya solo confía en que el colapso nos devuelva la sensatez. El progresismo no consiste actualmente en pensar que la mejora de la humanidad es inevitable, sino que el empeoramiento de la humanidad es precisamente lo que hay que evitar. El progresismo ingenuo creía que las cosas mejoraban aunque no hiciéramos nada, mientras que el progresismo crítico está convencido de que las cosas empeorarán si no hacemos nada.

El gran relato de una convergencia ineluctable entre los tres proyectos de la modernidad europea (el progreso económico y científico, el liberalismo político y la secularización) ya no se sostiene; sabemos que el capitalismo y la ciencia son compatibles con los regímenes autoritarios y que la modernidad tecnológica puede combinarse con el tradicionalismo religioso. Nuestra única proyección hacia el futuro es el desarrollo tecnológico y su universalismo abstracto. Pero basta con que analicemos cómo se efectúa ese desarrollo y a qué coste para que se extiendan las dudas sobre la capacidad humana de mejorar nuestra condición.

Esta descripción negativa del presente y del futuro procede fundamentalmente de la severidad del juicio ecológico sobre la modernidad. El proyecto moderno (racionalidad tecnológica, globalización, homogeneización cultural, instrumentalización de la naturaleza) se manifiesta como incompatible con la existencia de un planeta habitable. Mantenemos un proyecto que no ha reflexionado suficientemente sobre las condiciones terrestres de su propia realización. La crisis climática es el mejor ejemplo de que el mundo ya no es lo que la humanidad hace de él, sino aquello que estamos deshaciendo.

Los actores políticos responden de diferente manera a este problema. En cuanto analizamos con un poco de detenimiento los discursos y las prácticas políticas dominantes, nos encontramos con algunas diferencias significativas en las dos principales familias ideológicas que configuraron esa modernidad. Es cierto que derecha e izquierda comparten en principio el objetivo ecológico, aunque sea con diversos grados e intensidades, pero sus respectivas culturas políticas se distinguen claramente. Aquí volvemos a encontrarnos sorpresivamente con algunas paradojas que nos resultan difíciles de entender mediante los paradigmas clásicos. La derecha es hoy más optimista en relación con la técnica y la economía: está menos preocupada por los riesgos que ambas generan y, en general, respecto del futuro. Hay quien lo interpretará como una virtud del pensamiento positivo o como una falta de responsabilidad. La distinción entre derechas e izquierdas parece establecerse actualmente en función del grado de preocupación con respecto al futuro; entre los extremos de la dramatización y la frivolidad, en el arco ideológico hay una gran diversidad de grados e intensidades en cuanto a la inquietud por el futuro.

En este sentido, si el progresismo equivaliera a confianza en el futuro, la derecha tecnocrática se encontraría hoy en la vanguardia, mientras que la izquierda hablaría con el lenguaje de la conservación. Este intercambio de papeles permite afirmar que es en la izquierda donde la relación con el progreso ha sufrido su reversión más espectacular. Hace 175 años Marx y Engels proclamaban en su *Manifiesto Comunista* que la victoria del proletariado sería inevitable. No me interesa tanto examinar qué es lo que consideraban destinado a vencer como el hecho de que creyeran que determinada victoria se iba a producir inexorablemente. Hoy las izquierdas no han abandonado esa idea de la inevitabilidad, pero la mantienen en su forma negativa.

¿De qué modo podemos recuperar el futuro? ¿Qué cambios en nuestra manera de pensar y actuar nos exige esa recuperación? ¿Tenemos que hacer ligeras modificaciones del proyecto moderno o debemos abandonarlo? La cuestión ecológica nos indica el sentido y alcance de la transformación requerida.

La insostenibilidad de nuestras prácticas sociales es, de entrada, un error en nuestra manera de pensar. Lo que hoy se pone en cuestión son esas grandes divisiones conceptuales (espíritu y materia, vivo e inerte, humano y no humano, sagrado y profano) que deciden en cada civilización lo que puede y debe hacerse. Si concibiéramos de otra manera esa contraposición, entonces se modificaría significativamente nuestra comprensión del mundo y el ámbito de nuestros derechos y deberes.

Este cambio de enfoque implica entender de otro modo la configuración de la sociedad: cuando pensamos en el contrato social nos solemos referir a la voluntad constituyente de sujetos soberanos, no a los vínculos ya existentes entre los cuerpos capaces de influir unos sobre otros en el seno de un mismo espacio de vida compartida. Desde el momento en el que precisamente ese medio vital resulta amenazado, todas nuestras categorías acerca de lo que es justo o no se ponen en cuestión. De entrada, esa idea de justicia propia de una sociedad exclusivamente humana debe ser sustituida por un enfoque ecológico que no excluya a ningún ser vivo del espacio terrestre común.

Los modernos pensaron que el mundo era simplemente un espacio que les ofrecía ilimitadas posibilidades y bienes supuestamente inagotables. Redujeron lo no humano a la categoría de una naturaleza disponible para toda clase de usos. La naturaleza fue considerada como *entorno* y ahora debemos concebirla como *medio*. Solo recuperaremos el futuro si respetamos las condiciones para que este tenga lugar.

Participantes del Primer Coloquio Internacional de Primavera «La humanidad amenazada: ¿Quién se hace cargo del futuro?»

Leonardo Lomelí Vanegas
Es Secretario General de la UNAM y fue Director de la Facultad de Economía. Es licenciado en Economía por la UNAM y maestro y doctor en Historia por la misma universidad. Su investigación se ha centrado en la historia de la política económica en México, del porfiriato a la posrevolución. También ha trabajado en la historia de los sistemas de salud y de pensiones en nuestro país. Pertenece al Sistema Nacional de Investigadores, es miembro de la Academia Mexicana de Economía Política y de la Asociación Mexicana de Historia Económica.

Guadalupe Valencia García
Doctora en Sociología por la UNAM. Es la Coordinadora de Humanidades de la UNAM e investigadora del Programa de Investigación en Ciencias Sociales y Literatura del Centro de Investigaciones Interdisciplinarias en Ciencias y Humanidades (CEIICH) de la UNAM. También es Presidenta de la Asociación Interamericana de Estudios sobre el Tiempo, A.C., e integrante de la Academia Mexicana de Ciencias. Fue directora del CEIICH-UNAM y coordinadora del Programa de Posgrado en Estudios Latinoamericanos. Sus líneas de investigación son el tiempo social, los usos y discursos temporales y su relación con las identidades sociales. Recientemente ha incorporado a sus investigaciones el carácter temporal del acontecimiento histórico. Entre sus publicaciones están los libros: *Guanajuato: sociedad, economía, política y cultura* (1998), *Entre Cronos y Kairós. Las formas del tiempo sociohistórico* (2007) y *Tiempos mexicanos* (2010).

Eduardo Robledo Rincón
Es licenciado en Ciencias Políticas y Administración Pública por la UNAM, diplomado en Estudios Avanzados y doctor en Derecho por la Universidad

Complutense de Madrid. Coordinador del Programa Universitario de Gobierno (PUGOB), de los diplomados «Gobernanza y liderazgo democráticos» y «Buen Gobierno en Sociedades Complejas», y profesor en la facultad de Derecho de la UNAM. Ha sido profesor de educación primaria, y cuenta con un doctorado honoris causa por la Universidad de Ciencias y Artes de Chiapas, en reconocimiento a su obra como promotor y creador de dicha institución. Además, el gobierno de Argentina le otorgó la condecoración al Mérito. Ha sido diputado federal, senador de la República, gobernador del estado de Chiapas, embajador de México en Argentina (donde creó la Cátedra Alfonso Reyes en la Universidad de Buenos Aires), secretario de la Reforma Agraria del gobierno de la República, y presidente fundador de la consultora política Gerencia del Poder. Entre sus publicaciones destacan: (2016) *Poder ¿para qué? ¿Por qué es tan difícil gobernar?* y (2010) *Alfonso Reyes en Argentina.*

Mary Frances Teresa Rodríguez
Maestra en Geografía en el área de Geografía Ambiental y doctora en Ciencias en el Instituto de Geofísica en el área de Riesgos de Desastres. Pertenece al Sistema Nacional de Investigadores. Sus principales líneas de investigación son los riesgos y desastres, la vulnerabilidad social y de género y la bioética en el manejo de los recursos naturales. Obtuvo el Premio Gustavo Baz Prada en 2017. Ha coordinado los libros *La conceptualización actual de los recursos naturales como desencadenante del riesgo de de sa stres,* y *Factores de vulnerabilidad en la construcción del riesgo,* así como la memoria del seminario *La Nación ante los Desastres, Retos y Oportunidades para el Siglo XXI.* Es Directora de la Facultad de Filosofía y Letras de la UNAM.

Tawakkol Karman
Es una periodista, política y activista yemení por la defensa de los derechos humanos, fundadora en 2005 del grupo Mujeres sin cadena y una personalidad política del partido islámico, Congregación Yemeni por la Reforma. Se convirtió en el rostro internacional de los levantamientos yemeníes en 2011, que fueron parte de la Primavera Árabe. Ha sido llamada la «Mujer de Hierro» y la «Madre de la Revolución» por los yemeníes. Es coganadora del Premio Nobel de la Paz del 2011 por ser una figura relevante en la primavera árabe convirtiéndose en la primera yemení, la primera mujer árabe, la segunda mujer musulmana y la segunda más joven en ganar un Nobel.

Ramón Ramos Torre
Se doctoró en la Universidad Complutense de Madrid en cuya Facultad de Ciencias Políticas y Sociología ha dirigido el departamento de Sociología I. Se ha especializado en el estudio de la teoría sociológica, la sociología histórica y la sociología del tiempo. Entre sus libros destacan la edición crítica de

El Socialismo de É. Durkheim (Madrid, 1982), *Cronos Dividido* (Madrid, 1990), la compilación *Tiempo y sociedad* (Madrid, 1992), y la edición, junto con F. Ga Selgas, de *Globalización, Riesgo y Reflexividad* (Madrid, 1999).

Daniel Innerarity
Catedrático de filosofía política y social, investigador Ikerbasque en la Universidad del País Vasco y director del Instituto de Gobernanza Democrática. Es titular de la Cátedra Inteligencia Artificial y Democracia del Instituto Universitario Europeo de Florencia. Ha sido profesor invitado en la Universidad de la Sorbona (Paris I), London School of Economics and Political Science, Maison des Sciences de l'Homme, Universidad de Georgetown y el Max Planck Institute de Heidelberg. *La sociedad del desconocimiento* (2022) es su libro más reciente. Doctor en Filosofía. La revista francesa «Le Nouvel Observateur» le incluyó el año 2004 en una lista de los 25 grandes pensadores del mundo.

Edgar Morin
Filósofo y sociólogo francés. Este pensador planetario, como lo describió Alain Touraine, ha propuesto una filosofía del Pensamiento Complejo, que aboga por enlazar y globalizar disciplinas y por la cual ha sido reconocido mundialmente. Ha estudiado la vida cotidiana, propuesto innovadoras políticas para la convivencia mundial, presentado reformas para enfrentar y construir nuestro futuro, e insistido en la necesidad de transformar la educación para explorar otras maneras de conocer. Entre sus obras destaca *Introducción al pensamiento complejo* (1990).

Donatella di Cesare
Filósofa. Enseña Filosofía Teorética en la Universidad La Sapienza de Roma. Aparte de una extensa obra en el campo de la hermenéutica, Di Cesare es conocida por su investigación sobre el Holocausto y la condición humana sometida a violencia extrema. También ha reflexionado sobre la globalización y el mundo actual, como en el caso de *Terrorismo, Una guerra civil global* (2017) y *el Tiempo de la revuelta* (2021), entre otras publicaciones. Se autodefine como de izquierda radical. Forma parte del comité científico del Museo de la Shoah en Roma.

Clarissa Ríos Rojas
Científica peruana, doctora en biología molecular. Interesada en el futuro. Investigadora asociada del Centro para el Estudio del Riesgo Existencial de la Universidad de Cambridge. Trabaja en la interfase entre la ciencia y el diseño de políticas. Investiga los riesgos de las tecnologías emergentes para proporcionar evidencia científica y asesorar a tomadores de decisiones. En 2015, fundó la organización Ekpa'palek, para empoderar a jóvenes profesionistas latinoamericanos a través de mentorías gratuitas.

Emilio Méndez Ríos
Licenciado en Literatura Dramática y Teatro y maestro en Letras (Literatura Comparada) por la Universidad Nacional Autónoma de México (UNAM). Entre los años de 2005 y 2010, colaboró como técnico académico en la Coordinación del Colegio de Literatura Dramática y Teatro de la Facultad de Filosofía y Letras (FFyL). Actualmente se desempeña como profesor de carrera asociado «C» de tiempo completo definitivo de este mismo colegio.

Xenia Anaid Rueda Romero
Doctora en Filosofía de la Ciencia. Investiga el feminismo y las prácticas sociales de opresión y privilegio en mujeres.

Flavia Tudela Rivadeneyra
Coordinadora del Colegio de Geografía de la UNAM. Estudió la Licenciatura en Geografía, en la UNAM y la Maestría en Ciencias en Desarrollo Sostenible y Paz, en la Universidad de las Naciones Unidas - Instituto para el Estudio Avanzado de Sostenibilidad en Tokio, Japón.

Raúl Contreras Bustamante
Realizó sus estudios de Doctorado en la División de Estudios de Posgrado de la Facultad de Derecho de la UNAM. Es también Doctor en Derecho por la Universidad de Salamanca, España. Profesor de la Facultad de Derecho y miembro del Sistema Nacional de Investigadores. Es Notario Público; además, Investigador Honorario en el Colegio de Veracruz. Ha sido reconocido en dos ocasiones por el Congreso de la Ciudad de México con las Medallas al Mérito Docente «Jaime Torres Bodet» y «Profesor José Santos Valdés García De León». La Universidad de la Cuenca del Plata, de Argentina, lo invistió con su Doctorado Honoris Causa. Es Director de la Facultad de Derecho de la UNAM.

Juan Ramón de la Fuente
Es un médico psiquiatra, profesor, funcionario público, escritor, diplomático e investigador mexicano. Es representante permanente de México ante la Organización de las Naciones Unidas. Ha sido Secretario de Salud de México y Rector de la Universidad Nacional Autónoma de México. Además, Presidente de las Academias Nacional de Medicina y Mexicana de Ciencias. Dirigió la Junta Directiva del Programa de la ONU contra el Sida en París, la Asociación Internacional de Universidades en la UNESCO y el Consejo de la Universidad de Naciones Unidas en Tokio.

Ricardo Rivero Ortega
Jurista español, catedrático de derecho administrativo y actual Rector de la Universidad de Salamanca. Ha sido docente e investigador invitado en varias univer-

sidades del mundo, incluyendo la UNAM, que lo distinguió con el Doctorado Honoris Causa. Ha participado en procesos de reforma legislativa y modernización de la administración en varios países de América Latina. Sostiene que las universidades, además de producir y transmitir el conocimiento, deben involucrarse en la mejora de su entorno social. Defiende la necesidad del humanismo en las aulas universitarias y el papel de la Universidad de Salamanca como puente académico entre Europa y Latinoamérica. Desde 2019 figura entre las 25 personas más influyentes en España en el área de Educación, según el estudio «Los 500 españoles más influyentes» de la Fundación Marqués de Oliva.

Rigoberta Menchú
Líder indígena y activista guatemalteca, miembro del grupo maya-quiché, defensora de los derechos humanos y embajadora de buena voluntad de la UNESCO. En 1992 le fue otorgado el Premio Nobel de la Paz. Instituyó la Fundación Rigoberta Menchú, cuya misión es contribuir a recuperar y enriquecer los valores humanos para la construcción de una ética de paz mundial, a partir de la diversidad étnica. En 1998 recibió el Premio Príncipe de Asturias de Cooperación Internacional.

Fernanda Gil Lozano
Es una historiadora, profesora universitaria y política argentina, que se desempeñó como diputada nacional por la Ciudad Autónoma de Buenos Aires, y como parlamentaria del Mercosur por Argentina. Es maestra en Sociología y Análisis Cultural por el Instituto de Altos Estudios Sociales de la Universidad Nacional de General San Martín. En 2021 fue designada directora del Centro Internacional para la Promoción de los Derechos Humanos (CIPDH-UNESCO), entidad descentralizada del Poder Ejecutivo Nacional con auspicio de la Unesco. Directora Ejecutiva del III Foro Mundial de Derechos Humanos.

Sergio García Ramírez
Mexicano, Doctor en Derecho. Se desempeñó como Juez y Presidente de la Corte Interamericana de Derechos Humanos de la OEA. También, Procurador General de la República, Secretario del Trabajo y Previsión Social de México, Investigador del IIJ de la UNAM, entre otros cargos.

Julieta Morales Sánchez
Profesora de tiempo completo de la Facultad de Derecho de la UNAM. Ha obtenido dos doctorados: Derecho (UNAM) y Derecho Constitucional (Universidad de Castilla-La Mancha). Su vida professional ha corrido a lo largo de dos ejes: la docencia y el servicio público, siendo los derechos humanos el principal hilo conducto de su labor docente y profesional. Fue directora gene-

ral del Centro Nacional de Derechos Humanos de la Comisión Nacional de Derechos Humanos. Ha publicado ampliamente libros y artículos especializados. Ha impartido decenas de conferencias y ha sido distinguida con reconocimiento, medallas y premios por su trayectoria académica y profesional.

Diego Valadés
Investigador emérito del IIJ de la UNAM, del cual fue su director. Ha sido Procurador General de Justicia del Distrito Federal, Procurador General de la República, Ministro de la Suprema Corte de Justicia de la Nación y Embajador de México en Guatemala. También en la UNAM, ha sido Abogado General y Coordinador de Humanidades, entre otros cargos.

Manuel Martínez Justo
Es doctor en Ciencias Políticas y Sociales, con mención honorífica por la UNAM. Maestro en Comercio y Finanzas Internacionales por la Universidad de Barcelona. Licenciado en Geografía e Historia por la Universidad de Santiago de Compostela. Como integrante del H. Consejo Universitario, ha sido presidente de la Comisión Especial de Seguridad y miembro de la Comisión de Legislación. Es miembro del Sistema Nacional de Investigadores. Sus temas de interés son las relaciones internacionales de los gobiernos locales, la diplomacia municipal y las políticas públicas internacionales para el desarrollo. Pertenece, entre otras organizaciones, a la Asociación Mexicana de Estudios Internacionales, de la que fue presidente y actualmente es miembro de su Consejo de Honor. Es Director de la Facultad de Estudios Superiores Acatlán.

Alicia Bárcena
Secretaria de Relaciones Exteriores de México. Previamente, fue embajadora de México en Chile, Secretaria Ejecutiva de la Comisión Económica para América Latina y el Caribe (CEPAL). También se desempeñó como Secretaria General Adjunta de Gestión en la Sede de las Naciones Unidas en Nueva York, y cumplió tareas como Jefa de Gabinete y como Jefa Adjunta de Gabinete de Kofi Annan, entonces Secretario General de la ONU, entre otros cargos. Además, fundó y dirigió el Consejo de la Tierra, organización no gubernamental con sede en Costa Rica. Ha publicado artículos sobre desarrollo sostenible, políticas públicas, medio ambiente y participación pública. Tiene una licenciatura en Biología por la UNAM y una Maestría en Administración Pública por la Universidad de Harvard. Ha sido investida doctora honoris causa por la Universidad de Oslo, por la Universidad de La Habana, y por la UNAM.

Cristina Monge
Politóloga y doctora por la Universidad de Zaragoza, donde imparte clases de sociología. Sus áreas de interés son la sostenibilidad y la calidad democrática,

y en especial la gobernanza para la transición ecológica, asunto que trabaja en centros de investigación como Globernance, el BC3 y el itdUPM, y como patrona de ECODES y consejera de Fundación Renovables. Forma parte del consejo asesor de Llorente y Cuenca y de la revista Ethic. Participa en el Foro de Gobierno Abierto, en el Consejo Asesor de Cooperación al Desarrollo, y en el Grupo asesor metodológico del proyecto de rendición de cuentas de la presidencia del gobierno de España, «Cumpliendo». Es autora, entre otras obras, de «15M: Un movimiento político para democratizar la sociedad» (2017), y ha coordinado la obra colectiva «Tras la indignación. 15M: Miradas desde el presente» (2021). Analista política para El País, Cadena SER, Infolibre y RTVE y el Green European Journal.

Teresa Ribera Rodríguez
Jurista, profesora universitaria y alta funcionaria española, actual vicepresidenta tercera y ministra para la Transición Ecológica y el Reto Demográfico del Gobierno de España. Fue directora ejecutiva del Instituto de Desarrollo Sostenible y Relaciones Internacionales con sede en París. Ha sido profesora del Departamento de Derecho Público y Filosofía de Derecho de la Universidad Autónoma de Madrid. Sus intereses son el desarrollo sostenible, el cambio climático, la protección de la biodiversidad, la seguridad alimentaria y la gestión del proceso de urbanización.

Sheila Watt-Cloutier
Es una activista inuit canadiense. Ha sido representante política de los inuit a nivel regional, nacional e internacional, más recientemente como presidenta internacional del Consejo Circumpolar Inuit. Ha trabajado en una variedad de problemas sociales y ambientales que afectan a los inuit, como son los contaminantes orgánicos persistentes y el calentamiento global. Es asesora de la Comisión Ecofiscal de Canadá e investigadora principal del Center for International Governance Innovation.

Antonio del Río Portilla
Es doctor en ciencias por la UNAM, e Investigador del Instituto de Energías Renovables, del que fue su primer Director. Codirige la Unidad de Energías Renovables del Centro Latinoamericano de Física (CLAF). Sus contribuciones científicas van desde investigación fundamental hasta el desarrollo tecnológico en los ámbitos de la termodinámica, fotónica, sistemas complejos y fuentes renovables de energía.

Laura Berta Reyes S.
Doctora en Ciencias Naturales para el Desarrollo por el Instituto Tecnológico de Costa Rica y la Universidad Nacional de Costa Rica. Profesora de la Fa-

cultad de Estudios Superiores Cuautitlán de la UNAM. Presidenta de la Unión Internacional de la Ciencia del Suelo (IUSS).

Jorge Zavala Hidalgo
Doctor en Ciencias en Oceanografía Física por el CICESE, es director del Instituto de Ciencias de la Atmósfera y Cambio Climático de la UNAM. Ha estudiado los procesos de interacción océano-atmósfera, el análisis de la variabilidad del clima en México, la dinámica de los mares y costas mexicanas, la variabilidad del nivel del mar, y los pronósticos numéricos meteorológico, de circulación oceánica, oleaje, marea de tormenta y dispersión de ceniza volcánica.

Enrique Provencio
Es director del Programa Universitario de Estudios del Desarrollo (PUED) de la UNAM, y profesor en el Posgrado de Economía. Especialista en temas de desarrollo social, economía, ordenamiento territorial y regional, planeación del desarrollo, medio ambiente y sustentabilidad. Es un activo promotor del uso sustentable de los recursos naturales.

Eduardo Vega López
Es economista de la UNAM, maestro en políticas públicas del Instituto Tecnológico de Estudios Superiores de Monterrey, y egresado del posgrado en medio ambiente y desarrollo de El Colegio de México. Fue Secretario del Medio Ambiente del Gobierno de la Ciudad de México en 2006 y, actualmente, es Director de la Facultad de Economía de la UNAM.

Ricardo Bielschowsky
Doctor en Economía, profesor de la Universidad Federal de Río de Janeiro y funcionario de la CEPAL. Es especialista en desarrollo y en pensamiento económico latinoamericano y brasileño. Es autor, coautor u organizador de aproximadamente 70 publicaciones entre las cuales figuran más de 20 libros, tales como *El pensamiento económico brasileño (1930-64) – el ciclo ideológico del desarrollismo, Inversiones y reformas en Brasil en la década de 1990,* y *Cincuenta años de pensamiento da CEPAL: textos seleccionados.*

Arantxa Colchero
Doctora en Salud Internacional por la Johns Hopkins University. Especialista en economía de la salud, reconocida por su guerra contra la obesidad, así como por el diseño de estrategias para prevenir y reducir obesidad en políticas fiscales y etiquetado de productos. Tiene más de 10 años trabajando temas de economía de la nutrición, así como VIH. Es investigadora en el Instituto Nacional de Salud Pública.

Victoria Nuguer

Es Economista Investigadora en el Departamento de Investigación del Banco Interamericano de Desarrollo. Obtuvo su doctorado en la École Polytechnique Fédéral de Lausanne en Suiza y su licenciatura en la Universidad de Buenos Aires en Argentina. Antes de formar parte del BID, fue Economista Investigadora en el Banco de México por casi tres años. Su agenda de investigación se enfoca en construir modelos dinámicos y estocásticos de equilibrio general para explicar el rol de los mecanismos de transmisión financiera en economías cerradas y en economías abiertas.

Rolando Cordera

Es profesor emérito por la UNAM, y doctor honoris causa por la Universidad Autónoma Metropolitana. Es Miembro del Instituto de Estudios para la Transición Democrática y de la Academia Mexicana de Economía Política, Presidente de la Fundación Pereyra, AC. y Director de la revista Configuraciones. Ha sido Coordinador del Programa Universitario de Estudios del Desarrollo de la UNAM.

Carlos Urzúa Macias

Doctor en economía por la Universidad de Wisconsin. Es miembro de la Academia Mexicana de Ciencias Fue Secretario de Finanzas del Gobierno del Distrito Federal y Secretario de Hacienda y Crédito Público del Gobierno Federal. Es Profesor del Tecnológico de Monterrey.

Carola García Calderón

Doctora en Sociología por la UNAM. Realizó una especialización académica en Televisión Educativa y Cultural en el Instituto Nacional del Audiovisual en París, Francia. Pertenece al Sistema Nacional de Investigadores. Entre sus libros se encuentran *Revistas femeninas: la mujer como objeto de consumo*, *Para conectarse a Cablevisión*, *El poder de la publicidad en los inicios del Siglo XXI*, y *El poder de la industria publicitaria en México*, entre otros. Desde 2005 coordina el Seminario Interdisciplinario de Comunicación e Información. Tuvo a su cargo el Centro de Estudios en Ciencias de la Comunicación. Actualmente es Directora de la Facultad de Ciencias Políticas y Sociales de la UNAM.

Josep Colomer

Es profesor de Ciencia Política en la Universidad de Georgetown. Ha sido también profesor en el Consejo Superior de Investigaciones Científicas y en las Universidades Autónoma de Barcelona y Pompeu Fabra, así como en el CIDE y la FLACSO de México. Es miembro fundador de la Asociación Española de Ciencia Política, miembro por elección de la Academia Europea, y socio vitalicio de la Asociación Americana de Ciencia Política y de la Asociación Mexicana de Ciencias Políticas, las cuales han premiado varios de sus trabajos. Sus áreas de especialización incluyen la democratización, las formas de gobierno, los sistemas electorales, las instituciones políticas y el cambio institucional, la política europea y las instituciones políticas internacionales.

Noam Chomsky
Lingüista, filósofo, politólogo y activista estadounidense. Profesor emérito en el MIT. Reconocido por su activismo político, caracterizado por una fuerte crítica del capitalismo contemporáneo y de la política exterior de EUA. El New York Times lo ha señalado como «el más importante de los pensadores contemporáneos». En 2010, la UNAM le confirió un Doctorado Honoris Causa.

Pippa Norris
Es docente en Política Comparada en la Kennedy School of Government de la Universidad de Harvard, y Directora Fundadora del Proyecto de Integridad Electoral. Su investigación compara opinión pública y elecciones, instituciones políticas y culturas, política de género y comunicaciones políticas en muchos países alrededor del mundo. Está considerada como la segunda científica política más citada en el mundo, de acuerdo con Google Scholar. Sus más recientes libros incluyen *Electoral Integrity in America, Cultural Backlash* e *In Praise of Skepticism: Trust but Verify*. Está por publicarse: *The Cultural Roots of Democratic Backsliding*.

José Woldenberg
Doctor en Ciencias Políticas. Profesor de Ciencias Políticas en la UNAM, donde fue fundador y líder del sindicato de los trabajadores, el STUNAM. Es columnista del diario Reforma. Fue Consejero Presidente del Instituto Federal Electoral, director de la revista Nexos, miembro del Consejo Consultivo de UNICEF en México, y presidente del Instituto de Estudios de la Transición Democrática. En 2004 obtuvo, de forma compartida, el Premio Nacional de Periodismo.

Judith Bokser Liwerant
Doctora en Ciencias Políticas y Sociales por la UNAM, donde es Profesora en su Facultad de Ciencia Políticas y Sociales. Es Distinguished Visiting Professor de la Universidad Hebrea de Jerusalén, Miembro del Sistema Nacional de Investigadores y de la Academia Mexicana de Ciencias. Obtuvo el Premio Universidad Nacional en 2015. Entre sus múltiples publicaciones están: «Latin American Jewish Social Studies: the Evolution of Cross-Disciplinary Field», y «Jewish Diaspora and Transnationalism: Awkward (Dance) Partners».

Raúl Trejo Delarbre

Es Doctor en Sociología por la UNAM e investigador en el Instituto de Investigaciones Sociales. Entre sus publicaciones se encuentran *Televisión y educación para la ciudadanía* (2008), *Simpatía por el rating* (2010) y *Alegato por la deliberación pública* (2015). Es columnista en el diario Crónica, miembro del Sistema Nacional de Investigadores, de la Asociación Mexicana de Investigadores de la Comunicación, y del Instituto de Estudios para la Transición Democrática. Ha recibido la «Distinción Universidad Nacional», el Premio Nacional de Periodismo, el Premio Fundesco de Ensayo en Madrid, y el «Reconocimiento José Vasconcelos» que otorga Radio Educación.